家庭教育案例分析

主　编　张　遐　蔡　芸
副主编　张慧睿　刘　霞

北京交通大学出版社
·北京·

内 容 简 介

本书依据公共事业管理（家庭及社会教育指导方向）专业人才培养方案及“家庭教育案例分析”课程标准编写。全书以案例为核心，系统呈现了家庭教育的多维度内容和实践策略，注重理论与实践的有机结合，旨在培养学生解决家庭教育实际问题的能力。

全书共分为 7 个模块，涵盖 26 个学习任务，涉及家庭建设、品行塑造、全面发展、身心健康、亲职指导、特殊关爱和家校社协同。每个学习任务包含任务描述、任务活动、案例主体和反思演练四个部分。其中，任务描述明确学习目标和任务背景，引导学习者关注家庭教育的特定场景和问题；任务活动设计交互性学习活动，结合实践案例，帮助学习者深入分析和探讨教育问题；案例主体呈现真实、具体的教育情境，通过案例描述、案例解读、理论链接和技术策略，系统分析案例背后的教育理念与核心问题，并提供科学、可操作的解决方案；反思演练通过问题引导和实践演练设计，激发学习者对自身教育行为的反思，并进行实践应用。

本书语言通俗易懂，模块化、案例化的结构设计使内容层次分明，便于学习者掌握。本书不仅适合作为公共事业管理（家庭及社会教育指导方向）专业的教学用书，也可为家庭教育从业者、家长及相关教育领域的研究人员提供参考。

图书在版编目（CIP）数据

家庭教育案例分析 / 张遐，蔡芸主编. -- 北京 ： 北京交通大学出版社，2025. 8.
ISBN 978-7-5121-5647-0

Ⅰ. G78

中国国家版本馆 CIP 数据核字第 2025JD0876 号

家庭教育案例分析
JIATING JIAOYU ANLI FENXI

策划编辑：刘　洵
责任编辑：廖志平　　助理编辑：芦　炜
出版发行：北京交通大学出版社　　　　电话：010-51686414
地　　址：北京市海淀区高梁桥斜街 44 号　　邮编：100044
印 刷 者：北京华宇信诺印刷有限公司
经　　销：全国新华书店
开　　本：185 mm×260 mm　　印张：14.5　　字数：309 千字
版 印 次：2025 年 8 月第 1 版　　2025 年 8 月第 1 次印刷
定　　价：46.00 元

本书如有质量问题，请向北京交通大学出版社质监组反映。对您的意见和批评，我们表示欢迎和感谢。
投诉电话：010-51686043，51686008；传真：010-62225406；E-mail：press@bjtu.edu.cn。

编 委 会

主 编 张 遐 蔡 芸

副主编 张慧睿 刘 霞

编 委 赵德信

前言

家庭是社会的基本细胞，是人一生成长的起点。家庭教育作为人生的第一课堂，不仅是孩子成长成才的重要基石，也是构建文明社会、和谐家庭的重要途径。在家庭中，父母的言传身教、价值观传递以及情感互动，对孩子的身心发展、品行塑造和世界观形成具有深远影响。尤其在现代社会，教育多元化、信息碎片化和生活快节奏的背景下，家庭教育的重要性愈加凸显。

当前，家长在教育孩子的过程中，往往面临诸多困惑和挑战。一方面，许多家长缺乏系统的家庭教育知识和科学方法，容易陷入传统观念的束缚，导致教育方式单一或失当。另一方面，社会环境的变化让家庭教育的任务更加复杂：代际沟通困难、多元文化交融、网络和媒体的影响等情况层出不穷。与此同时，家长在平衡工作与教育角色方面也存在压力，有的家长对分担教育责任感到无所适从。这些问题都呼唤着更科学、更系统的家庭教育指导。

案例教学是一种生动、具体且具有实践性的教育形式。通过学习真实案例，家长能够更直观地理解教育理念、掌握教育方法，并在实际运用中因地制宜。这种方式不仅能帮助家长提升教育能力，更能激发他们的反思与创新意识，推动家庭教育从经验型向科学型转变。此外，案例教学还能帮助家长在育儿过程中应对多样化挑战，营造更适合孩子成长的家庭环境。

为提升家庭教育水平，推动科学教育理念的传播，本书以案例为核心，系统呈现了家庭教育的各个维度与实践策略。全书共分为 7 个模块，涵盖了家庭建设、品行塑造、全面发展、身心健康、亲职指导、特殊关爱和家校社协同等主题，每个模块包括若干学习任务。每个学习任务围绕案例展开，并由任务描述、任务活动、案例主体和反思演练四个部分构成。其中，任务描述明确学习目标和任务背景，引导家长关注特定教育场景和问题；任务活动则围绕案例设计了交互性学习活动，帮助学生结合案例深入思考；案例主体是学习的核心，包含案例描述、案例解读、理论链接和技术策略，分别呈现真实、具体的教育情境，深入分析案例背后的教育理念和问题核心，将问题与相关教育理论相结合，并提供切实可行的解决方法和操作建议；反思演练部分通过问题引导与演练设计，鼓励家长反思自身教育行为并进行实践应用。通过模块化、案例化和结构化的设计，本书旨在为家庭教育从业者、家长以及对家庭教育感兴趣的师生提供系统的学习路径，帮助他们更好地应对家庭教育中的复杂挑战，助力每一个孩子在爱与支持中茁壮成长。

本书由国家开放大学总部及办学体系、北京交通大学的教师共同撰写完成。主编是国家开放大学教育学院的张遐教授和北京交通大学经济管理学院的蔡芸教授。副主编是国家开放大学教育学院的张慧睿老师和青岛开放大学的刘霞副教授。具体分工为：张遐（模块一），蔡芸（模块二），张慧睿（模块三、模块四、模块五），刘霞（模块六、模块七）。北京交通大学经济管理学院研究生赵德信负责搜集并提供了丰富的家庭教育精品案例、优秀家风故事及参考书目等资料。北京交通大学经济管理学院研究生高玉洁协助了书稿的编写。此外，本书在编写过程中参考、引用、借鉴了许多国内外学者的研究成果。

在此，我们对所有参与本书编写、审阅和出版工作的人员表示衷心的感谢，并期待读者的宝贵意见和建议，以便我们不断改进和完善本书内容。

编　者

2025 年 5 月

目　录

模块一

家庭建设

家庭是孩子成长的第一课堂，是影响孩子一生的初始环境。作为孩子的第一任教师，家长的言行举止、家庭氛围和文化直接塑造孩子的个性、认知和价值观。在孩子的成长过程中，家庭教育的作用不可忽视，而家庭教育的核心在于家长通过自身的示范、家庭环境的建设以及文化氛围的培育，为孩子提供一个充满爱、尊重与支持的成长空间。

本模块旨在探讨家庭建设的重要性，通过家长言传身教、树立榜样，营造文明和谐的家庭环境以及培育积极健康的家庭文化，为家庭教育提供理论支持和实践指导。

学习目标

素养目标

- 珍视家庭团结与和谐，表现出积极参与和推动家庭文化建设的态度。
- 在实践中体现对中华民族传统美德的认同与弘扬，促进代际传承。

知识目标

- 描述家庭教育中家长言传身教对子女成长的影响，列举具体示例。
- 解释文明和谐家庭环境的关键特征，归纳建设家庭环境的有效方法。
- 分析积极健康家庭文化的构成要素，比较不同家庭文化的教育影响。

能力目标

- 能够结合实际案例分析家庭建设中存在的问题并提出改进建议。
- 掌握在日常生活中以言传身教树立良好榜样的具体技能。
- 能够采取措施改善家庭环境、促进家庭文化建设。

任务一　家长言传身教，树立榜样

任务描述

在家庭教育中，家长的言传身教对孩子的成长具有深远的影响。孩子在早期的学习和生活中，往往通过观察和模仿父母的行为和态度来塑造自己的价值观与行为习惯。因此，家长不仅要通过语言传递正确的价值观和知识，更要以自身的言行举止为孩子树立积极正面的榜样。**请阅读以下家庭教育案例，结合问题思考家长言传身教的具体表现与影响。**

任务活动

1. 讨论案例中的家长是如何通过言传身教影响家庭成员的。
2. 请列举其他“榜样行为”及其对家庭教育的潜在影响。

案例 1：自强不息　不负众望

案例描述

2017 年，一个名叫庞众望的男孩取得了理科 684 分的高考成绩，并获得清华大学“自强计划”最高 60 分的降分，被清华大学录取。他的故事感动了无数人：母亲自幼下肢瘫痪，父亲患有精神分裂症，他却在逆境中崛起，用知识改变命运。

庞众望的人生从一开始就不容易。1999 年，庞众望出生在河北省沧州市吴桥县庞庄村一个普通的农村家庭，他的成长经历充满了艰辛与挑战。他的母亲庞志芹因先天性脊柱裂导致下肢发育不全，双腿被截肢，只能依靠轮椅行动，一生与病痛相伴。他的父亲患有精神分裂症，情绪时常不稳定，需要家人悉心照料。一家人靠着年迈的姥姥姥爷拾荒艰难度日。7 岁时，庞众望还被诊断出患有先天性心脏病，需要手术治疗。为了凑齐手术费，妈妈让庞众望推着轮椅，挨家挨户去村里借钱。幸运的是，手术过后，庞众望恢复了健康，但还债成了这个家庭的头等大事。庞众望的父亲跟着亲戚打零工，母亲靠着做绣活，一家人经过几年的努力终于还清了债务。

庞众望的母亲虽然身体残疾，但她乐观坚强，用自己的言行影响着儿子。她总是以积极的态度面对生活的困苦，从不抱怨命运的不公。做绣活还债的日子，她的手上总被扎得满是针孔，小庞众望问妈妈为什么要做这些，她总是笑着说：“这些东西能挣钱，挣钱能给你买好吃的。”庞众望于是学着妈妈的样子，“妈妈在挣钱，那我也要挣钱”。

为了不让妈妈担心，庞众望小学六年都在瞒着妈妈帮姥姥姥爷捡废铁卖钱。自懂事时起，庞众望就帮着打理家务，照顾妈妈。5 岁的庞众望便在妈妈的指导下开始学做饭、打扫。虽然妈妈只能坐着轮椅，行动不便，但庞众望不在意别人的目光，而是觉得自己比有的孩子还要幸运，因为他们的妈妈不能常陪在他们身边，而自己的妈妈自己想见到随时都可以见到。初中时，母亲生病住院使庞众望成了家中的顶梁柱，但面对那种艰难境况，庞众望也没有背负上“沉重感”，而是激励自己，越发刻苦地学习。他说：“我自己有时候会去想一想，我给自己的压力绝对就是动力，会让我更加努力地向前看，会让我在学习和生活中都更加努力。我就是想去改变我的家，证明我自己可以改变我的家庭。”

价值引领

庞众望以孝亲敬老践行中华民族传统美德，用自立自强诠释新时代奋斗精神，生动展现了社会主义核心价值观中“友善”“和谐”的价值追求，激励青年学子树立家国情怀，在自强不息中勇担家庭和社会责任。

在庞众望小时候，母亲就教育他要善良、勇敢，告诉他：“你面对什么，你就要去解决什么，因为你总是要走下去的。”庞志芹虽然没有读过书，但她深知知识的重要性，她将自己对知识的渴望寄托在儿子身上，希望他能通过读书改变命运。庞众望也不负众望，他将对父母的爱化作学习的动力，刻苦努力，成绩优异，成为老师和同学们眼中的佼佼者。当他的事迹被人熟知，好心人提出想资助他上大学，但都被庞众望和妈妈婉拒了，他说：“我从小是在这样的家庭长大的，知道钱来得是多么不容易，资助给我的钱也是他们辛苦努力得来的，还是自己挣的钱最好。我不接受他们的资助，对自己是个锻炼。”

上大学前，庞众望说自己最大的梦想是能让妈妈过上好的生活。而妈妈笑着说：“我是次要的，我现在已经这样了，当妈的总是希望孩子好。”她留给孩子的祝福是“走好自己的路，将来能给国家做贡献，能帮助更多的人。”说到自己的家庭，庞众望认为：“我没有觉得我的家庭有哪一点拿不出去讨论的，因为我妈妈那么好，我的每个亲人都那么好，我觉得他们应该羡慕。”

母亲的坚韧乐观和家人的支持就像一束光，照亮了庞众望幼小的心灵，让他在困境中也能感受到温暖和力量。初入清华大学，庞众望也有过落差和迷茫，妈妈的坚强依然鼓励着庞众望去“找寻自己”。妈妈曾告诉庞众望说，当医生判断她活不过二十岁，她觉得“自己能翻个倍”。在这种坚韧精神的激励下，庞众望也希望自己能“在面对别人的评价时，有勇气说‘我想翻个倍’”。遗憾的是，2020 年，庞志芹因病入院不幸离世，但母亲对庞众望的影响会持续下去。“我觉得她给我起了这样的名字，我能够做的行动，就是在未来不辜负她给我起的名字。”2021 年，庞众望本科毕业后，继续留在清华大学精密仪器系攻读博士学位，他说："值得我骄傲的东西，可能还在未来等着我。"

案例解读

庞众望的成长故事是一部充满艰难与奋斗的励志史，他用实际行动证明了逆境中的坚韧与奋斗，彰显了家庭教育的巨大力量。在他成长的过程中，母亲的坚强与乐观、整个家庭的团结合作，构成庞众望内心世界的根基。这种家庭教育对庞众望产生深远的影响，成为他不屈不挠、追求卓越的动力源泉。

一、母亲的坚韧与乐观：生活中的榜样

庞众望的母亲庞志芹是一位身体残疾的女性，虽然身体常年受到病痛折磨，但她始终以积极乐观的态度面对生活的困境。母亲不仅在日常生活中充当了家庭的支柱，还通过言传身教，潜移默化地塑造了庞众望的世界观与人生观。她在艰难的生活条件下，仍然能够保持积极的心态。尽管身体上的限制让她不能如常人般照顾家庭，但她从不抱怨。庞众望从小就意识到，母亲的微笑和无怨无悔的付出，是支撑家庭的力量。正是母亲做出的榜样，让庞众望在遇到困难时，也能够坚守乐观与坚韧的信念。

庞众望自己回忆道："我觉得，我比有的孩子还要幸运，因为他们的妈妈不能常陪在他们身边，而我的妈妈我想见到随时都可以见到。"这种感恩与积极的情感，表明庞众望早已将母亲的坚韧精神深深烙印在心中。这种教育，超越了物质的给予，成为庞众望在面对困境时的力量来源。

二、母亲对知识的重视：接受教育的坚定信念

庞志芹虽未受过良好的教育，但她深知知识改变命运的重要性。在庞众望的成长过程中，母亲将对知识的渴望寄托在了儿子身上，并通过实际行动鼓励庞众望努力学习，争取通过知识改变家庭的命运。当庞众望面临困境时，母亲没有让他陷入悲观情绪，而是通过言语不断提醒他要向前看，要通过学习为自己、为家庭争取更好的未来。母亲教导庞众望："你面对什么，你就要去解决什么，因为你总是要走下去的。"这种坚持不懈、积极向上的教育观念，帮助庞众望树立了明确的目标和方向——通过自己的努力和奋斗，去改变命运。

庞众望不仅没有因家庭困境而放弃学业，反而以更加坚定的决心投入学习中，努力回报父母的付出。他在学业上取得了优异的成绩，考入清华大学并攻读博士学位。这背后，正是母亲对他言传身教的结果——通过母亲的教诲，他学会了如何在困境中坚持，如何在未来的路上找到自我。

三、家庭团结与责任感：共同奋斗的力量

庞众望的家庭非常困难，为了给小庞众望治疗先天性心脏病，全家人为此负担了

高额的债务。但在困境中，全家人不放弃，共同努力，还清债务，还让家庭状况越来越好。母亲下肢残疾，依然尽自己所能做绣活挣钱还债。庞众望的父亲虽然患有精神分裂症，情绪时常不稳定，但他依然尽力支持家庭，打零工为家里贡献收入。庞众望从小也承担起了照顾家庭的责任。他帮助母亲做家务、照料家人，甚至在小学六年级时偷偷捡废铁卖钱。小小年纪的他，已经具有家庭责任感，并且通过实际行动去承担责任。家庭成员之间的相互关爱与支持，形成了庞众望内心的责任感与自信心。在这个家庭中，庞众望从未感到孤独或无助，因为无论环境多么艰难，家庭始终是他坚实的后盾，而他也以自己的努力回报着父母的爱。庞众望不仅成绩优异，还始终乐观独立。当好心人主动提出资助他上大学时，庞众望和家人婉拒了这些帮助，把奋斗当作锻炼自己。这种独立精神，也体现了庞众望深受奋斗自强家庭文化的影响。他清楚知道，无论家庭条件如何，他始终要靠自己的努力去改变命运，而不是依赖他人的帮助。

庞众望的故事深刻揭示了家庭教育中父母言传身教对孩子成长的巨大影响。虽然家庭条件艰难困苦，但母亲的坚韧、乐观、对知识的渴望和家庭成员间的互助与责任，都在庞众望的心中深深扎根。这些看似平凡却充满力量的日常教育，成就了一个自强不息、不畏艰难的青年。庞众望不仅通过学习改变了自己的命运，更重要的是，他将母亲的精神和家人的爱融入自己的生活和行动中，形成了独立、自信和担当的品格。这是言传身教的深远影响，也是家庭教育的真正意义所在。

价值引领

庞众望坚韧不拔、自强不息的精神体现了中华民族传统美德，彰显了和谐文明、团结奋斗的优良家风，激励青年树立自强担当、奉献社会的价值观。

理论链接

根据社会学习理论，儿童大部分的学习都来自其主动仿效和模仿所见他人的言行，当观察模仿的对象是那些有一定主导力、对自己温暖的，或者与自己相近的人时，这种社会学习的作用会更强烈，因为这样的榜样具有巨大的吸引力、感染力和说服力。[①]所以在家庭教育中，家长的言传身教是开展家庭教育最有效的方法之一。

技术策略

以下建议可以帮助家长通过言传身教发挥积极的榜样示范作用：第一，家长做好行为管理，注意自身言行举止，加强道德修养；第二，家长可以和孩子多进行平等对

① 李一凡.家庭教育概论[M]. 北京：国家开放大学出版社，2025.

话和积极沟通，了解孩子的身心发展状况，营造良好的亲子关系，有助于更好地发挥榜样作用；第三，家长可以对孩子的模仿行为加以观察和引导，肯定强化好的行为，引导纠正不良行为，帮助孩子提升辨别力和判断力。

知识链接

《中华人民共和国家庭教育促进法》在第十七条中提出了“言传身教”相关内容，具体规定：“未成年人的父母或者其他监护人实施家庭教育，应当关注未成年人的生理、心理、智力发展状况，尊重其参与相关家庭事务和发表意见的权利，合理运用以下方式方法”，其中包括“潜移默化，言传与身教相结合”。这表明该法明确将言传身教作为家庭教育的重要方式方法之一，强调父母或其他监护人在对未成年人开展家庭教育时，不仅要通过言语教导，更要以自身的行为示范来影响和引导孩子，使教育在潜移默化中进行。

案例 2：奔赴远方　追寻光芒

案例描述

小雨是一所名牌大学的博士生，她不仅学业成绩优异，而且积极参加社会实践和志愿服务活动，曾荣获市优秀毕业生、三好学生和学生标兵等荣誉称号。

小雨来自北方的一个小村庄，父母都是村卫生室的医生。在那个小小的村庄里，村卫生室是村民健康的守护港湾，而小雨的父母则是这港湾中最温暖的灯塔。作为基层医务工作者，他们始终将“救死扶伤、治病救人”奉为圭臬，将这份神圣的使命融入日常的每一次诊疗。自记事以来，小雨就在家中见过很多病人。由于当时农村的条件有限、交通不便，不少病人是被平板车拉过来的。有的病人面色苍白，虚弱地躺在平板车上，眼神中满是无助和痛苦；有的病人则在家人的搀扶下，艰难地走进门，每一步都显得那么沉重。小雨的父母总是耐心倾听病人的诉说，细心观察病人的反应，用温暖的话语和专业的态度给予病人安慰和信心。无论节假日还是深更半夜，只要病人有需要，小雨的父母都会毫不犹豫地放下手中的事情，赶去为病人治疗。那些在病痛中挣扎的村民，在小雨父母的悉心治疗下逐渐恢复健康，父母脸上洋溢的欣慰笑容，深深烙印在小雨的心中。在小雨眼中，父母就像是不知疲倦的天使，用专业知识和爱心守护着村民的健康。

价值引领

小雨父母以“敬业”“友善”践行了社会主义核心价值观，彰显了中国特色社会主义理论体系的人民立场，激励青年树立服务社会、勇于担当的人生观。

尽管工作繁重，父母仍能够坚持细心周到地照料年迈的长辈，无论是饮食起居，还是日常的身体健康和心灵慰藉，都做得无微不至。父母只要一有时间，就会带着小雨陪伴在老人身边，帮老人洗衣做饭，听他们讲述往昔岁月，分享生活点滴。父母的言传身教，如同春雨润物般潜移默化地影响着小雨。上大学后，小雨虽然无法时时陪伴在亲人身边，但每逢假期回家、佳节来临或者父母生日，她总会精心准备，为亲人寄一张贺卡、打一个电话或者送一束鲜花，给平凡的日子增添一份温馨和仪式感。

在小雨心中，家里有负责的爸爸和体贴的妈妈。来自家人的爱与陪伴，始终是她奔赴远方、追寻光芒的动力。小雨说，她的成长故事是父母无私奉献的最好证明。她将继续追寻理想，不断前行，用实际行动回报父母的养育之恩，传递这份爱与责任的力量。

案例解读

小雨的成长故事充分展示了家长言传身教在树立榜样方面的巨大力量。父母通过自己的行为示范与情感滋养，为小雨营造了一个充满爱与责任的成长环境，让她在人生的道路上始终能够追寻理想，不断前行。

一、父母职业精神与责任感的深度传递

小雨的父母作为村卫生室的医生，他们的职业不仅为村庄带来了健康与希望，更是通过日常的工作行为，向女儿深刻展示了何为责任感与奉献精神。耐心的倾听，悉心的治疗，这些看似平凡却饱含深情的举动，实际上是对“医者仁心”这一职业精神的最好诠释。这些行为如同一面镜子，映射出父母内心的善良与责任，也潜移默化地影响了小雨。她从小便在这样的环境中学会了同理心，懂得关心他人、体谅他人的不易，这种情感的共鸣与责任的认知，成为她后来学习与实践中展现正义感和责任感的基石。

二、家庭氛围与爱的教育的深远影响

家庭，作为小雨成长的摇篮，其氛围的营造对她的性格形成与价值观塑造起到了至关重要的作用。父母敬老孝亲、细心照料长辈的行为，不仅是对中华民族传统美德的传承，更是对小雨进行爱的教育的生动实践，身体力行地为小雨上了一堂生动的敬老孝亲道德教育课。在这样的家庭环境中长大，小雨自然而然地学会了感恩与回馈，这种情感的滋养让她的心灵更加柔软且坚韧。家庭的温暖与和谐，为她提供了一个安全的港湾，让她在探索世界的道路上始终有力量去爱与被爱，使她在面对困难与挑战时能够保持一颗平和且坚定的心。

小雨的故事让我们看到父母言传身教在家庭教育中的重要意义。爱岗敬业、孝敬

尊长的家风滋润着小雨幼小的心灵，父母的言行举止、躬亲示范培养了小雨的责任感，让她懂得了感恩与奉献，在成长的道路上拥有了不断前行的动力。

理论链接

皮亚杰认为认知发展是儿童主动建构的过程，是与环境相互作用的结果。①在这个过程中，父母作为孩子最早接触的社会成员，不仅是孩子情感的港湾，更是其认知发展的引导者，他们的行为模式和思维方式，潜移默化地塑造着孩子对世界的认知与理解。

技术策略

儿童青少年的思维特点倾向于具体且形象，这意味着具体、生动的形象对他们具有极大的吸引力、感染力以及说服力，易于被他们理解和模仿。家长亲自给孩子树立榜样，这种方式生动具体，既看得见又摸得着，还能给孩子带来亲切感，因此教育效果尤为显著。此外，当家长在日常生活中处处以身作则时，他们在孩子心目中的威望会进一步提升，从而能够更有效地把握教育管理孩子的主动权。

当然，除了亲自树立榜样外，家长还可以借助其他资源来教育孩子。例如，可以引导孩子学习革命领袖、英雄模范、历史上的杰出人物等，这些榜样同样能够激发孩子的敬佩之情，并激励他们努力成为更好的人。

反思演练

1. 你认为自己在日常生活中是否为孩子树立了积极的榜样？请结合具体的日常生活情境，分析自己在行为、言语和情感表达方面的榜样作用。

2. 在孩子的成长过程中，你遇到过哪些挑战，觉得自己未能起到榜样作用？请反思并思考如何改进。

3. 请列出3个你希望孩子从你身上学到的行为或品格，并为每一项行为设计具体的行动步骤，让自己成为孩子的榜样。

4. 观察一个月，记录孩子在生活中的一些行为表现，思考这些行为背后可能与家长的言传身教有关的因素，并总结出改善的方向。

家风小故事

齐家有道　德润百世——司马光的育子治家之道

北宋名臣司马光以治国之才名垂青史，更以严谨的家风为后世树立典范。他毕生推崇

① 冯忠良，等. 教育心理学[M]. 3版. 北京：人民教育出版社，2015.

“修身齐家”理念，将治国韬略融入治家智慧，终以一部《家范》与《训俭示康》铸就传世家训，至今仍为家庭教育之明灯。

以礼治家，纲常有序

司马光治家首重礼仪，“治家必以礼为先”是其核心理念。他认为礼法乃维系家族秩序之基，唯有内外有别、长幼有序，方能九族和睦。他编纂《家范》，以史为鉴，力倡家庭伦理：财产分配务求公正，以避免兄弟相争；男女教育一视同仁，主张“女子知礼义，亦能为家族增辉”。司马光以礼法破除偏私之弊，令家族如磐石般稳固。

以俭立德，清正传世

“俭为美德，侈乃大恶”是司马光训诫子孙的箴言。其子司马康少时因一身华服遭父苛责，自此恪守俭朴。司马光更作《训俭示康》，告诫后人：石崇奢靡招祸、寇准子孙落魄，皆因丧失俭德。他以身垂范，居陋室、食粗粝，俸禄多济贫弱，临终仅有薄田三顷。司马康承父风，衣不重帛、言不及财，终成清廉名臣，印证“遗德不遗财”的家训真谛。

以身作则，诚敬立身

司马光深谙“身教重于言传”。幼年他剥核桃谎称己功，被父严斥后终身恪守诚信；晚年他反对虚名矫饰，守朴如初。其父司马池布衣粗食、散财亲族，亦是为子立范。司马光更将修身贯彻至日常：“读书必端坐慎翻，衣饰不求华饰”，点滴细节皆成教化。仆从受其感召，竟以游人赏钱修葺茅厕，印证“教化如风，沐者自正”。

斯人已逝，家风长青

千年流转，司马家家风如同不灭的炬火，在历史长河中为后世照亮修身齐家之路。他以礼法匡正门庭，以俭德涤荡浮华，以诚敬淬炼品性，将治国之智化入育儿琐事，使家训超越时代成为永恒的精神法典。重读《家范》，可见家国同构的深邃智慧：唯有治家有方，方能育树成林；唯有世代承德，方能使清风正气浩荡人间。司马光之训，非止为一家之规，实乃万世齐家之镜鉴。

任务二　营造文明和谐的家庭环境

任务描述

家庭是社会的基本单元，是个人成长和发展的重要场所。一个文明和谐的家庭环境，不仅能够为每个成员提供温暖与支持，还能培养他们的责任感、情感能力和沟通技巧。家长应营造开放、尊重的沟通氛围，倾听孩子的声音，理解并支持他们的情感需求，同时还应注重家庭成员之间的关爱与互助，建立和谐的家庭关系，为孩子提供一个温暖、稳定的成长环境，促进家庭成员的共同发展。**请阅读以下家庭教育案例，结合问题思考家庭环境对家庭氛围和成员关系的影响。**

任务活动

1. 请分析案例中家庭环境的特点，指出哪些行为或习惯营造了和谐氛围。

2. 结合自己的生活经历，回忆一个让你感到“温暖”或“压抑”的家庭环境片段，并分享原因。

案例 1：口袋里的半个橘子

案例描述

我的母亲总爱念叨我小时候的事情，在这些故事里，有几件小事让我印象深刻，有一个故事我给它起名为“口袋里的半个橘子”。

第一次听到这个故事，是有一次，我跟母亲正在买橘子，卖橘子的老板递上来半个剥好的橘子让我们品尝，其实我并没有觉得橘子有多甜，但是母亲那次买了很多。回去的路上，母亲打开了话匣子，讲起了我读幼儿园时发生的一件事。她说：“那个时候你正上幼儿园，记得有一天我把你从幼儿园接回家，就去厨房准备晚饭了，过了一会你蹦蹦跳跳跑到我身边，递给我一团用白色的纸包裹着的东西，脸上笑容灿烂。我接过来，一层一层打开那团纸，里面竟然是半个剥好的橘子！我有点惊讶，想着这是哪里来的橘子？我问你，‘怎么会有橘子呢，谁给你的呀？’你说，‘妈妈，这是幼儿园发给小朋友的零食，我吃了一口觉得这个橘子好甜呀，我要带给妈妈尝一尝，我只吃了几瓣，妈妈你快吃一瓣，看看是不是很好吃呀？’”听到这里的时候，我笑了，没错，我小时候经常把幼儿园发的小零食带回家。

我继续听母亲往下讲，她说：“那个时候我有点哭笑不得，你知不知道，你带回来的那半个橘子，都已经干巴了，橘子表面还粘着一些像是卫生纸屑的东西，你说我吃还是不吃呢？我低头看着你忽闪忽闪开心的大眼睛，掰了一瓣咬进嘴里，那个瞬间我一直记到现在，虽然橘子干巴了，但咬开确实很甜，我一下子眼睛湿润了，我当时想，我的女儿怎么可以这么可爱呢！”听到这里，我也惊讶了，我说：“啊？橘子都干了啊？我都没什么印象了。”母亲说：“是啊，你想啊，这半个橘子在你口袋里装了得有大半天吧，怎么能不干呢，还都皱皱巴巴。你忘了，我可一直记着呢。”讲完后，我跟母亲哈哈大笑起来。回想小时候，确实如此，我的口袋里经常有从幼儿园带回来的小零食，比如半块奶片、半包饼干、几粒葡萄，都是从我牙缝里省下来留给母亲尝一尝的。

有段时间我一直在想，我这个愿意与长辈分享的习惯是天生的吗？还是受什么影响？反复回忆童年，我想这大部分是受我母亲的影响。虽然有些事情记不太清了，但是模糊中每次回姥姥家，母亲带过去的食物，在饭桌上，从来都是先让给姥姥吃。我记得很清楚，母亲总有一句话挂在嘴边：“妈，你吃，不要因为她是小孩子就多吃多占，你也要吃。”耳濡目染的，我也经常把最后一个或者最好的一个，让给老人吃或者一起分享。

还有一件事我记得非常清楚，我给它起名为“一根火腿肠两个鸡蛋”。小时候条件有限，像火腿肠、方便面都属于很稀罕的食物。我上小学那会儿，母亲总是在我期末考试之前，为我煮一袋方便面，然后配上一根火腿肠两个鸡蛋，寓意是考个 100 分。那个时候我特别期盼考试的早上，能吃上一碗香喷喷的豪华方便面。但是慢慢的我发现，考试的早上不只我吃得好，跟我们一起生活的姥姥吃得也好，母亲在剥火腿肠的时候，总是我碗里一根，姥姥碗里一根，然后我就看着她们母女俩互相谦让着“你吃一口”“哎呀，我不吃，你吃吧”“你吃一口”“行行行，我咬一口，你吃吧”。就是在这样的氛围中，我吃着香喷喷的方便面，快乐地长大了，这种尊老爱幼、孝老敬亲、懂得分享的习惯也在我心里扎了根。

价值引领

母亲尊老爱幼的行为践行了中华民族传统美德和社会主义核心价值观，以家庭文明涵养孩子树立正确的亲情观。

现在，我的母亲也在我的身边生活，她有时候讲讲周围邻居的家庭琐事。比如郭阿姨买了梅菜扣肉，等郭阿姨过去吃饭的时候，梅菜扣肉被她孙子和儿子吃得所剩无几，自己只能挑一点肉末吃。比如孙阿姨那天包了饺子，但是自己还得吃点馒头才能饱，因为饺子不太够，要先留给孩子们吃，自己吃了几个意思一下得了。听母亲讲类似的事情时，我心里总是很自豪的，因为在我们家从来不会发生这种事情，在我们家小孩子不会蛮横霸道，老人慈眉善目，一家人从来都是一起分享，其乐融融。

[案例改编自：国家开放大学首届新时代家庭教育优秀案例征集活动一等奖作品（国家开放大学　夏洁）]

视频讲解

案例解读

案例中的主人公（女儿）回忆母亲讲述家风故事，深刻感受母亲在家庭中潜移默化地传递的家风和教育理念。两个看似简单的故事：“口袋里的半个橘子”和“一根火腿肠两个鸡蛋”，通过日常生活中的细节，展现了母亲如何在家庭中传递尊老爱幼、分享和谦让的价值观，作为女儿的她如何承袭这种价值观，从而构建和谐、温暖、文明的家庭氛围。这种家庭文化不仅深刻影响了女儿的成长，也为她未来的家庭生活奠定了良好的基础。

一、家风的无形传递：尊老爱幼与分享精神

女儿从母亲的述说中，回顾了自己小时候的生活细节，意识到母亲通过言传身教，潜移默化地培养了她关爱他人、尊重长辈、乐于分享的精神。例如，在“口袋里的半个橘子”这一事件中，尽管橘子已经干巴、变形，女儿依然愿意将它带回家与母亲分享。这不仅是零食的传递，更是她对母亲爱与关怀的表达。无论是那时的稚嫩行为，还是现在回想起母亲眼中闪烁的温柔，女儿感受到的更多是母亲无微不至的关爱和母亲对家庭成员之间情感纽带的重视。

在女儿回忆的另一件事情——“一根火腿肠两个鸡蛋”中，母亲为她煮的这份期末考试早餐，看似简单，实则透过母亲与姥姥的谦让，展现了家庭成员之间的互敬互爱。母亲不仅关心孩子，也将这份关心与长辈共享，并通过日常的谦让与分享传递了一种“家人之间要互相关爱、互相尊重”的精神。

二、尊老爱幼的家庭教育：建立平等与关爱的家庭关系

女儿提到，母亲总是将食物先让给姥姥吃，并常常强调“妈，你吃，不要因为她是小孩子就多吃多占，你也要吃”。这种日常的行为看似细微，但却在潜移默化中塑造了女儿对长辈的尊敬和对家庭和睦的认识。母亲的行为展示了尊老爱幼的家庭价值观，不仅让女儿感受到长辈的重要性，也使她在成长过程中学会了如何照顾和尊重他人。

尊老爱幼的家庭教育不仅是对长辈的敬爱，也有助于孩子理解家庭成员之间应该是互相关爱的关系。母亲通过谦让与体贴的行为，为女儿树立了一个正面的榜样。这种行为渗透到生活中的每一个细节，逐渐让女儿形成了自己对待他人的态度。

三、通过分享营造和谐家庭氛围

女儿在回忆母亲为她准备的“豪华”早餐时，提到母亲会将火腿肠分给姥姥，并与她谦让一番。这种日常中的分享行为，不仅增进了家庭成员之间的亲密关系，也为女儿树立了分享的榜样。女儿回忆起这些细节时，感受到的不仅是物质上的满足，更是情感上的温暖与连接。分享并非仅限于物质，它还代表着情感的传递与家庭成员之间相互的关心与理解。

在“郭阿姨”和“孙阿姨”的故事中，女儿提到母亲经常谈到邻里家庭中因食物而引发的不和谐现象。对比这些家庭的情况，女儿深刻意识到，自己家中的温暖和谐源于每个家庭成员都懂得分享，并且懂得尊重和互相关爱。这种家庭环境，不仅让每个成员都感受到被爱与被尊重，还使他们整个家庭形成良好的凝聚力。

理论链接

家庭环境是家庭系统的体现。家庭系统理论将家庭视为一个由多个子系统（如夫妻关系、亲子关系、手足关系等）构成的复杂系统，这些子系统之间相互影响、相互作用，共同维持着家庭的整体功能。莫里·波恩（Murray Bowen）是家庭系统理论最重要的奠基人之一。他发展出了一系列家庭系统理论，其核心是著名的“波恩八个概念”（eight concepts of Bowen theory）：自我分化、三角关系、核心家庭情感过程、家庭投射过程、多代传递过程、同胞位置、情感决裂（隔离）、社会情感过程。其中，“自我分化”（differentiation of the self）是波恩理论的基石，意指一个人成为情感、思想、行为上独立自主个体，同时依然与他人保持连结。①家庭成员之间紧密的情感联系以及相互影响的互动模式，有利于建立互相支持、尊重和谐的家庭环境。

技术策略

家庭环境往往通过细节潜移默化地影响着孩子。家庭成员之间应当建立平等、尊重与关爱的关系。家长可以通过自己“言行一致”的行为，传递尊老爱幼、关爱他人、乐于分享的家庭价值观，培养孩子尊敬长辈以及关爱他人的品格。同时，家长通过日常的小细节传递关怀，使孩子自然地在成长过程中形成乐于分享、尊重他人的品格。

案例 2：纸上相逢

案例描述

在我家的书柜顶层，正中央显眼地摆放着一本书，书名为《学路》，这是父亲八十一岁高龄时出版的自传。我清晰地记得，当这本书首次寄达家中时，父亲慷慨地将它赠予了我们三姐妹。然而，由于当时事务繁忙，我的那本便静静地留在家中，这一留便是整整四年。

随着父亲的离世，我在整理他遗留下的书籍时，心中满是敬畏与不舍，慎重地将这本书带回了自己的家中，视为珍宝般珍藏。每每忆起这段往事，心中总是充满了无尽的感慨……

夜深人静时，我时常会小心翼翼地拿出这本《学路》，不由自主地翻到“情爱无疆”的篇章，因为那里蕴藏着我对父母无尽的思念……

我的父母，均为 20 世纪 50 年代的大学毕业生，他们共同在化工部从事翻译工作，母亲擅长口译，父亲则精于笔译。他们从相识、相知到相爱，都是缘分使然，没有任何人的牵线搭桥。父亲常夸赞母亲朴实无华，善解人意，对他的感情纯真而深沉。后来，他们因工作调整离开北京。

① 顾悦. 超越精神分析：家庭系统心理学与文学批评[J]. 南京社会科学，2014（10）：138-143.

当我翻开“情爱无疆——金婚夜话”这一章节时，脑海中不禁浮现出一个个温馨的画面。一次家庭聚会，父亲深情地对我们说，在我们这个家中，母亲是最具功劳与苦劳的。诚然，母亲对家人的关爱无微不至，而对她自身的关怀甚少，她的心中仿佛只容纳了父亲与我们。

记得有一次，在流感肆虐的季节，父亲突然高烧不退，母亲毫不犹豫地将他送往医院，并彻夜守护在他身旁，为他驱赶恼人的蚊虫，以防流脑病毒的侵袭。在整个过程中，母亲从未有过一句怨言，也没有表现出丝毫的疲惫。当父亲心疼地催促她回家休息时，她却坚定地摇了摇头，还深情地回忆起自己病重时，父亲陪伴在侧，为她朗读《王昭君》的剧本，以此减轻她的病痛。说到这里，父亲的声音不禁有些哽咽……

时光荏苒，我们均已成家立业。父亲退休后，应国内某知名期刊之邀，担任其主编之职，这一岗位他坚守了十五年之久。在此期间，他不辞辛劳，频繁往返于北京和他的工作地。每次回到家中，他都渴望能为母亲分担一些家务，然而母亲总是希望他能充分休息。他们总是彼此体贴，争先恐后地为对方考虑。

母亲是一位极其细心之人，她每天都会将收到的信件按时间顺序精心整理，从不擅自开启。当父亲不在家时，她更是细致入微，记录下每一通电话的来电时间、来电人姓名以及详尽的通话内容，确保无一遗漏。

在父亲的书作中，他深情地写道：“秀中，你以你的温柔与善良，为人们留下了最难以忘怀的美好记忆。他们以各种方式向你表达着感激与怀念之情，同时也对我给予了更多的关怀与爱护。爱妻，你永远是我心中最珍贵的存在。”

［案例改编自：国家开放大学首届新时代家庭教育优秀案例征集活动一等奖作品（大连开放大学　张红镝）］

视频讲解

案例解读

一个温馨、和谐且充满敬意的家庭环境，既展现了父母之间深厚的情感纽带与相互尊重，又深刻影响了子女的成长与价值观的形成。

一、尊重与体贴：亲情的日常体现

父母之间的相互尊重与关怀贯穿于他们的婚姻和家庭生活中。尤其是在父亲生病期间，母亲无怨无悔地照顾父亲，以及父亲在工作繁忙时，依然努力为母亲分担家务的行为，都深刻体现了两人相互体贴与关爱的精神。这种关心更多的是体现在对对方情感需求的细腻感知与照料。正如父亲所言，母亲是“最具功劳与苦劳的”，她对家庭的无私奉献，使得整个家庭充满了温暖与和谐。

在这种温暖的家庭氛围中，子女自然会受到这种尊重与体贴的熏陶，形成类似的家庭互动模式。主人公从父亲的自传《学路》中回忆起父母的点滴故事，这种情感的传承与延续，表明家庭文化的建设是在细节中潜移默化进行的。无论是通过父母的相互体贴，还是通过他们在生活中的相互尊重，都为家庭成员树立了行为榜样，从而营造了一个尊重、理解与关爱的家庭环境。

二、情感的交流与传递：家庭成员的情感纽带

父母之间的互动不仅仅是日常生活的照料，更多的是情感上的支持与倾听。父亲在书中对母亲的深情回忆与感谢，反映了夫妻之间深厚的情感联系和对彼此的尊重。尤其是在“情爱无疆——金婚夜话”章节中，父亲对于母亲的赞美与感恩，不仅是对母亲辛勤付出的认可，也是对彼此关系的一种深刻的情感表达。

这种深厚的情感关系，不仅仅是夫妻之间的纽带，也是整个家庭中成员之间情感交流的基石。子女通过父母之间的互动，学习到如何建立良好的家庭关系与情感沟通。父母通过彼此的体贴与关爱，传递了对家庭成员的无私奉献和相互扶持的重要性，而这些情感的传递为子女提供了丰富的情感资源与家庭关系的榜样。

三、家庭文化的传承：榜样的力量

主人公提到的父亲的自传《学路》是家庭文化的具体体现。父亲的著作不仅记录了他一生的历程，也融入了他对家庭成员，特别是母亲的深情与敬意。通过这本书，父母的家庭文化得以传承，并成为子女反思家庭价值和情感的重要纽带。

父亲在书中的深情表白，“你以你的温柔与善良，为人们留下了最难以忘怀的美好记忆”，这不仅是对母亲的赞美，也是对整个家庭文化的肯定。这种对家庭成员的肯定与感恩，进一步加强了家庭成员之间的归属感与认同感。父母通过一生的行动，向子女展示了尊重、体贴与无私奉献的重要性，而这种榜样的力量将继续影响下一代，帮助他们在未来的家庭生活中形成健康的情感模式。

四、构建和谐的家庭环境：感恩与尊敬

构建文明和谐的家庭环境，不仅能让家庭成员之间互相关爱，还能对外部环境产生积极影响。父母通过细心、周到的行为赢得了外界的尊重与赞誉，表明家庭文化不仅在家内部得以传递，还通过父母的行为影响了周围的人。在这个家庭中，亲情与感恩不仅仅是家庭成员之间的日常互动，更是彼此在生活中无形的支持和依托。

构建充满爱与尊重的家庭环境，对身处其中的每位家庭成员都产生了积极影响。在这样的家庭中，父母通过细腻的关怀、互相体贴和情感支持，为子女树立了正面的榜样，并通过言传身教将这种家庭文化传递给下一代。家庭成员之间的情感纽带、日常的关爱与尊重，以及对彼此感恩的态度，共同构建了一个和谐、温暖的家庭环境。

这种环境为子女提供了情感上的支持和行为上的指导，也为他们未来的家庭生活奠定了坚实的基础。

理论链接

米德（George H. Mead）将角色看作个体在社会情境中与他人互动产生的自我认知。[①]在夫妻关系中，夫妻双方都扮演着特定的角色，如丈夫、妻子、父亲、母亲等。这些角色不仅具有社会期望的规范，还涉及夫妻双方的互动和沟通。通过角色扮演和角色适应，夫妻双方可以更好地理解和支持对方，从而建立和维护良好的夫妻关系。

技术策略

家庭环境既包括物理环境，又包括情感环境。在物理环境方面，家庭可以布置得温馨、安静、整洁，并能够激发孩子的探索和创造欲望，增强他们的归属感。在情感环境方面，家长可以为孩子提供一个充满爱和温暖的情感环境，家庭成员之间保持良好的家庭关系，同时尊重孩子的感受，倾听他们的声音，给予他们足够的肯定和鼓励。

反思演练

1. 在你和家人相处时，是否能够保持一个平和、尊重的沟通环境？请分享一段最近发生的家庭互动故事，反思其中是否存在冲突或不和谐的地方，如何有效改善。

2. 你觉得自己的家庭环境是否为孩子提供了足够的安全感和归属感？请列举家庭成员关系中，可能影响孩子情感发展的具体因素，并反思改进的方法。

3. 在未来的一个月里，每周至少安排一次全家人共同参与的活动，如家庭会议、共进晚餐或一起做家务。请记录这些活动的过程，分析它们如何帮助增进家庭成员间的沟通与情感联结。

4. 请设计一个“家庭和谐日”，围绕沟通、尊重、理解等主题，进行一次家庭活动。活动结束后，请邀请家庭成员分享感受，并从中总结如何进一步优化家庭氛围。

任务三　培育积极健康的家庭文化

任务描述

家庭文化是家庭成员在共同生活中形成的价值观、行为规范和情感联系的总和。

---

① 米德. 心灵、自我与社会[M]. 赵月瑟，译. 上海：上海译文出版社，2018.

积极健康的家庭文化，能够为孩子的成长提供强大的精神支撑，培养他们的自信心、责任感和社会适应能力。家长通过传递正面的家庭价值观、鼓励开放沟通和相互尊重，塑造积极向上的家庭氛围，能够帮助孩子在温暖和谐的环境中茁壮成长。**请阅读以下家庭教育案例，思考家庭文化对家庭成员的行为、情感和价值观的塑造作用。**

任务活动

1. 讨论案例中主人公的家庭文化是什么。这种文化对家庭成员产生了哪些影响？

2. 思考并列举你自己家庭中的文化特征（如节日习俗、共同活动、交流方式等）。这些文化特征对家庭氛围有怎样的积极或消极影响？

案例 1：家风的模样

案例描述

家庭是人生旅程的起点，家风是精神成长的沃土。

正如杨绛先生所说：“每个人来到这个世界上，都是以家为起点。每个人行走世间，也自有其独特的风格，这是家风、家教使然。”一个家庭良好的生活氛围和学习氛围，往往决定了孩子的健康成长和未来的成就。

家风应是温柔而严格的。我小的时候智力发育比较晚，远不及同龄人的聪明伶俐，学什么都比别人要慢一拍，因此常常被伙伴们嘲笑呆呆笨笨，老师急起来甚至也会口不择言说：“你怎么这么笨。”但是，记忆中我的父母从未对我发过火，母亲更是把她所有耐心都用在了我身上，即使因为跟不上学习进度被迫留级一年，母亲也没有打骂过我，这让我并不是很漂亮的母亲一直稳坐全班同学母亲中“仙女妈妈”的宝座。

母亲虽然温柔但要求却很严格。现在回忆起小学前几年的时光，都是小学没毕业的母亲晚上熬夜坐在炕上教我组词和列竖式计算的场景，她从不允许我把作业留到第二天，即使她第二天天不亮就得起床去干农活，也会一直陪着我做完当天的作业。在母亲耐心且严格要求下，我逐渐在学习上入门了，学习慢慢地好起来了。现在回想起来，如果没有母亲的严格和温柔以待，我可能在学习的道路上也不会走得这么长远。

家风应是正直而清白的。我成为一名父亲后，常常会下意识把母亲的温柔、坚持和严格也用在对自己孩子的引导教育上。儿子在上小学三年级的时候打乒乓球，由于球室旁边就是院墙，经常会打出去，儿子为了节约就跑出去捡球。有一天正好去送他，见儿子捡了好几个球抱回来，我随口说：“这两天不用买球了。”儿子说：“不是的爸，这些球里面只有两个是我的，其他的我拿回去要给同学们的，球要省着用，但是不能拿别人的。”内心深处突然被儿子的这句话撞击了一下，幼时母亲教育我“要节约，但是不能拿别人的”与此刻完美重合，家风的传承在这一刻形成了闭环。

价值引领

传承正直清白的家风，生动体现了践行“诚信”的社会主义核心价值观。

“清白家风不染尘，冰霜气骨玉精神”。正直的家风是一种无言的教育、无形的力量，是最基本、最直接、最经常的教育，它以润物细无声的方式影响一代又一代，塑造孩子的人格。

家风正则为人正直，家教严则行为规矩。蔡元培先生曾在《中国人的修养》里提到：“家庭者，人生最初之学校也。一生之品性，所谓百变不离其宗者，大抵胚胎于家庭中。”每个孩子出生之初都是一张白纸，正是在家庭环境的影响与熏陶之下，走上了截然不同的人生路。父母常教育孩子要诚信、要友善、要节约、要正直、要谦虚……这不仅是家庭的价值观念和行为准则，更是社会主义核心价值观对我们每个公民的道德要求，而最好的教育便是家风的潜移默化。

［案例改编自：国家开放大学首届新时代家庭教育优秀案例征集活动二等奖作品（青岛开放大学　邱爱军）］

视频讲解

案例解读

每个孩子从出生的那一刻起，便进入了家庭这个小社会，并在其中接受着文化的熏陶与价值观的塑造。家风与家教，不仅仅是孩子成长的外在引导，更是孩子内心世界的塑造者。本案例中的主人公回忆了自己在成长过程中所经历的家庭教育，突出了“家风”的独特影响力。家风是一种无形的力量，它通过父母的行为、言语与态度，潜移默化地影响孩子的思维方式和行为习惯。

一、温柔与严格：家风中的教育平衡

本案例中的母亲既展现了温柔，也秉持了严格的家风。在孩子遇到学习困难时，母亲始终没有放弃，而是用她的耐心去鼓励和陪伴孩子。即使孩子因学习成绩差而被迫留级，母亲也没有因此进行苛责，反而是坚定地支持。她的温柔并不意味着放任，反而是在尊重孩子成长节奏的基础上，通过耐心、细致的指导帮助孩子走出困境，最终使孩子在学习上逐渐取得进步。

母亲的温柔与严格，体现了家风中的一种教育平衡。温柔给孩子安全感和信任，而严格则培养孩子的责任心和自律性。在这种家风的熏陶下，孩子学会了坚持和努力，不会轻易放弃自己。正如案例中的主人公所回忆：“如果没有母亲的严格和温柔以待，

我可能在学习的道路上也不会走得这么长远。”

这种温柔与严格的家风，还为家庭营造了积极健康的氛围。在这样的氛围中，孩子能够在得到充分情感支持的同时，学会应有的行为规范与责任要求。这种家风帮助孩子在成长过程中不断积累自信和力量，也在潜移默化中教会孩子如何在未来面对挑战。

二、正直与清白：家风中的道德引领

正直与清白的家风是家庭文化的一个重要组成部分。案例中的主人公，通过对儿子的教育展现了这一点。在一次偶然的情况下，他发现儿子在捡乒乓球时，明确表示只拿自己的，不能拿别人的，这一行为深深触动了他，让他回想起母亲对他“要节约但是不能拿别人的”的教诲。这种言传身教的教育方式，正是家风传承的体现。他在自己的家庭中延续了母亲对节约与正直的教诲，子女在日常生活中自觉践行这些原则，说明家风在家庭中的作用无处不在，并且这种影响力能够随着时间的推移一代代传承下去。

“清白家风不染尘，冰霜气骨玉精神。”这种正直的家风不仅仅体现在父母的言教上，更是在日常行为中不断渗透与传递。这种家风成为家庭成员内心深处的道德指引，它不是抽象的理论，而是通过父母的示范作用，化作孩子行为的准则。这一无声的教育方式，在孩子心中种下正直、诚信、节约和责任的种子，最终帮助孩子形成健全的人格和价值观。

三、培育积极健康的家庭文化：家风的潜移默化

家庭教育是一种潜移默化的力量，不仅仅体现在学业指导上，更体现在品德的塑造上。温柔与严格、正直与清白的家风，通过日常生活中的言传身教，对孩子产生深远的影响。在这样的家庭环境中成长，孩子往往能形成良好的品性、责任心和自律性，未来的人生因此更加坚定与充实。更重要的是，家风与社会主义核心价值观息息相关。父母传递给孩子的诚信、友善、节约、正直等品质，正是社会主义核心价值观的具体体现。通过家庭文化的积淀，这些价值观深深根植于孩子的内心，帮助他们成为有责任感、有道德心的人，进而为社会的和谐与进步贡献力量。

正如蔡元培先生在《中国人的修养》中所提到的：“家庭者，人生最初之学校也。一生之品性，所谓百变不离其宗者，大抵胚胎于家庭中。”家庭教育不仅影响孩子的成长，更对其一生产生奠基性影响。积极健康的家庭文化，既培育孩子的品格与能力，又为其未来融入社会提供持久的精神支持。

理论链接

《颜氏家训》中指出，“夫风化者，自上而行于下者也，自先而施于后者也。是以父不慈则子不孝，兄不友则弟不恭，夫不义则妇不顺矣。”良好的家风和社会风气是自上而下、由先及后传递的。家庭文化的培育依赖于父母以身作则践行社会主义核心价

值观，并通过与孩子的日常互动潜移默化地影响下一代。家风不仅是一种抽象的理念，更是通过父母的行为和生活态度，实现从“上”到“下”、由“先”及“后”的代际传递，最终奠定孩子人格与价值观的基础。

技术策略

培育积极健康的家庭文化是一个持续的过程，家长需要通过言传身教、树立榜样、制定规则、传递价值观和鼓励互动等方式，潜移默化地影响孩子的成长，帮助他们形成正确的世界观、人生观和价值观。

案例 2：组成家庭版“雷锋班”

案例描述

81 岁的乔安山，家住在辽宁省抚顺市的一座老式楼房里。房子装修陈旧，家具普通，但客厅的布置却颇具意义——墙上挂满了他在各地做学雷锋报告的照片，书架上摆放着许多关于雷锋和传统文化的书籍。最引人注目的是那尊雷锋的塑像。每天，乔安山都会用心擦拭这尊塑像，边擦边与老战友“叙旧”：“老班长，你放心吧，我活着一天，就传承你的精神一天。”

乔安山与雷锋有着深厚的感情，他们在鞍钢时曾是同事，后来又一起入伍、在一个部队共事。乔安山深刻地感受到雷锋精神的伟大，并在之后的几十年里，带领着家人走雷锋没有走完的路，做雷锋没有做完的事，用实际行动延续着雷锋的“生命”。1996 年，以乔安山为原型的电影《离开雷锋的日子》上映，电影引起了广泛关注。从那时起，乔安山便开始频繁地在全国各地作学雷锋报告，累计举办 4000 场次，资助贫困学生 10 多万元。

乔安山一直认为，雷锋精神所蕴含的品质不仅仅是对社会的贡献，更是家庭教育的基石。他说：“我把雷锋精神作为家风来传承。”他和妻子张淑芹共同承担起家庭教育的责任，建立了一个和睦的家庭。尽管家境并不富裕，生活依然充满了爱与温暖。乔安山的家风，就是以雷锋精神为核心：诚实、勤奋、乐于助人、无私奉献。

1997 年，乔安山的两个儿子相继下岗，这对于家庭来说是一次不小的打击。然而，乔安山并没有因为困境而气馁，反而鼓励儿子们要像雷锋一样保持积极乐观的心态，脚踏实地重新开始。他常说：“雷锋精神就是咱们的家风，咱不能让别人指脊梁骨。”在他的鼓励下，两个儿子没有消沉，而是依靠自己的双手自谋职业，一个经营茶摊，一个开餐馆。他们以诚信为本，真诚对待顾客，认真对待工作，用实际行动践行雷锋精神。

乔安山的孙子孙女们也从小就在这样的家庭氛围中长大。孙女乔婷娇记得，小时候，家里总是讲述着雷锋的故事。乔安山不仅给他们讲雷锋的故事，还带着他们一起读《雷锋日记》，通过竞赛抢答的方式加深他们的理解。每年清明节，乔婷娇都会与爷爷一起去祭扫雷锋墓，和家人一起缅怀雷锋的事迹，将雷锋精神铭记于心。

价值引领

传承雷锋精神，以诚信、友善践行社会主义核心价值观，将中国特色社会主义理论体系融入家风建设，培育子孙树立正确人生观。

乔婷娇说：“我小时候就觉得雷锋是亲人，一位我未曾谋面的亲人。”在爷爷的熏陶下，她从小就立志将雷锋精神贯穿于自己的生活和工作中。2009年，正在大学读书的乔婷娇看到鼓励大学生参军的宣传海报后，毫不犹豫地报名参军入伍。她成为原沈阳军区雷锋纪念馆的一名讲解员，并迅速通过努力成为大家口中的“学雷锋标兵”，以优异的表现赢得了同事和观众的认可。

乔婷娇不仅通过讲解雷锋的遗物和事迹传播雷锋精神，更在工作中以身作则践行雷锋精神。她认真学习纪念馆里的每一件文物和照片背后的故事，将雷锋精神通过自己的语言传递给每一个参观者。她自己也成了雷锋精神的践行者，在职业生涯中，她积极组织学雷锋志愿团队，捐款助困3万多元，足迹遍及26个省份。

乔安山和他的家人，将雷锋精神深深融入家庭文化中。在这个家庭里，雷锋不仅是一个历史人物，更是一种生活方式的象征。每逢过节，乔安山会在家里特意为雷锋留一副碗筷，作为一种纪念和传承。他常说：“雷锋精神就是我们的传家宝。”每年清明节，乔安山一家都会去雷锋墓祭扫，缅怀雷锋生平的伟大事迹。通过这些富有仪式感的活动，家庭成员进一步加深对雷锋精神的认同。雷锋精神已成为乔安山一家人的精神支柱和行为准则。

［案例改编自：听“最美家庭”讲述家风故事，网址：https://baijiahao.baidu.com/s?id=1735729328074750364&wfr=spider&for=pc］

案例解读

在乔安山的家庭中，雷锋精神不仅是一种历史的记忆，更是一种根植于家庭文化的力量，影响着每一代人的行为方式和价值观。乔安山和他的家人用实际行动培育了一种积极健康的家庭文化，这种文化不仅体现了家风的传承，更深刻影响着家庭成员的品德成长与人生选择。

一、雷锋精神的传承

乔安山出生在一个普通家庭，但他与雷锋的深厚情谊以及对雷锋精神的坚定信念，使得雷锋精神成为他开展家庭教育的核心。乔安山与雷锋曾在鞍钢一起工作，后又在同一部队服役，他在与雷锋朝夕相处的日子里，深刻体会到雷锋精神的伟大与感染力。

乔安山认为，雷锋精神不仅是社会奉献的象征，更是家庭教育的根基，是培养孩子正确价值观、品德和行为规范的基石。

乔安山通过将雷锋精神贯穿于家庭日常生活，培育了积极向上的家庭文化。他将雷锋的无私奉献、诚实守信、乐于助人的精神作为家庭文化的核心，并在每一项家庭活动中加以实践。在他的影响下，家庭成员共同遵循这一精神，形成了和谐、正直、乐观的家风。

二、通过日常生活传递家风

乔安山的家风建设并非停留在口头上，而是通过家庭成员的日常行为来体现。家庭成员无论在家务管理、孩子的教育还是亲情交流中，都自然地践行雷锋精神。乔安山的妻子张淑芹，虽然是一名普通人，但她坚守着与丈夫相同的家庭信念，支持丈夫的学雷锋事业，默默奉献自己的力量。她不仅帮助乔安山整理资料、收集信件，更在家庭教育中承担着重要的角色，始终将“无私奉献”与“关爱他人”作为家风的重要组成部分。

家庭成员之间的关系因雷锋精神的影响而格外和睦。即使在经济困难时期，乔安山仍以积极的心态面对挑战，鼓励儿女们自力更生、脚踏实地，传递着雷锋精神中的坚定与乐观。这种精神在 1997 年两个儿子下岗之后得到更为直接的体现。乔安山没有因困境而消沉，而是用实际行动鼓励孩子们要像雷锋一样坚守诚信、坚守责任，凭借自己的努力重新开始。最终，两个儿子通过自谋职业，一个开茶摊、一个开餐馆，秉承着诚信与责任，将雷锋精神延续到事业中。

三、通过代际互动强化家风

乔安山不仅影响了自己的孩子，还通过培养孙辈，进一步传承雷锋精神。在教育孙辈方面，他采取寓教于乐的方式，使雷锋精神在孩子们心中生根发芽。在他的影响下，乔婷娇从小生活在这样一个雷锋精神深厚的家庭氛围中。乔安山不仅每天给孩子讲雷锋的故事，还通过互动的方式让孩子更加理解雷锋精神。例如，他会带着孙子孙女一起读《雷锋日记》，并通过问答竞赛的方式让孩子们参与进来。通过这些富有趣味的活动，孩子们在潜移默化中将雷锋的奉献精神内化为自己的行为准则。

对于乔婷娇而言，雷锋不仅仅是一个榜样人物，更如同一个亲人，是她未曾谋面的精神导师。她记得小时候，乔安山就会带着她一起去祭扫雷锋的墓，回忆雷锋的事迹，并在这些仪式中不断加深她对雷锋精神的认同。正是这种代际传递和共同参与的家风活动，帮助她将雷锋精神深深烙印在内心，进而影响了她的行为方式和人生选择。

四、家庭教育的正面影响

乔婷娇的成长轨迹充分体现了家庭文化的深远影响。受家庭环境和雷锋精神的熏陶，她从小培养了崇高的理想与责任感。2009 年，正在读大学的她毫不犹豫地报名参军，成为原沈阳军区雷锋纪念馆的讲解员。在工作中，她以雷锋精神为指导，认真学习雷锋事迹并传播雷锋精神，还组织了多项志愿活动，并捐款帮助贫困地区的孩子。她的努力和成就，正是家庭教育中精神传递的体现，也证明了家庭文化的深远影响。

乔安山家族的故事生动地展现了家庭文化对个体成长的深远影响。家庭教育不仅仅是日常知识与技能的传授，更在于通过家风的塑造，潜移默化地培养孩子的品德与行为准则。家风的传承不仅体现在理念的传播上，更落实在代际间的互动与实践中，深刻影响每一位家庭成员的思想和行动。乔安山通过不断地将雷锋精神代代相传，把这一精神深深植入家人的心灵中，使雷锋精神不仅成为他们的生活方式，更成为他们的行为准则。

理论链接

社会资本理论认为，社会资本是内在于家庭和社区社会组织中的整套资源，它们有利于儿童或年轻人的认知以及社会发展[①]。在家庭中培育积极健康的家庭文化，能够为孩子提供重要的社会资本，这些资源包括信任、情感支持、社会规范等，它们有助于孩子形成良好的行为习惯、提高自我控制能力，并增强社交技能。一个充满支持、尊重和关爱的家庭文化能够帮助孩子更好地应对外部挑战，培养他们的社会责任感和合作精神，有利于孩子社会资本的发展。总之，积极健康的家庭文化是社会资本的重要来源，能够为孩子的成长和社会适应提供有力支持。

技术策略

家长可以通过营造和谐的家庭氛围、重视家庭成员间的情感联结、共同参与公益和社会实践活动等方式，来培育积极健康的家庭文化。通过创造一个温暖、包容的家庭环境，鼓励每个成员表达自我、倾听他人，家长可以引导孩子学会尊重、感恩和关爱他人。此外，家庭成员共同参与志愿服务或公益活动，也能增强孩子的社会责任感和团队精神，让他们在实践中切身感受帮助他人、贡献社会的重要性，从而更加牢固地树立正确的价值观。

反思演练

1. 你的家庭文化中，哪些价值观是你希望孩子继承的？哪些不良的家庭文化或习

① 林南. 社会资本：关于社会结构与行动的理论[M]. 张磊，译. 北京：社会科学文献出版社，2020.

惯可能对孩子产生负面影响？请结合家庭中的实际情况进行分析。

2. 你认为家庭文化是否真正促进了孩子的身心健康与全面发展？请分享你对自己家庭文化建设的心得，并思考如何进一步改善。

3. 请与家人共同制定一个“家庭文化愿景”，列出未来一年内家庭要倡导的核心价值观，并明确如何通过具体行为来落实这些文化目标。

4. 设计一个“家庭文化日”主题活动，围绕培养责任感、合作精神、积极态度等家庭文化目标展开。活动结束后，邀请家庭成员共同讨论如何在日常生活中强化这些家庭文化的落实。

家风小故事

春风化雨润家风——周恩来的言传身教

甘为平凡砥初心

1952 年，12 岁的周秉德踏入中南海西花厅，与伯父周恩来、七妈邓颖超共同生活。作为总理的侄女，她未曾享受特殊待遇，衣着朴素、饮食简单，与工作人员子女同挤公交上学。伯父周恩来常告诫她：“你们的前途要靠自己努力，我们是普通劳动者，绝不能因家庭关系谋特权。”少年周秉德将这份教诲铭刻于心，成年后扎根贵州大山，住草房、食粗粮，默默奉献四载。面对工友“若是总理亲属，怎会在此受苦”的质疑，她以沉默践行教诲，直至数十年后著书回忆往事，方公开身份。西花厅的十余载春秋，家风如春雨浸润，让她明白：生而平凡，恰是周家最珍贵的传承。

规矩立身行致远

周恩来定下十条家规，字字铿锵：不搞特权、不谋私利、不坐公车、生活俭朴……侄女周秉建 16 岁插队内蒙古草原，因表现优异被推选参军，彼时她身穿军装探望伯父，却见周恩来神情严肃：“若因我的关系参军，这兵不能当！”面对侄女的委屈，他语重心长：“你回去了，牧民的孩子才有更多机会。”次日，周秉建重返草原，挥鞭牧羊，在蒙古包中一住就是二十六年。家人团聚时，周恩来总将荤菜推给客人，自己啃粗粮窝头；饭后必掰馒头擦净碗底菜汁，一粥一饭未敢浪费。这些规矩如铁，让周家人知边界、守本分，毕生以“百姓”二字自勉。

赤诚报国践家训

周家子弟耳畔常常回响伯父周恩来的嘱托：“先烈用生命换来的新中国，我们须替他们守好、建好。”西花厅的灯光常彻夜不熄，总理伏案工作时，周秉德清晨读书偶遇散步的伯父，却被提醒：“战士们正在扫院子，你怎能旁观？”一句话点醒她：总理家眷更不能视服务他人为理所应当。周秉德离休后蜗居七十年代的老楼，多次放弃分房机会，笑言“同事更需要”。一次机场遇清洁工推车挡道，同行者欲呵斥，她轻声制止：“勿觉他人该让着我们。”点滴之间，周家后人将谦卑与大爱凝成无言的家风信条。

薪火长明照丹心

“周家子孙，都是普通人；普通，却不平庸。”侄孙周曰和创业时立誓：“第一份薪酬必源于造福社会的事业。”这份信念，源自祖辈的言传身教：周恩来将毕生积蓄悉数交党费，临终前叮嘱家属“留在岗位便是最好的纪念”。侄女周秉德践行五十载，耄耋之年仍奔波讲述家风故事；周秉建扎根牧区半生，以政协委员身份为草原生态疾呼。周家人如星火散落四海，始终秉持“为中华谋事，为人民谋福”的家国情怀。总理虽无子嗣，但家风通过后辈化作万千炬火，映照着共产党人的精神丰碑，代代生辉。

百年风雨涤荡，精神薪火永续。周恩来总理的十条家规，如涓涓细流汇成江河，浸润着一代代周家人乃至万千共产党人的初心。今日重读西花厅旧事，犹见皓月澄明：真正的家风从不在高墙华庭中生辉，而在粗茶淡饭间生根、在克己奉公中淬炼、在俯身为民的姿态里永恒。周家人用一生诠释的“普通”二字，恰是共产党人最挺拔的风骨——不慕浮华守本真，甘以萤火映山河。值此建党百年之际，这穿越时空的家风训诫，依旧激荡着新时代的回响：无论庙堂之高，抑或江湖之远，唯以心灯传心灯，方能共守山河锦绣、人间清欢。

学习回顾

本模块围绕家庭教育的核心要素，探讨了家长言传身教、家庭环境建设和家庭文化培育三方面在孩子成长中的重要作用。首先，家长的言行举止是孩子最直接的模仿对象，家长树立积极榜样，既能塑造孩子的品格，又能激发其向上向善的动力。其次，一个温馨和谐的家庭环境为孩子提供了安全感和归属感，有助于其心理健康和情感发展，而有效的沟通和解决冲突能够增强家庭成员间的支持与理解。最后，家庭文化在孩子的价值观和生活态度形成中起着深远影响，通过强调责任感、合作精神和爱与尊重，家长能够为孩子提供积极向上的人生观。在本模块的学习中，家长应意识到自身行为和家庭环境对孩子成长的深刻影响，并通过不断优化教育方式，为孩子创造一个充满爱与支持的成长空间，帮助他们在未来的社会挑战中更加自信、坚韧地前行。

模块二

品行塑造

父母是孩子人生道路上的第一任老师，给予孩子有爱、温暖的教育，能够为孩子建立健康的心理基础和积极的行为模式。给予爱的教育不仅能让孩子感受到无条件的关怀和支持，还能帮助他们培养同理心、责任感和良好的社交行为，这为孩子的品行发展奠定了坚实的基础。厚植家国认同感需要培养孩子对家庭和国家的认同感与责任感，激发他们的集体主义精神，增强对社会和他人的责任意识，这在塑造孩子的品格和价值观方面具有深远的影响。树立正确价值观是品行塑造的核心，帮助孩子树立正确的是非观、道德观和人生目标，使他们在未来的成长中可以做出明智的选择，具备坚定的行为准则。

本模块将围绕品行塑造，帮助家长在实际教育中培养孩子的良好品行，引导他们成为有爱心、有责任感、具有正确价值观的人。

学习目标

素养目标

- 感悟爱的教育在家庭中的重要性，培养关心他人、理解他人的能力。
- 增强爱国情怀，激发家庭成员共同的家国认同感和社会责任感。
- 坚持正确的道德价值取向，传承中华优秀传统文化和社会主义核心价值观。

知识目标

- 阐述爱的教育的核心理念与方法，说明其在儿童品行养成中的作用。
- 归纳家国情怀的内涵与培养路径，认识家国认同感的重要性。
- 分析正确价值观的基本内涵，列举其在家庭教育中的具体体现。

能力目标

- 运用具体方法，设计并实施有爱的教育活动。
- 制定厚植家国情怀的家庭实践计划，如主题活动或文化学习项目。
- 引导孩子树立正确价值观，通过正面引导和生活实践加以落实。

任务一 给予有爱的教育

任务描述

父母要重视对孩子爱的教育，通过尊重和关爱孩子，培养孩子感受、反馈、表达爱的能力。防止冷漠忽视、粗暴专制以及放任溺爱等行为影响孩子对爱的感受和理解，剥夺孩子爱的能力，进而影响孩子道德责任感与亲社会利他意识的培养。在有爱的教育模式中，家长不仅关注孩子的学业成就，更关注他们的情感需求和心理成长，给予孩子爱的教育，通过理解、尊重与支持，帮助孩子在情感和智力上得到全面发展。**阅读以下家庭教育案例，分析“爱的教育”对儿童成长的重要作用。**

任务活动

讨论案例中哪些行为体现了“有爱的教育”，哪些没有，分别对孩子产生了怎样的影响。

案例 1：让孩子感受到家长的“爱”

案例描述

子弘是一个 5 岁 9 个月的活泼男孩，生活在一个三代同堂的家庭里。爸爸是证券公司的经理，妈妈在银行工作，两人都因为工作繁忙，无法经常陪伴子弘。日常子弘主要由爷爷奶奶接送，老人对他宠爱有加，但由于爷爷奶奶年龄较大，偶尔也会感到力不从心。最近，爷爷奶奶暂时回老家，子弘的爸爸妈妈开始轮流接送他。

一天傍晚，雨后天晴，天空中架起了一道美丽的彩虹。子弘兴奋地指着彩虹喊道：“爸爸，你快看彩虹！”他迫不及待地想要分享自己的发现，眼睛里充满了期待。然而，爸爸正拿着手机在查看工作上的信息。爸爸没有抬头，机械地回应道：“赶紧上车，回家了。”子弘有些失落地看了一眼那道彩虹，眼泪忍不住从眼眶滑落。爸爸依旧没有注意到子弘的情绪，子弘的内心开始悄悄积压起一种被忽视的感受。回到家后，子弘并没有把这件事说出来，他的心情依然低落。爸爸忙碌了一整天，似乎并没有意识到子弘对他的期待，和子弘的互动中缺少了温暖和关注。

几天后，幼儿园组织了一项亲子活动——创意小玩具。孩子们可以和父母一起动手制作玩具，活动结束后分享自己的作品。班上的小朋友们陆续带来了亲手制作的纸飞机、手工小车和玩具枪，他们兴奋地和老师以及同学们展示着自己的作品，骄傲地说：“这是我和爸爸妈妈一起做的！” 子弘看着他们，内心充满了渴望。回到家，子弘迫不及待地对妈妈说："妈妈，我们也来做玩具吧，像别的小朋友一样。"然而，妈妈因为工作疲惫，并没有马上答应，推脱道："今天太晚了，明天再做吧。"第二天，子弘再次提醒妈妈："妈妈，今天可以做吗？"妈妈还是没有行动，先是草草应付，最后索性买了一个现成的玩具给子弘。当子弘带着新买的玩具回到学校时，看到其他小朋友骄傲地展示自己和父母一起做的玩具，他低下了头，眼泪在眼眶中打转。这次的经历让子弘更加敏感地意识到，虽然父母很爱他，但因忙碌和疏忽似乎总是没有时间回应他。

儿童节前一天，子弘满怀期待地问妈妈："妈妈，我的金箍棒买了吗？"妈妈这才突然想起，自己忘记了这件事，她慌忙地答道："宝贝，妈妈忘记了，明天我们再买吧。"子弘听后，瞬间泪如雨下，边哭边说："你又忘记了，什么都忘记了！我不要……"他感到自己在妈妈心中似乎不那么重要，虽然只是一个小小的玩具，但却承载了子弘对父母陪伴和关注的渴望。子弘的哭声让妈妈有些愧疚，但她依旧忙于其他事务，应付地说："宝贝，我明天给你买。"这些安抚无法弥补子弘的失落，他的心情变得更加沮丧，他开始怀疑，自己是不是不够重要，父母是不是永远太忙，无法在他需要的时候给予足够的陪伴和回应。

经过这些事件后，子弘开始变得特别消沉。爸爸妈妈也察觉到孩子的转变，他们开始反思因为忙碌的工作给孩子造成的忽视。于是，他们决定改变自己，尽可能地腾出时间，专心陪伴子弘。有一天，爸爸带子弘去小区散步，看到一朵盛开的花，子弘好奇地问："爸爸，这是什么花？"爸爸放下手机，仔细观察，笑着说："这是一朵非常漂亮的花，我们一起查查它的名字，好吗？"回到家后，爸爸妈妈与子弘一起上网查询花的资料，了解它的种植方法，还决定一起在阳台上种一盆属于他们的花。在这次小事中，子弘感到无比快乐，不仅因为他得到了父母的关注，还因为他与爸爸妈妈共同完成了一件事，心中充满了自豪，又变得开朗起来。

爸爸妈妈也意识到，孩子需要的不仅是物质上的满足，精神上的陪伴和情感上的关注也同等重要。从那以后，爸爸妈妈开始定期安排一些亲子活动，比如一起做手工、一起去散步、一起看书和玩耍。虽然依然有繁忙的工作，但他们学会了如何在日常的碎片时间里，用心去陪伴孩子，关心孩子的内心世界。

案例解读

这个故事通过子弘与父母之间的互动，揭示了父母在日常生活中忽视孩子情感需求可能带来的负面影响，以及父母意识到问题并做出改变的重要性。通过子弘的经历，可以看到，孩子对爱的需求不仅仅体现在物质上，更在于情感的陪伴和关注。故事的转折在于父母的觉察和改变，最终他们学会了如何在忙碌的生活中给孩子提供更多的关注和陪伴，这一改变使得子弘变得更加开朗、积极，也让家庭关系更加和谐。

一、孩子的情感需求：父母的陪伴比物质的满足更重要

子弘的故事表明，即便父母为孩子提供了丰厚的物质条件，孩子仍然渴望父母的陪伴与情感关注。子弘在看到彩虹时兴奋地想与爸爸分享，但爸爸的冷漠回应让他感到深深的失落；在“创意小玩具”的亲子活动中，尽管子弘多次提出了要求，妈妈因为忙于工作而推迟或草率应付，最终买来一个玩具替代。子弘的情感需求并不复杂，他需要的仅仅是父母的陪伴和回应。

很多父母忙于工作，忽视了孩子对情感关注的需求。孩子在父母没有回应时，会感到孤独、失落，甚至怀疑自己在父母心中的位置。

二、父母的忽视与孩子情感的空缺

子弘经历了几次情感上的失落后，开始变得更加消沉，而父母却没有察觉到他并没有得到足够的关注和理解。孩子是非常敏感的，他们能够感知到父母的态度。虽然父母不一定有意冷落孩子，但父母忙于工作、忽视了孩子在情感上的需求，最终导致孩子内心的空缺。这不仅影响孩子的情绪，还影响孩子的自尊心和对自己价值的认知。

子弘因对父母的失望开始变得沉默，甚至因小小的失望而情绪爆发。这时，父母才开始意识到，他们的忽视不仅影响了孩子的情绪，也让孩子产生了被遗弃的感觉。因此，父母在教育孩子的过程中，不仅要提供物质保障，更要关注孩子的情感世界，给予孩子足够的关爱和陪伴。

三、父母的觉察与改变：爱的教育是长期的投入

意识到问题后，子弘的父母做出了积极的改变。爸爸开始抽出时间，放下手机，认真陪伴孩子，比如一起欣赏花朵、上网查询花的资料、共同种植花等。通过这些简单的活动，父母和孩子之间的关系得到加强，子弘不仅得到了父母的关注，还感受到了共同活动带来的情感联结。

孩子的内心世界充满期待，正如子弘在看到彩虹时渴望与爸爸分享一样，孩子渴望通过互动和交流来与父母建立情感纽带。父母如果能够在孩子表达情感时及时回应，孩子将感到被接纳、被重视，从而增强自信，积极面对生活中的挑战。

四、爱的教育：关心与陪伴是孩子成长的核心

每个孩子都有自己的小小期待，父母能否及时满足这些期待，直接影响孩子的情感发展。子弘之所以感到失落，不是因为缺少物质上的东西，而是因为父母没有在他最需要的时候，给予他情感上的回应和支持。父母需要意识到，孩子需要的不是一堆礼物或玩具，而是与父母一起度过的时光、一起完成的活动以及真诚的交流。

通过父母的改变，子弘开始重新感受到家庭的温暖和安全感。与爸爸一起探讨花

卉知识、与妈妈一起做手工等活动，不仅让子弘感到自己被重视，还加强了亲子关系。爱的教育应该是父母长期投入的过程，要求父母在日常生活中时刻关注孩子的情感需求，花时间陪伴孩子，建立稳定的情感联系。

五、情感的关注：创造亲子互动的机会

父母的陪伴不应仅仅依靠周末或者节假日的短暂时间，而应融入日常生活。通过日常的互动，父母不仅能够了解孩子的兴趣爱好，还能在潜移默化中教会孩子如何表达自己的情感。在孩子成长的过程中，亲子关系的建立和情感的培养是至关重要的。父母如果能够在平凡的日常中投入心力，给予孩子足够的关注和支持，孩子才能更加健康、快乐地成长。

理论链接

马斯洛的人的需求层次理论把人的需求分为高低不同的五个层次：第一层次是生理需求，如衣、食、住、行等；第二层次是安全需求，如人身安全、职业安全等；第三层次是爱和归属需求，如友谊、情感归属等；第四层次是尊重需求，如尊重、权威、地位等；第五层次是自我实现需求，如胜任感、成就感等。马斯洛认为，人们一般按照以上所述从第一层次到第五层次这个需求“阶梯”，从低级到高级追求各层次需求的满足。[①]在家庭教育中，父母给予有爱的教育，需要关注孩子各层次需求的满足，从生理需求、安全需求，到爱和归属需求、尊重需求，最终促进孩子的自我实现。家长要通过理解和满足孩子不同的需求，帮助他们建立健康的心理和情感基础，培养孩子的独立性、自信心，发掘孩子的个人潜力，为孩子的全面发展创造良好的家庭环境。

技术策略

父母可以通过倾听来发现和满足孩子的合理需求。倾听不仅仅是听孩子说话，而是要全身心地关注孩子的语言和非语言表达，体会孩子的内心世界。在倾听的时候，父母可以从孩子的语言、情绪、表情、动作等方面分析孩子的需求，同时通过“不评价”“不反驳”的方式来鼓励孩子学会表达自己的情绪和感受。

反思演练

1. 在日常教育中，如何区分“爱”与“溺爱”？请结合自己的教育或成长经历，谈谈“有爱的教育”在塑造品行方面的重要性。

① 马斯洛. 动机与人格[M]. 赵巍，译. 北京：世界图书出版西安有限公司：2023.

2. 在你的家庭中，父母是否经常表达对孩子的爱与关怀？你认为孩子是否能够感受到来自父母的爱？请结合你的家庭教育经历，分析爱的表达方式及其对孩子品行塑造的影响。

3. 设想你是一名教育者或家长，如何在日常生活中通过关爱与理解，帮助孩子形成正确的行为规范？请列出三个具体可行的做法，并描述其预期效果。

4. 在日常教育中，父母如何通过言语、行动和态度传递无条件的爱，帮助孩子建立自信、信任和责任感？请设计一份适合家庭的“爱与关怀行动计划”，包括具体的家庭活动、交流方式等，让孩子能够感受到父母的关爱。

任务二 厚植家国认同感

任务描述

家国认同感是个体对家庭、社会和国家的情感认同与责任意识。拥有家国认同感的孩子，不仅能更加深刻地理解自己的文化背景和历史传承，还能树立对社会的责任感与对国家的归属感。在家庭教育中，家长通过在日常教育中厚植家国认同感，传递爱国的价值观、历史使命感和社会责任感，能够帮助孩子建立深厚的家国情怀。**阅读以下家庭教育案例，感受如何在日常生活中传递和培育家国情怀，并探索在家庭教育中如何融入爱国主义教育。**

任务活动

1. 讨论案例中家庭的哪些行为和氛围体现了家国情怀。
2. 列举家庭教育中哪些细节有助于厚植孩子的家国认同感。

案例 1：书香遇家国

案例描述

赵岚和贺玮是一对 80 后夫妻，他们不仅注重孩子们的成长与教育，还在日常生活中潜移默化地培育孩子们的家国情怀。通过阅读、旅行与亲子互动，他们不仅让孩子们感受知识的魅力，更让孩子们在“书香”中体验文化的深度和家国的辽远。这是一个普通又充满温暖与责任感的家庭，他们通过有趣的家庭活动，不断深化孩子们的历史文化认同感，培养他们的社会责任感。

晚上 9 点，赵岚结束了一天的家务，便开始招呼丈夫贺玮和两个女儿各自取书，围坐在客厅开展“家庭阅读时光”。这是赵岚和贺玮每周必不可少的亲子活动之一。孩子们早已习惯在温馨的书香氛围中结束一天的生活，家里的书架、茶几、餐桌上总有书籍随时可供翻阅，阅读已经成为这个家庭的生活方式。

“阅读是陪伴孩子最好的方式。”赵岚常这样告诉丈夫和孩子们。她认为，阅读不仅是获取知识的途径，更是亲子关系的桥梁。为了提高孩子们的阅读兴趣，夫妻俩总是精心设计活动，既让阅读变得有趣，又让孩子们在轻松愉快的氛围中领略中华文化的博大精深。每到周末，家里便会举行一场别开生面的“家庭诗词大会”，大家分组背诵唐诗，互相“比赛”看谁能背出更多的诗句。通过这样的方式，孩子们不仅掌握了诗词，也在其中感受到了中国传统文化的魅力。

有一次，赵岚和贺玮组织全家一起扮演绘本《猜猜我有多爱你》中的角色，彼此用简单的方式表达爱意。“那次，我们都沉浸其中，心里暖暖的，大家互相表达了更多的感情，关系也更加融洽了。”赵岚回忆道。

赵岚和贺玮夫妻俩还通过旅行带领孩子们走出家门，让孩子们亲身体验书本中的故事与知识，使阅读变得更加生动与深刻。

例如，当一家人读到都江堰水利工程的相关内容时，孩子们对这项伟大的工程产生了浓厚的兴趣。为了让孩子们更好地理解这项工程的历史意义，赵岚为孩子们布置了“预习作业”：为什么要修建都江堰？它的原理是什么？李冰父子为此作了哪些贡献？通过提前预习，孩子们在参观都江堰时，能更加深入地理解其背后的智慧与历史文化。

“通过这次亲身体验，孩子们不仅看到了伟大的水利工程，也体会到了中华民族悠久历史中创造出的智慧和力量。”赵岚说。参观过后，孩子们对这段历史更加好奇，阅读的兴趣也随之增强。

价值引领

父母在生活中厚植家国情怀，在文化浸润中引导孩子树立正确人生观。

除了都江堰，全家还曾前往北京，参观了长城、故宫，并观看了庄严的升旗仪式。“那时候，孩子们看到升旗仪式时的激动表情，我深刻感受到他们心中的自豪与敬畏。”赵岚说。回到家后，夫妻俩便立即为孩子们挑选了一些历史类书籍，让孩子们进一步了解中华民族的悠久历史和灿烂文化。

从2020年开始，赵岚和贺玮定期举办家庭教育公益分享活动，还在小区内组织小型阅读分享沙龙，与邻居们交流阅读经验，推荐、交换书籍。“我们想让书香飘得更远，让更多家庭享受到读书的乐趣。”赵岚说。

案例解读

赵岚和贺玮夫妻通过家庭阅读、亲子活动以及旅行等方式，精心培养孩子们的家国情怀与文化认同感。他们不仅为孩子们提供了丰富的知识资源，还通过有趣的互动，激发了孩子们对中华传统文化和历史的兴趣，培养了他们的社会责任感。

一、树立正确的家庭教育目标

从案例可以看出，开展家庭阅读活动还能实现价值塑造的目标。一是培养家国情怀与文化认同。通过家庭教育，帮助孩子们认同中华文化和历史，形成对国家和民族的深厚情感。二是激发社会责任感与自我担当。让孩子们明白他们在社会和家庭中的责任，激发他们在成长过程中为社会贡献力量的愿望。三是通过亲子互动加强家庭凝聚力。在家庭中形成有意义的互动，通过共同学习和活动增进家庭成员之间的情感联系与文化认同。

在赵岚和贺玮的教育理念中，家庭不仅是孩子们生活和成长的避风港，更是他们文化认同感、责任感和家国情怀的起点。通过日常的阅读、活动和旅行，夫妻俩将家国情怀融入孩子们的行为规范和思维模式，让孩子们在潜移默化中认同自己的民族文化，形成对国家的归属感与责任感。

二、阅读与亲子活动：提升文化认同感

家庭教育不仅要关注孩子的学业成绩，更要注重孩子文化认同感的培养。在日常生活中，通过有趣的亲子互动，营造出能够让孩子在愉悦中接受文化熏陶的环境，能够极大地激发孩子们对文化的兴趣和对家国的认同感。

赵岚和贺玮在家中设立了固定的“家庭阅读时光”，这段时间成为一家人共度的宝贵时光。孩子们在父母的引导下，养成了阅读的习惯，这不仅增加了知识储备，更在无形中加深了对中华民族传统文化的认同。借助“家庭诗词大会”，夫妻俩鼓励孩子们背诵唐诗、宋词，这样的互动不仅让孩子们掌握了大量的经典诗词，也帮助他们感受到中华民族传统文化的深度。

三、旅行与实践：加深历史文化认知

家国情怀的培养不应局限于书本知识，还应通过实际行动来强化。旅行作为一种实践性的教育方式，不仅能够让孩子们直观地了解历史，还能让他们在身临其境中体验和感悟国家文化的伟大与悠久。通过书本知识和现实体验的结合，家长能够更好地将历史和文化的记忆融入孩子的心中，培养他们的文化认同感。

赵岚和贺玮不仅让孩子们通过书本了解历史，还通过旅行带领孩子们走进历史，进一步加深他们对家国文化的感知和理解，如参观都江堰、长城、故宫等历史文化遗址。孩子们不仅学到了知识，还通过身临其境的体验，真正体会到这些历史遗产蕴含的民族智慧和文化价值。赵岚在每次旅行前都会提前布置一些作业，如了解都江堰的修建背景、原理及历史意义等。通过这种形式，孩子们在旅行中不仅是简单的游览，更是在探究历史、学习文化，并在回家后继续深入阅读相关书籍。这样的教学方法，既加深了孩子们的历史文化认知，也让他们在实践中领悟了家国情怀的深远意义。

四、以身作则与公益行动：家庭责任与社会情怀的传承

家庭不仅是孩子成长的地方，也是他们社会责任感和家国情怀的发源地。父母的行动，尤其是在社区服务中的表现，能够为孩子树立良好的榜样。父母通过积极参与公益活动和社会教育，既能帮助孩子认识社会责任，又能让他们在实践中体会为国家和社会奉献的意义。

赵岚和贺玮不仅注重在家庭内培养孩子的家国情怀，还积极参与公益活动，组织社区教育分享，向周围人传播教育理念。他们定期举办家庭教育公益分享活动，并在小区内组织小型阅读沙龙，与邻居们交流阅读经验，推荐优质书籍，传播阅读的快乐。夫妻俩的这些行动，不仅让自己的孩子受益，也影响了周围社区的家庭，让更多人认识到家庭教育的重要性，并通过阅读活动培养家国情怀，进一步让孩子们在实际行动中真切领略到社会责任和集体使命感。

总之，家国情怀的培养既要注重理论教育，更要通过实际行动内化于心外化于行。

理论链接

家庭功能理论研究家庭在社会中所扮演的多重角色，尤其是家庭对个体社会化的影响。在人类社会发展的众多方面，家庭都是承担社会化任务的首要的和重要的场所。随着社会工业化和商业化的发展，家庭的传统功能（如经济功能）逐渐丧失，而养育子女的功能，形成子女独立性人格方面的功能以及传递人类伦理、品德、思想、感情等方面的功能得以进一步发展和升华。[①]因此，家庭不仅是个体生活的基本单位，也是传递文化、情感、价值观的重要场所。家庭教育对家国认同感的构建起着基础性作用。

技术策略

家庭可以通过日常文化教育（如讲述历史故事、传承传统节日习俗等）帮助孩子树立对中华民族传统文化的认同，鼓励孩子学习和了解国家历史、文化与价值观，逐步建立对国家的认同感。

反思演练

1. 你认为家庭教育在塑造孩子的家国认同感方面扮演了怎样的角色？请结合自己的家庭经验分析，在培养家国认同感的过程中，家庭教育的作用是否得到充分发挥。家国认同感如何影响个人的行为和价值观？

① 敬少丽. 家庭功能的变迁与教育机会的发展——以社会性别理论为视角[J]. 教育理论与实践，2012，32（16）：14-17.

2. 在现代社会中，随着全球化和信息流通的加速，孩子们可能接触到更多多元文化和价值观。如何在家庭中培养孩子的家国认同感，同时保持对多元文化的尊重和包容？请结合你自己的家庭教育实践，提出可能的应对策略。

3. 如何通过日常的言传身教，让孩子树立起对国家、民族以及文化的认同感？请设计一个亲子活动或家庭计划，围绕家国认同感进行教育，如参观历史遗址、讲述家族历史等，激发孩子的家国情怀。

家风小故事

家国书声传赤诚——梁启超家风的百年承续

作为近代思想巨擘，梁启超在历史长河中谱写了壮阔的事业篇章，而更为人称道的，他凭借独创的家风将九个子女悉数培养成栋梁。这位新会先贤的育儿智慧，穿越百年光阴，至今仍为万千家庭点亮明灯。

爱国为根，志存天下

梁启超毕生以家国情怀浸润子女心灵。他常将生活琐事与国运相连，教导子女“天下事业无所谓大小，尽责任者方为第一等人物”。长女梁思顺留学日本时，他反复叮咛：“毕业后当以报国为归宿。”抗战时期，长子梁思成拒赴美国避难，在贫病中坚持研究古建筑；孙辈梁从诫投身环保事业，暮年仍在南海躬身捡拾垃圾。三代人用生命诠释了“爱国如家”的赤子之心。

以趣为师，因材施教

在科举余绪犹存的年代，梁启超已深谙个性发展之道。他主张“学习不必求猛进”，曾致信因选错专业苦闷的次女梁思庄：“学问最好依性所近，不必泥定父言。”长子梁思成痴迷建筑，他不惜重金托人捎去《营造法式》典籍；幼子梁思礼钟爱航天，他赠言“求稳求积累”，终助其成为火箭专家。九个子女或从文、或从理，皆在各自领域绽放光华。

家书传心，润物无声

四百余封家书是梁启超留给后世的家教珍宝。信中既谈治学之道：“莫问收获，但问耕耘”，亦论处世之学：“带几分孩子气原是极好”。长子梁思成携妻子林徽因在欧洲度蜜月时，他建议“每日将所见所闻作成游记”；幼子梁思礼远渡重洋，他以诙谐口吻叮嘱“老白鼻（baby 音译）当保重身体”。这些文字如春风化雨，将品格养成融于家常絮语。

身教胜言，寒士砺志

虽跻身社会名流，梁启超始终恪守“寒士家风”。他告诫子女：“生当乱世，吃得苦方能立得住。”次子梁思永考古时风餐露宿，女儿梁思懿参加革命跋涉千里，无不承袭家族坚韧精神。当幼子梁思礼留学经济困窘，他鼓励“半工半读最是磨炼人格”，最终成就了淡泊物质、追求理想的家训精神。

家梁永承，尽兴成功

“三代皆败者”的慨叹背后，是梁氏家族更深邃的坚守。梁启超维新事业未竟，梁思成护城墙徒劳，梁从诫临终树葬明志——三代人用“明知不可为而为之”的选择，诠释了知识分子“尽兴即成功”的信念。饮冰室内四百余封泛黄家书，依旧在轻声诉说：教育的最高境界，是从书斋走向苍生，让家国情怀永续传承。

梁启超家族三代的故事，恰似一部铭刻在时代丰碑上的家国长卷。当梁从诫俯身拾起海滩垃圾的身影与祖父执笔著书的剪影重叠；当古城墙的叹息与运载火箭的轰鸣交织，人们恍然读懂：真正的教育从不在功成名就的瞬间定格，而在理想主义代代不灭的传递中永恒。今日回望饮冰室的书香，那些泛黄家书仍在诉说着一个民族最珍贵的传承密码——以家风故事写就赤子之心，用先行者的脊梁托起一个民族仰望星空的渴望，这或许正是百年中国砥砺前行中最温暖的不灭火种。

任务三　树立正确价值观

任务描述

价值观不仅影响孩子的行为选择，还决定了他们对世界的认知和对他人的态度。家长是孩子的第一任教师，通过言传身教，家长能够为孩子树立明确的道德标准和行为规范，帮助他们辨别是非、培养责任感与同理心。家长应通过日常生活中的言行一致，传递敬业、诚信、友善等社会主义核心价值观，同时鼓励孩子独立思考，尊重不同观点，形成正确的世界观、人生观和价值观，促进其身心健康和人格发展。**阅读以下家庭教育案例，思考家庭在帮助孩子树立正确价值观中的重要作用。**

任务活动

讨论案例中家长在孩子价值观形成中起到了什么作用。

案例 1：我不是故意要说谎

案例描述

果果是一个活泼、聪明的 6 岁男孩，父母都是高学历的人士，爸爸是企业高管，妈妈曾经在职场工作，但在生下果果后，决定辞去工作，成为全职妈妈。夫妻俩在育儿方面十分重视，常常一起接送果果。

然而，最近，上幼儿园大班的果果开始表现出一些令人困惑的行为：多次说谎。虽然父母严厉训斥，但并没有起到太大的效果，这让夫妻俩感到有些不知所措。

一天，果果正在家里玩水枪。妈妈准备外出购物，便对果果叮嘱道：“我出去一会儿，你要乖乖的，不要把水弄得到处都是。”果果点点头，表示自己会听话。可当妈妈回到家时，却看到地板上到处是水，心里不禁有些怒气冲冲。

她厉声问道："地板上怎么到处是水啊！果果，是你弄的吗？"

果果怯生生地低下头，犹豫了一下才小声说："是我。水枪里的水没有了，我去厨房装水时，盖子掉下来了，水就洒出来了。"

听完，妈妈的情绪更加激动，责骂道："叫你不要玩水，你偏不听，弄得到处都是，最后还得我来收拾！你怎么这么不听话？"

果果感到很委屈，他真的不是故意的，但又害怕妈妈的责备，不知道该怎么解释。

又有一天，果果高兴地从口袋里掏出三颗小星星贴纸，跑到爸爸面前说："爸爸，你看，这是我的小星星。"

爸爸微笑着问："哪里来的呀？"

果果回答："幼儿园张老师给的。"

"是因为上课表现好，老师表扬给的吗？"爸爸赞扬道。

果果点点头，爸爸继续夸奖他："那真是太棒了，快把这些小星星贴在墙上，让妈妈看看。"

几天后，妈妈到幼儿园接果果时，张老师和她沟通时提到，果果最近上外语课时总是坐不住，注意力不集中。妈妈突然想起果果最近曾经说过自己得到了小星星，便问老师："果果前几天还说得到了小星星奖励。"张老师露出疑惑的表情，回答道："最近我并没有给过他小星星。"

妈妈顿时意识到，果果的话可能并非事实。

在幼儿园里，老师采用积分卡激励孩子们的学习兴趣，孩子们通过积累积分卡可以兑换小礼物。然而，有些孩子不小心丢失了积分卡，老师捡到后会还给他们。有一天，老师捡到几张丢失的积分卡，便询问是谁丢的。果果有些犹豫，走到老师面前小声说："老师，是我丢的。"

老师有些疑惑地问："你丢的是几分的积分卡？现在还剩多少分？"

果果有些慌张，回答了一个数字。可是，老师发现果果说的数字已经超过自己手里积分卡的总分。老师继续耐心询问，最终，果果低下头，承认那些积分卡并不是他的。

班里举办阅读活动，老师请孩子们回家准备一个"传统故事"到幼儿园和大家分享。第二天有半数的孩子都准备并分享了自己的故事。因为是自愿分享，老师没有强制要求每个孩子都必须参与，在活动结束前反复询问，担心有疏漏，并且在结束后把活动当天的现场照片发给了家长们。

爸爸看到后问果果："为什么没有你的照片，你没分享吗？"

果果说："分享了呀，是老师忘了发照片吧。"

隔天上午，果果爸爸有些生气地找到老师，询问为什么果果讲了故事却没有他的照片。老师仔细地回忆了经过，确定果果当天并没有分享故事，也没有表示有分享的意愿。得知真相的爸爸生气地训斥了果果。

面对这几次"说谎"风波，妈妈深感困惑和不安。她经过反思意识到，孩子在这个阶段可能并不是有意想要撒谎，而是因为害怕惩罚，或者在某些情况下，孩子希望通过撒谎来逃避责任或保护自己的形象。因此，妈妈决定采取更温和、更有效的方式来帮助果果认识到诚实的重要性。

妈妈改变了以往的教育方式。每当果果做错事时，妈妈不再急于训斥，而是以平和的语气询问："地板上怎么有水呢？是你弄的吗？"或者"这些星星是怎么来的呀？"她不急于责备，而是先帮助果果分析事情的原因，鼓励他说出真相。

当果果坦白承认错误时，妈妈会首先表扬他的诚实："你做得对，勇敢地承认自己的错误是值得夸奖的。"然后，她会耐心地与果果讨论，如何避免类似错误的发生。例如，下次玩水枪时，记得把水枪的盖子拧紧，这样就不会弄得到处都是水了。

此外，妈妈还通过讲《狼来了》和《匹诺曹》等故事，向果果展示了说谎的后果。她告诉果果："如果我们说谎，别人就不会再相信我们，小朋友们就可能不愿意和你玩了。"这种沉浸式的教育收效显著，果果逐渐明白了诚实的重要性，也开始慢慢改正自己不诚实的行为。

价值引领

在生活中引导孩子诚实守信，培养责任意识。

案例解读

孩子的说谎行为可能并非出于恶意，而是儿童在心理、认知及情感方面尚未成熟的表现。父母在教育过程中，如果采取过于情绪化的反应和不当的方式，很可能不能有效地帮助孩子改正错误。基于对孩子心理特点的理解，采取针对性的教育方法，可以更好地帮助孩子在成长过程中建立正确的价值观，进而有效地改善孩子的不良行为。

一、儿童说谎的成因

儿童的说谎行为往往是其心理发展和社交能力的一部分，而非单纯的恶行。对于6岁的果果而言，他并没有完全掌握诚实和信任的复杂概念。儿童在此年龄段的心理特点是认知能力和道德判断尚在发展中，他们通常无法预见谎言可能带来的长期后果，往往是基于即时的逃避压力、获得奖励或避免惩罚的动机来说谎。果果多次说谎，实质是试图逃避责备或掩饰其尚未准备好面对的错误。

当孩子出现说谎行为时，父母应冷静观察并理智分析孩子说谎的心理动因。孩子说谎的动机可能是多种多样的，而这些动机往往与孩子的心理发展阶段、情感需求以及周围环境的影响密切相关。因此，父母在面对孩子说谎时，应该避免急于惩罚或指责，而是应当深入思考孩子说谎背后的原因。

首先，有些孩子说谎是为了寻求家长的表扬和认可。当孩子觉得自己的行为得不到足够的关注或赞赏时，他们认为如果说出某些夸大的事实，就能获得父母更多的关注与肯定。例如，孩子可能会夸大自己在学校的表现或者编造一些虚构的故事来获得父母的夸奖。这类行为并不一定是恶意的，而是孩子希望得到更多的鼓励和支持。

其次，孩子也可能因为攀比心理或虚荣心而说谎。当孩子处于社交发展的初期，尤其是与同龄人交往时，可能会感到压力，希望自己与其他孩子相比能够更优秀或者更出色。此时，孩子可能会通过夸大自己获得的成绩或经历来提升自己的形象，尤其是在家人或同学面前。这类行为往往反映了孩子希望通过虚构的成就来获得他人的认同和羡慕。

再次，还有一些孩子因为极度渴望满足自己的某种需求而选择说谎。例如，孩子希望得到某个玩具、奖励或者是外出旅行等，在没有得到父母批准的情况下，可能会编造理由或夸大事实来达到自己的目的。此时，孩子的动机往往是为了满足即时的欲望，而并非恶意欺骗。对于这类行为，父母应关注孩子的需求，并通过与孩子的沟通，帮助他们学会如何正确表达自己的愿望，而不是通过说谎来获取想要的东西。

最后，孩子的说谎行为也可能是受家长或周围环境的影响。例如，如果父母或其他成年人经常在孩子面前说谎，或者在某些情况下默许不诚实的行为，孩子就可能模仿并认为说谎是解决问题的一种方式。当父母在孩子面前展示了不诚实行为，如隐瞒事实、为了避免冲突而不讲真话等，孩子往往会认为这是可接受的行为模式。对此，父母应当反思自身的言行，注意以身作则，通过树立诚实的榜样，帮助孩子理解什么是真正的诚信。

二、父母的应对方式

父母在应对果果说谎时的情绪反应和教育策略会对孩子的心理发展产生重要影响。从案例中可以看出，果果的妈妈在面对孩子做错事时，习惯性地通过训斥来表达愤怒和失望。然而，这种情绪化的反应并未有效地帮助孩子反思自己的行为，反而可能使孩子更加害怕父母的惩罚，导致其选择说谎来逃避责任。在一些情境中，父母的训斥可能过于严厉或缺乏足够的引导，未能给予孩子充分的理解和宽容。例如，果果弄湿地板后，妈妈对其的责备并没有考虑到孩子的内心感受。虽然妈妈的初衷是教育孩子学会责任和自控，但她过度情绪化的反应反而让果果感到困惑和委屈。

后来妈妈开始反思并改变自己的教育策略，她避免情绪化的训斥，转而采用温和、理性的方式与果果沟通。在面对错误时，妈妈用平和的语气询问事件的经过，而不是直接进行批评。同时，她也通过讲解《狼来了》和《匹诺曹》等故事，引导果果理解说谎的后果，帮助他逐渐认识到诚实的重要性。这种更为温和和理性的教育方法，有助于营造一个宽松、开放的家庭沟通氛围，使果果能够在没有压力的情况下，勇敢面对自己的错误，并逐步学会承担责任。妈妈通过耐心地帮助果果分析错误的原因，逐渐引导他明白如何避免犯同样的错误，培养他对自我行为的反思能力。

理论链接

已有研究表明，家庭功能发挥越好，幼儿说谎就越少。如果整体家庭功能健康，家庭规则明确，赏罚分明，家庭成员之间能够经常相互交流，互相关心，儿童就容易养成良好的规则意识，其愿望和要求可以通过家庭成员的良好沟通获得解决，而不必借助说谎去实现。①

技术策略

对孩子的说谎行为，父母可以在理性地分析孩子的动机之后，再决定应对方式。如果明显是孩子找借口推卸责任，那就要严肃指出这是一种说谎行为，必须改正，让孩子明白说谎这种行为比错误本身更严重。如果孩子主动承认自己的错误，家长一方面要表扬孩子的诚实；另一方面，对于孩子出于大意而做错的事，家长则要平静地指出错在哪里，怎样改进，并表明希望以后不要再犯同样错误的愿望，对于孩子故意做错的事，则需要通过沟通调整孩子的认知，采取设置规则的方式帮助孩子建立行为边界意识。

反思演练

1. 你认为家庭教育中的哪些方面对孩子价值观的形成起到了积极作用？请分析你家庭中树立价值观的实际做法，讨论哪些方面可以进一步改进。

2. 孩子的价值观不仅受到家庭影响，也受到社会环境、同龄人等因素的影响。作为父母，你如何帮助孩子在面对社会多元化的价值观时，坚定自己正确的价值立场？

3. 父母如何通过具体的日常行为和生活选择，向孩子展示和传递正确的价值观？请设计一个家庭教育活动，围绕树立正确价值观，通过参与志愿服务、家庭讨论等方式，帮助孩子形成健康的价值观。

家风小故事

父爱如尺　家训如刀——傅雷的教子之道

一封封薄薄的家书，刻下最厚重的家风。傅雷以笔墨为刃，在信纸间雕琢儿子的人生，将严苛与温情注入字里行间，成就了一段跨越时代的家教传奇。

---

① 董会芹，刘倩，张文新. 幼儿说谎与问题行为、家庭功能的关系[J]. 中国临床心理学杂志，2014，22（01）：174-177.

首重品德，立身为本

在傅雷眼中，教育的核心始终是“做人”。他告诫长子傅聪：“先为人，次为艺术家，再为音乐家，终为钢琴家。”傅聪留学波兰参赛时，傅雷信中反复叮嘱的不是琴技精进，而是“节制物欲，常怀谦卑”。当傅聪因锋芒外露与人争执时，父亲当即以东方哲思点拨：“刚强不可流于专断，宽容绝非懦弱”，令他终生谨记待人接物的分寸。傅敏幼时淘气，傅雷便以热水瓶排列的细节立规：“物归原处是修身之基”，连家中保姆亦被训练得恪守秩序。

严苛为刃，深情为鞘

傅家的家教素以严厉闻名，却非冰冷戒尺。傅雷要求傅聪每日抄写古文、精读《人间词话》，连作息皆定时如钟表；但对孩子艺术天赋的敏锐洞察更显深爱。傅聪幼年展露乐感，傅雷耗月余手抄《艺术哲学》寄往海外，信中却只淡淡写道：“此书助你贯通中西美学。”“文革”初期，傅敏含泪烧毁家书以避祸，傅雷得知后未加苛责，反在最后一封信中宽慰：“护己便是护家，无须愧悔。”

艺精于勤，德成于思

傅雷要求子女“以艺术滋养人格”。他为傅聪分析肖邦作品的爱国情怀，引导其领悟“琴键上跳动着民族的精魂”，傅敏寄回手绘故居平面图，傅雷欣然批注“细致周全方成大器”，鼓励严谨作风。即便身处动乱年代，父子通信仍以《论语》《约翰·克利斯朵夫》为钥，探讨古今中外的精神脊梁。这种熏陶令傅聪的演奏终成“东西文明的和鸣”，傅敏的教学亦以“治学如治玉”的匠心存世。

家国同脉，赤子丹心

红色火种始终是傅氏家训的灵魂。傅聪在波兰摘得国际钢琴赛事桂冠时，傅雷既喜其“为东方正名”，更忧其“勿沉溺虚名”：“掌声终将散去，唯对祖国的忠诚永镌心碑。”当傅敏欲赴边陲支教，傅雷蘸墨挥毫：“教育报国不分庙堂草野”，印章重重落下的声响，成为儿子扎根讲台四十载的精神动力。“文革”期间，傅雷夫妇以生命守护知识分子气节，临终前仍将存折中仅余款项标注“党费”，这份赤诚化作傅聪晚年归国讲学时的开篇词：“琴声里的黄河从未断流。”

尺规铸魂，墨香传世

穿越六十年时光，《傅雷家书》中的批注红痕依旧灼目。那些曾被视作严酷的教条，终在岁月涤荡中显露出父爱的本真——它不是温室里的襁褓，而是淬炼真金的熔炉。傅雷以书信为桥，让中国君子的风骨在异国琴音中绵延，让知识分子的担当在时代洪流里扎根。而今重读“做人当如赤子”的箴言，仿佛看见一位父亲擎着明灯，为所有迷茫的成长照亮前路。

傅雷执笔如执刃的教子之道，在时间的长河里淬炼成一颗文明的火种。那些曾被视作严苛的家规，实则是父爱最深邃的凝视；那些流淌墨香的家书，早已超越血脉，化作千万家庭的镜鉴。当傅聪的琴声在维也纳金色大厅奏响《黄河》，当傅敏的学生将教案传承至边陲村落，我们看见一位父亲的尺规不仅在丈量子女的成长，更在丈量着一个民族的精神高度。而今重读泛黄信笺，“做人当如赤子”的墨迹依旧灼烫。这灼烫非关纸页的温度，而是一个古老文明对后辈的永恒期许——教育不是雕刻完美玉器的刀斧，而是点燃心灵烛火的微风。在这烛照之下，所有以严为器、以爱为魂的家教，终将连缀成守护文明根脉的星河。

学习回顾

本模块强调了家庭教育在塑造孩子品行中的关键作用。首先，家长通过营造温暖和关爱的环境，给予孩子爱的教育，不仅能够让孩子获得情感上的安全感，还能培养健康的人际交往能力和社会责任感，为他们未来的人格建设提供了坚实的基础。其次，家国认同感是孩子品行发展的重要组成部分，培养孩子对家庭和国家的认同感，不仅有助于孩子形成正确的价值观，也能激发他们对集体、对社会的责任感。这种认同感能够帮助孩子在面对困难和挑战时，具有坚韧的毅力和服务他人的精神。最后，树立正确价值观是品行塑造的核心。价值观决定了孩子的行为准则和生活态度，在日常生活中，家长通过言传身教，帮助孩子树立正确的是非观、道德观和人生目标，使他们能够做出符合道德和社会期望的行为选择，培养独立思考与判断的能力，成为有责任感、道德感的社会公民。

模块三

全面发展

家庭不仅是孩子情感和心理的摇篮，也是他们个性、能力和价值观形成的关键场所。家长应帮助孩子树立健康的成才观念，让孩子理解成功的多元性和个体差异，避免用单一化的成才标准去衡量孩子，培养孩子全面发展的潜力。养成良好学习习惯是孩子学业成功的基石，家长通过日常的规范和激励，帮助孩子养成自律、专注、积极的学习态度，从而提升学习质量与效率。强化家庭劳动教育不可忽视，通过劳动教育，孩子能培养动手能力、责任感和团队合作精神，这对他们未来独立生活和适应社会至关重要。培育积极兴趣爱好有利于孩子的全面发展，家长应鼓励孩子多方尝试，帮助他们发现并培养自身的兴趣和特长，从而提升孩子的创造力和综合素质。随着信息技术的飞速发展，引导孩子正确使用网络已成为家庭教育的重要任务，家长需帮助孩子树立正确的网络使用观念，防止孩子沉迷，并培养健康的信息筛选与判断能力。家长需做好生涯规划指导，帮助孩子认识自我，制定合理的成长目标，培养他们的职业意识和自主发展意识，为他们未来的学习与职业生涯奠定坚实基础。

本模块围绕通过家庭教育促进孩子的全面发展，倡导家长通过科学的教育方式，帮助孩子在知识、能力、兴趣和心智等方面得到均衡提升，为他们未来的幸福与成功奠定坚实的基础。

学习目标

素养目标

- 坚持全面发展的教育理念，摒弃功利教育观念，践行科学的家庭教育方式。
- 重视劳动精神的传承，培养勤劳、坚韧、负责的品质。
- 弘扬社会主义核心价值观，增强孩子的社会责任感和理想信念。
- 尊重孩子的兴趣和选择，帮助孩子实现个人与社会价值统一。

知识目标

- 阐明科学成才观的理念，说出与功利教育观的主要区别。
- 总结养成良好行为习惯的关键策略及其对个人发展的影响。
- 描述家庭劳动教育的重要性及实践方法。

- 归纳积极兴趣爱好的培养原则及其对综合素质发展的意义。
- 分析媒体使用对未成年人成长的影响，掌握正确引导策略。
- 说明生涯规划在儿童青少年成长中的作用。

能力目标

- 制定符合儿童青少年发展规律的成才计划，避免孩子片面追求学业成绩。
- 运用具体方法，帮助孩子养成良好的学习和生活习惯。
- 通过设计及开展家庭劳动教育活动，培养孩子劳动精神和责任感。
- 发现并培养孩子的兴趣特长，设计促进兴趣发展的实践活动。
- 引导家庭成员合理使用网络，制定网络使用规则。
- 协助孩子进行阶段性生涯规划，提升目标管理能力。

任务一　树立科学的成才观

任务描述

科学的成才观是一种全面、理性、个性化的教育观念，强调在孩子成长过程中，既要关注知识和技能的积累，也要关注孩子的情感、兴趣、社交能力、心理健康等各方面的发展。这种观念摒弃了单一的、以学业成绩为唯一标准的“成功”定义，倡导多维度、个性化和可持续的成长模式。家长应帮助孩子认识到，成功不仅仅是外在的成就，更多的是内在的成长与自我实现。家长可以通过支持孩子的多元兴趣、鼓励自主学习和终身学习的理念，树立科学的成才观。同时，要避免过度施压，尊重孩子的发展节奏，引导他们在失败中汲取经验，在挑战中增强自信。**阅读以下家庭教育案例，思考“成才”的多样性。**

任务活动

讨论案例中家长的行为反映了怎样的成才观，对孩子产生了什么影响。

案例 1：学习让我“压力山大”

案例描述

小海是一个 6 岁的男孩，性格活泼好动，家庭成员包括爸爸、妈妈和姥姥。平时，妈妈和姥姥负责接送小海去幼儿园，而爸爸则较少参与小海在幼儿园的日常生活。小海在幼儿园里一直表现活跃，小班和中班时，他在集体活动中总是积极发言，语言表达能力很强。然而，到了大班后，小海的情绪开始出现波动，特别是在放学时，接园常常成为他情绪波动的触发点。

小海上大班后，幼儿园的课程内容逐渐向幼小衔接的知识过渡，孩子们开始对文字产生兴趣。小海在家里学会了很多字，能写自己的名字，并且能够识读许多简单的字。妈妈也对小海的表现感到非常满意，常常鼓励他多写字，并自豪地向亲朋好友展示小海的进步。小海自己也很自豪地对同学们说："我妈妈经常让我在家写字，我写了好多字，还会写一些难的字。"

然而，在幼儿园的学习活动中，小海的态度却发生了转变。老师发现，其他孩子都在认真地写数字或拼音，小海却常常没写几笔就开始在练习本上画画，甚至把本子画得乱七八糟。面对老师的提醒，小海总是说："我在家写了很多了，已经会了，不想再写了，写字太烦了。"小海的态度让老师感到困惑，同时也引发家长开始反思是否过度强调写字的训练。

小海的妈妈对他的学习有很高的期望，特别是在大班阶段。一次，老师家访时，妈妈热情地希望小海能展现自己在家里学到的知识。当老师刚到家时，妈妈便迫不及待地让小海给老师背唐诗，还兴奋地向老师介绍说："小海特别聪明，我们没怎么教，他就会好多诗了。"小海虽然很喜欢展示自己的才艺，但也能感受到妈妈对他学习的高度关注。尽管妈妈的初衷是希望小海能保持学习的兴趣和进步，但这种期望无形中给小海带来了压力。

在幼儿园，小海也开始表现出一些学习上的焦虑。每当老师布置的作业量较少时，小海会告诉老师："妈妈说老师布置的作业太少了，如果不努力，到了小学就会跟不上。"小海的这种焦虑情绪主要来源于妈妈对他学业的过度关注，也使小海对学习产生了更多的压力和负担。

随着学习进度逐渐加快，小海的情绪波动变得越来越明显，特别是在下午离园时，小海常常表现出不想离开幼儿园的情绪。他不愿意马上回家，甚至开始对姥姥发脾气，磨蹭着不肯走。妈妈每次接到小海时，总是要求他回家后进行一些学习活动，包括写字或背诵《三字经》，并且要求小海写得好或者背得流利才能玩。虽然妈妈这样做是出于对小海学业的关心，但这种安排却让小海对回家产生了不满和抵触情绪，甚至影响了他对学习的兴趣。

随着时间的推移，小海的妈妈意识到过于强迫的教育方式并没有给小海带来积极的效果，反而让他对学习产生了抵触情绪。于是，她作出了一个重要的调整，决定不再逼迫小海每天写字，而是与小海一起阅读他喜欢的图书。在这段时间里，小海渐渐开始享受和妈妈一起阅读的时光。通过图书中的故事，小海不仅认识了更多的字，而且也接触了一些关于情绪管理、与人相处等方面的故事。逐渐地，小海变得更加开朗和情绪稳定。

与此同时，妈妈也开始为小海营造更多轻松的学习氛围。她邀请了一些已经上小学的小朋友来家里做客，这些小朋友给小海讲述了许多关于小学生活的事情，使小海对即将到来的小学生活充满了期待。逐渐地，他对小学生活产生了浓厚的兴趣，并不再像以前那样害怕。

经过一段时间的调整，小海的情绪逐渐变得平稳。在幼儿园里，小海也不再因为要离开而闹情绪，接园时他总是高高兴兴地跟着姥姥或妈妈回家。在家里，妈妈不再逼迫小海完成过多的作业，而是鼓励他享受学习的过程，与他一起探索更多有趣的知识。小海的情绪明显改善，回家后他也能更积极地投入他喜欢的活动中，不再感到压力巨大。

案例解读

科学的成才观摒弃了传统观念中的“唯学术论”，强调全面发展，尊重孩子的个性差异和成长节奏。教育不仅仅是知识的传授，更是孩子情感、兴趣和自主学习能力的培养。家长和教育者在关注学业成绩的同时，更应关注孩子的心理健康和全面发展，从而培养出身心健康、全面发展的高素质人才。

一、家长教育期望与孩子个体差异

小海母亲对其学业的过高期望，尤其是在大班阶段，表明她将学业成绩视为孩子成长的主要标志。这种期望未必与小海的兴趣和发展需求匹配，在小海表现出对书写活动的抗拒时，母亲的强迫与期望加剧了小海的情绪波动。

教育不能只关注知识的传授与学习能力的培养，还应尊重孩子的个体差异，每个孩子都有自己的兴趣偏好和发展节奏。小海在家里喜欢书写，并且能够识字，但在幼儿园的学习中却对书写产生了反感，这反映出小海在不同环境下的学习状态存在差异。父母如果未能敏锐察觉这些差异，并在教育中强加统一的标准和节奏，往往会造成孩子的反感与抵触。

小海在幼儿园的集体活动中曾表现得非常活跃，尤其在语言表达方面有较强的能力，然而到了大班，随着课程内容的逐渐增加，小海的情绪波动明显增多。此时，小海显然没有准备好适应这种从游戏与活动向知识积累的转变，但母亲却在家中加大了学业训练的强度，结果造成小海对学习产生了负面情绪。这种教育方式，忽略了孩子在学习进度和内容理解上的自然适应期，导致孩子过早地转向学术性学习，而忽视了其他维度的成长。

二、家长期望与孩子压力

小海的故事也反映了家长期望与孩子心理压力之间的关系。小海母亲不仅在家中对小海的学习有严格要求，甚至在与老师的互动中也过度强调小海在家中的学习成果，如“小海特别聪明”“小海学会了很多唐诗”。这种期望虽然源于母亲对孩子的爱与期望，但过度强调和展示会让孩子承受无形的压力，尤其是在孩子还未能完全理解自己所展示的成就和能力时。小海在家中的自信展示，可能是出于对母亲期待的回应，但一旦这种期待转化为沉重的责任感与压力，孩子的学习动机便会受到负面影响。在幼儿园，小海的抗拒情绪和学习焦虑正是这种压力的外在表现。当小海开始感受到“如果不努力，就会跟不上”的焦虑时，他的内心已经受到过度期望的困扰，进而影响了他对学习的态度和情感。

在教育的过程中，家长应理性看待孩子的成长，认识到每个孩子都有自己的节奏，过度强调某一方面的成就，容易让孩子感到被“强制成才”。这种强烈期望会导致孩子在面对学习任务时产生抵触情绪，从而产生不愿意学习的心理负担。

三、情绪管理与学业发展

小海的情绪波动与他的学习态度呈现出显著关联，特别是在放学时，小海不愿意离开幼儿园、对姥姥发脾气等行为，很可能与他回家后面临的学业压力密切相关。妈妈每次接到小海时，总要求他完成某些学习任务才能进行娱乐活动，这种做法无形中把“学习”与“玩耍”对立起来，使小海对回家这件事情产生抵触情绪。小海的情绪波动不仅影响了他的学习表现，还直接干扰了他的日常生活和人际关系。当孩子过度焦虑、情绪不稳定时，其学习动机和效果都可能受到不利影响。小海在家中的表现与情绪波动，实际上反映了学业压力对情感世界的影响。孩子在这种压力下，缺乏足够的时间和空间来进行情感调节和自我放松，导致不良情绪的积累，进而影响学习的积极性和有效性。

家长不仅要关注孩子学习能力的培养，还要重视孩子情感发展和情绪管理的健康培养。情绪不稳定的孩子往往难以保持高效的学习状态，情绪管理和学业发展需要同步推动，才能实现孩子的全面成长。

四、学习与兴趣

小海最初在家中的字词学习过程中并没有产生显著的负面情绪，反而表现出自豪感和学习热情。然而，随着妈妈对学习成果的过度强调以及家中学习任务的强制性，小海开始对学习产生抗拒。特别是在幼儿园，小海不愿意继续写字，而选择通过画画来逃避写字任务。这一转变反映了小海对学习兴趣的逐渐丧失，印证了兴趣与学习之间的紧密关系。

小海的故事表明，过度的学习压力和父母的高期望容易扭曲孩子对学习的认知，使得学习从原本应该是充满乐趣和探索的活动，变成了一种任务或负担。科学的成才观提倡在尊重孩子兴趣的基础上引导学习，兴趣是学习的内在驱动力，只有当孩子能够在自己感兴趣的领域中自由探索时，他们的学习才会充满活力与主动性。在不合适的教育模式下，孩子容易失去对知识的渴望和探索的动力。家长和教育者需要结合孩子的兴趣特点进行个性化教育，引导孩子在愉快的氛围中成长，而不是通过强迫和压力让孩子偏离自己最初的兴趣和学习动力。

理论链接

《3—6岁儿童学习与发展指南》提出“重视幼儿的学习品质”，并对幼儿学习品质作出界定，即“幼儿在活动过程中表现出的积极态度和良好行为倾向”。学习品质作为帮助幼儿做好身心全面入学准备，奠基后继学习、发展与终身幸福的宝贵品质，具体呈现为幼儿在活动过程中表现出的正向学习动机和良好学习行为。学习品质可以被操作化为6个行为要素——好奇心、产生兴趣、主动体验、深度探究、分享合作、联想创意。教育者应重视实现积极学习态度和良好学习行为的相互支撑，一方面，通过快乐且有价值的教育情境支持幼儿获得积极学习的情感体验，继而激发良好行为；另一方面，引导幼儿通过“正向动机—高效行为—更正向动机—更高效行为……”的良性循环逐渐养成积极态度和良好行为倾向，在“爱上学习”的带动下“主动学习”并“学会学习”。[①]

技术策略

家长可以在生活中，言行一致地明确传递“成才”不仅仅是指学业成绩的优异，更应包括孩子的品格、能力、兴趣、情感等多个方面的发展，避免把自己的期望强加于孩子身上，而应尊重孩子的兴趣和个性。家长可以通过与孩子的沟通，了解他们的兴趣所在，鼓励他们在自己的兴趣领域深入发展。家长可以秉持“关注过程而非结果”和“拒绝比较”的理念，鼓励孩子注重学习和成长的过程，而不是单纯追求最终的考试成绩或短期成果。

案例2：州州“离家出走”了

案例描述

州州是一个10岁的男孩，正在上小学五年级。他的母亲是一名教师，父亲是一名公务员，夫妻二人对家庭教育非常重视。州州在父母的精心培养下，成绩一直名列前茅，并成为老师的得力助手。由于家庭的严格要求和周密的规划，他的学业表现优异，然而，随着他升入高年级，学业负担逐渐加重，原本和谐的亲子关系也开始出现了裂痕。

故事从州州的补习班开始。为了让州州在课堂之外获取更多的知识并取得更好的成绩，父母为他报名了多门补习课程。除了传统的线下英语和书法课程，他们还为州州报了线上学习平台的课程，希望在课外时间进一步提升州州的学习能力。州州的课外补习课程越来越多，几乎没有时间去做自己喜欢的事情，州州的心情逐渐

① 霍力岩，谷虹，黄双，等. 学前儿童学习品质指标系统的理论构想[J]. 中国教育学刊，2024（11）：35-40.

发生了变化。

升上高年级后，学业负担加重，每天学校的内容都已经让他感到应接不暇，课外的补习课程更是让他感觉心情沉重，每天除了完成作业，他几乎没有时间去打球、画画或做其他自己喜欢的事情。州州觉得自己被无形的压力压得喘不过气来，内心充满了懊恼和疲惫。州州多次向父母表达自己的困扰后，父母并未理解他的感受，反而认为他是在找借口逃避。“吃得苦中苦，方为人上人。”他们坚持认为州州变得懒惰了，需要加强学习。

州州的父母既没有真正了解他的内心世界和学业负担的实际情况，也没有考虑他对兴趣爱好的渴望。在父母的再三逼迫下，州州被迫带着满腔的负面情绪去勉强完成这些课外补习课程。随着时间的推移，州州逐渐产生了厌学情绪，成绩开始下滑，与父母的矛盾也越来越尖锐。

一次爸爸在检查州州书包时，发现他偷偷藏着一沓卡片，这是当时非常流行的玩具。爸爸顿时生气，批评他“怎么能浪费钱买这种没用的东西”，并且强调他应该把精力集中在学习上。这时，州州终于爆发了，他愤怒地反驳道：“你们只知道让我学习，从来不关心我喜欢什么！你们根本不爱我！”一场激烈的争吵过后，州州带着失望离家出走。父母吓坏了，急忙发动亲朋好友一起去找州州。幸运的是，他们终于在公园找回了州州。那一刻，父母深感自责，他们意识到自己的教育方式出了问题。

经过深刻的反思，州州的父母决定改变教育方式。他们不再强迫州州参加那么多的课外补习课程，而是开始尊重他的兴趣爱好，支持他学习画画和打篮球。父母给予州州更多的自主权和选择权，允许他在学业之外也能有时间发展自己感兴趣的活动。在这种支持和鼓励下，州州逐渐恢复了对学习的兴趣，成绩也开始回升。与此同时，亲子关系也得到了改善。州州不仅能够保质保量地完成学校的学习任务，而且在闲暇时间也能打篮球、画画，甚至主动学习一些课外知识，变得更加自信、阳光。

［案例改编自：国家开放大学首届新时代家庭教育优秀案例征集活动三等奖作品（广州开放大学　侯力溱）］

视频讲解

案例解读

州州的父母出于对孩子未来的关心，过度依赖传统的“应试教育”模式，过度强化学业成绩，忽视了孩子的兴趣和情感需求，导致亲子关系的紧张和孩子的成长困境。当他们转变教育理念，开始尊重孩子的兴趣和情感需求，给予孩子更多的自主权和选择权之后，反而帮助孩子建立起内在的学习动机和自我管理能力。只有在尊重和支持中，孩子才能真正获得自信和成长，达到家庭教育的最终目标。

一、成才不仅仅是学业成绩的堆砌

州州的父母非常重视学业成绩，认为孩子必须通过不断的补习和额外学习，才能确保未来的成功。这种教育观念虽然体现了父母对孩子未来的期许，但忽略了成才的多元性。事实上，成才并非单纯依靠学业成绩，而是综合素质的发展过程。州州的学业成绩固然优秀，但他的情感需求、兴趣爱好以及自我管理能力等方面的成长同样至关重要。过去，州州父母的教育方式过于关注成绩，忽视了州州对兴趣和娱乐的需求，导致他逐渐丧失了学习的动力与兴趣，学习成绩出现下滑，厌学情绪加重，亲子关系也因此变得紧张。

二、尊重孩子兴趣，促进内在动机的培养

家庭教育提倡尊重孩子的个性和兴趣，注重内驱力的培养。州州在父母的过度压迫下，感到学业负担沉重，每天除了做作业和参加课外补习外，几乎没有时间去做自己喜欢的事情。无论是打篮球还是画画，这些都是州州的兴趣所在，然而由于父母将孩子的时间和精力安排得过于紧凑，州州的兴趣和娱乐时间被大大压缩，最终导致他产生了厌学情绪。

父母如果能在教育过程中尊重州州的兴趣，并且给予他一定的自由空间去发展自己的兴趣爱好，将能够有效激发州州的内在动机。当孩子的兴趣与学习任务有机结合时，他们会更有动力去学习，而不是被动完成任务。家庭教育强调孩子自我驱动的重要性，父母的支持和尊重能够帮助孩子更好地发现和发展自身的潜力。

三、树立长远视角，关注孩子的全面成长

除了学业成绩的提升，家庭教育还强调孩子的情感、社交、兴趣等多方面的培养。州州的父母过去过于关注短期的学业成绩，忽略了孩子在心理、情感等方面的成长。学业固然重要，但一个人的成功不仅仅由学业成绩决定，情感的健康、兴趣的培养、社交能力等对个人的全面发展同样至关重要。经过“离家出走”风波，州州的父母意识到他们忽视了孩子的兴趣和情感，过度的学业压力使州州承受巨大的心理压力。因此，他们决定改变教育方式，开始尊重州州的兴趣爱好，支持他参加篮球和画画等活动。这种教育方式的转变，体现了州州父母遵循了孩子多维度成长的需求，把对情感管理、兴趣培养和个性发展的关注也纳入了家庭教育中。

四、父母与孩子共同成长

家庭教育提倡家长与孩子共同成长，强调父母不仅是孩子的引导者，也是学习者和反思者。州州的父母开始时没有真正理解孩子的内心世界和成长需求，而是在盲目

追求成绩的驱使下进行了过度干预，导致亲子关系的疏远与孩子的逃离。所幸，当父母意识到问题后，他们没有固守成规，而是通过反思和调整，开始尊重孩子的情感和兴趣，改变了教育方式。这种转变体现了家庭教育是一个动态调整的过程，父母需要不断学习、反思，及时调整教育策略，以适应孩子的成长需求。只有与孩子共同成长，父母才能真正引导孩子健康成长。

理论链接

霍华德·加德纳的多元智力理论认为，每个人都有多种智力，包括语言、逻辑-数学、空间、音乐、身体-动觉、人际、内省、自然主义、存在主义。每一种智力都是相对独立的，某一领域的高智力未必意味着此人在其他领域也有高智力。教育应该培养所有的智力，而不是仅仅培养传统的语言和逻辑-数学智力。①

技术策略

为了促进孩子的全面发展，家长可以帮助孩子设立多元化的成长目标，涵盖学业、责任感、团队合作、问题解决能力等多个领域。此外，家长还应关注孩子如何有效管理自己的时间，以及如何自主或与他人合作完成任务。在此基础上，家长可以为孩子制定综合性的奖励机制，既包括学业成绩，也涵盖运动、艺术、社交等其他方面的表现。

在学业方面，家长需要更加关注孩子学习过程中的努力和投入，而不是仅仅看重最终的成绩。具体来说，家长可以根据孩子在学习过程中的付出程度给予奖励，而不是仅以考试成绩作为评判标准。同时，家长应鼓励孩子参与学习计划的制定，帮助孩子合理安排时间，并设立自主的学习目标。这样一来，孩子不仅能培养独立学习的能力，还能在一定程度上减轻对父母督促的依赖，增强自我管理和自主学习的意识。

反思演练

1. 在你的家庭中，父母如何看待孩子的“成才”问题？是否存在对成才的过度焦虑或功利化的追求？请结合自身的家庭经验，分析这些观念对成长带来的影响。

2. 在现代社会中，父母如何避免将“成才”与单纯的学业成绩挂钩，导致忽视孩子其他能力的培养？请分享你对成才观的理解，并思考如何通过家庭教育引导孩子树立科学的成才观。

3. 假设你的孩子对未来职业的选择感到迷茫，作为家长，你如何帮助孩子认识自我、规划未来？请与家人共同讨论并设计一个帮助孩子树立科学成才观的具体行动计划。

---

① 雷雳. 发展心理学：数字教材版. [M]. 4 版. 北京：中国人民大学出版社，2021.

任务二　养成良好的行为习惯

任务描述

塑造良好的行为习惯对孩子的个人发展和社会适应能力具有深远的影响。良好的行为习惯不仅能够提高孩子的日常生活质量，还能培养他们的责任感、自律性和团队合作精神。在此过程中，家长的引导作用至关重要。通过为孩子树立清晰的行为规范、提供适宜的生活环境以及鼓励积极的行为表现，家长可以帮助孩子建立稳定的行为模式。同时，家长应通过身教，展示积极的生活态度和行为榜样，培养孩子主动承担责任、坚持自我管理的能力，为他们的长远发展奠定坚实的基础。**阅读以下家庭教育案例，思考家庭在孩子良好习惯养成中的关键作用。**

任务活动

讨论案例中家长是如何帮助孩子养成良好行为习惯的。

案例 1：“邋遢大王”改造记

案例描述

军军是一名小学三年级的学生，现年 9 岁。由于父母工作繁忙，军军从小便由爷爷奶奶抚养。爷爷奶奶对军军非常宠爱，几乎满足了他所有的要求。无论是吃的、穿的，还是玩的，爷爷奶奶总是“言听计从”，从不让他做任何家务，也不允许他做任何超出孩子能力的事情。家里的家务全由爷爷奶奶打理，而军军则成了家里的“小皇帝”。

由于爷爷奶奶的宠溺，军军从小养成了许多不良的生活习惯：他不收拾自己的书包，书桌上总是乱七八糟，课本、作业、玩具和零食堆在一起。每次回家，军军都会将鞋子乱丢，衣服也经常不整洁。最令人头疼的是，军军不注意卫生，流鼻涕的时候用手乱擦，甚至有时候直接用袖子擦鼻涕。与同学交往时，他也很少主动与他人合作，总是按自己的意愿行事，不愿分享玩具或参与集体活动。

到了小学阶段，军军的这些不良习惯开始在学校显现出来。他的同学开始疏远他，因为他总是给周围的同学带来不便，课堂上也经常因为不讲卫生而被老师批评。最让老师和同学们感到困扰的是，军军在体育课上经常随意脱鞋，甚至在吃饭时用脏手捏面包，搞得周围的同学很不舒服，大家都叫他“邋遢大王”。渐渐地，他成了班级里不太受欢迎的孩子，连老师也开始发愁。

有一天，军军的班主任找到了他的父母，表示军军在学校的表现越来越差，尤其是在行为习惯和人际关系方面，开始影响到班级氛围。父母听后十分震惊，也有些羞愧，因为他们虽然发现了孩子的这些问题，但是由于各种原因没有及时纠正。

在接到老师的反馈后，军军的父母意识到一直以来他们在教育上存在重大失误。由于工作繁忙，他们将教育的重任交给了年迈的父母——孩子的爷爷奶奶，而爷爷奶奶过于宠溺，导致军军养成了许多不良习惯。父母深知，孩子的成长不仅仅需要物质条件，更重要的是培养其独立生活的能力、正确的行为习惯以及良好的人际交往能力。

为了改变这一现状，军军的父母决定重新审视和调整对军军的教育方式，着重培养孩子的独立性、责任感和自理能力。军军的父母与爷爷奶奶进行了沟通，明确了教育责任的划分，约定不再让爷爷奶奶过度干预军军的生活和学习。爸爸告诉爷爷奶奶，虽然他们一直关心军军，但现在是孩子独立成长的关键时期，希望他们更多地支持而非代替父母的教育角色。

妈妈开始从小事着手，要求军军自己收拾书包、整理课桌，晚上自己准备第二天的学习用品。她让军军逐步承担更多的家务责任，比如自己洗袜子、整理床铺、叠衣服等。每当军军完成这些任务，父母都会及时给予表扬，并鼓励他保持下去。对于刚开始时做得不够好的部分，家人也没有批评，而是耐心引导，逐步帮助他养成良好的生活习惯。

妈妈还与军军进行了多次深刻的情感交流，耐心地倾听他的想法与困惑，逐步消除他对家长管教的抵触情绪。妈妈问军军："你为什么之前不收拾书包呀？"

"因为我感觉自己做得不好，没有奶奶给我收得好！"军军说。

"哦，原来你是想做好事情呀？我觉得你今天就收拾得很整齐呀，书和文具都分别放到很容易找到的位置了。以后书包你自己收拾好吗？"妈妈回复道。

"那好吧。"军军说。

每当军军取得一些进步，无论是自己整理书包，还是保持卫生，家人都会及时表扬并给予小小的奖励。军军开始意识到，做事有条理、讲卫生不仅能获得父母的认可，也能让他在学校里交到更多朋友。老师也开始表扬他，体育课上同学也主动找他组队了。经过努力，军军的生活习惯发生了显著变化，他从一个"邋遢"的孩子转变为一个有责任心、讲卫生、能独立的孩子。在学校，他变得更加自信和开朗了。

价值引领

家长开展家庭劳动教育，在生活实践中培育青少年自立自强的品格，树立勤勉尽责、协作奉献的品质。

案例解读

家庭教育中良好行为习惯的培养对孩子的成长至关重要。父母不仅要满足孩子的物质需求，更要关注孩子行为习惯的培养，尤其是独立性、责任感以及自我管理能力的塑造。

一、父母是孩子行为习惯的塑造者

由于父母工作繁忙，教育责任落在了爷爷奶奶身上，而爷爷奶奶过度宠爱军军，未能意识到行为习惯培养的重要性。军军在家庭中作为“小皇帝”，几乎不需要做任何家务，生活中的琐事都由长辈包办。这种溺爱让军军错失了锻炼独立性、责任感和自理能力的机会，导致他的行为习惯和生活自理能力严重缺失。家庭教育不仅是物质供给，更是孩子品格和能力的培养。父母作为孩子的第一任老师，负有不可推卸的责任。在孩子的成长过程中，父母必须扮演好行为习惯塑造者的角色。只有家长正确看待教育的核心责任，才能对孩子的行为习惯和人格发展给予科学引导。

二、溺爱是良好行为习惯的阻力

军军从小在长辈的溺爱下成长，家务事几乎没有参与，生活中的细节完全依赖长辈。长期以来，家里不仅是他个人的“天堂”，也没有规则和约束，导致他养成了懒散、不拘小节、不讲卫生等不良习惯。军军的书桌乱七八糟，衣服不整洁，卫生也不太注意，这些坏习惯在上学后依然没有被纠正，甚至困扰到他的老师和同学。

这种家庭教育的放任式管理，实际上是缺乏对孩子长远发展需求的考虑。行为习惯在孩子的成长过程中占据重要地位，它不仅影响孩子的日常生活，也影响孩子与他人交往的方式。军军的案例告诉我们，家庭教育中过度溺爱和缺乏行为规范，不仅使孩子在人际交往中感到孤立，更可能使其无法形成自我管理和有效的学习习惯。

三、顺应孩子的能力，培养孩子的独立性

军军父母意识到他们在家庭教育中的不足后，及时进行了调整。具体体现在他们从日常生活中的小事入手，逐步培养军军的责任感与独立性。最初，父母并没有要求军军做过于复杂的任务，而是从收拾书包、整理书桌、自己准备学习用品等简单的家务开始，帮助军军逐步适应和养成良好的行为习惯。在此过程中，父母采用了“循序渐进”的方式，根据军军的接受能力逐步增加任务的难度和责任。

与此同时，父母通过正向激励与表扬，帮助军军增强了自信心。例如，当军军自己整理书包时，父母及时给予夸奖，并鼓励他继续保持，这样的正向反馈不仅让军军在心理上得到了支持，也增强了他做事的积极性。正是通过这些小事的积累，军军开始逐渐建立起自己的责任感，学会在生活中独立完成任务。

四、通过正向激励塑造良好行为习惯

在父母的引导下，特别是正向激励下，军军逐渐改正了不良的行为习惯。在孩子取得每一项进步时，父母都会及时给予表扬和鼓励，让军军觉得自己做得不错，进而激励他继续保持。正向激励不仅让孩子从中获得了成就感，也让孩子形成了自信心，激发了他自主改正不足的动力。

这种教育方式不仅在家庭中帮助军军形成了良好的生活习惯，也使他在学校里逐渐获得了老师和同学的认可。从不受欢迎的“邋遢大王”，变成了一个讲卫生、负责且能与同学合作的孩子。这一变化，正是通过父母及时的引导和鼓励，逐步培养了孩子的良好行为习惯。

五、通过培养独立能力增强儿童自信心

在妈妈和军军的耐心沟通中，妈妈发现军军习惯不良的部分原因是他担心自己做不好，害怕失败。这种恐惧源于长期以来，爷爷奶奶的过度呵护和包办，导致军军在成长过程中并未积累足够的独立做事的经验，掌控感不足，削弱了孩子的自信心。在这种情况下，尽管孩子有自己的想法，甚至渴望做好事情，但由于缺乏必要的实践机会，他会下意识地回避这些挑战。同时，他习惯于依赖他人完成这些任务，对自己能力不信任，甚至在尝试时感到紧张和无助。

然而，当父母开始鼓励军军独立完成任务时，他获得了实践的机会，可以从中获得成就感和自信心。刚开始，军军表现得不太熟练，甚至觉得自己做得不够好。妈妈没有批评他，而是给予耐心的引导和及时的肯定，这些反馈让孩子建立了自信心，也获得了成功的体验。

总之，孩子在面对挑战时，可能会因为担心自己做不好而产生回避心理。作为父母，应当给予孩子更多的机会去独立完成任务，通过支持和正向激励帮助他们逐步建立自信心。只有让孩子亲身经历成功的体验，他们才能真正相信自己具备应对挑战的能力，从而在今后的成长中变得更加独立、自信。

理论链接

斯金纳提出，行为的后果决定了这一行为在未来是否会重复出现。强化是指一种行为后果，会增加行为在未来发生的可能性，分为正强化（给予奖励）和负强化（通过移除令人不快的事或物来进行奖励）。惩罚是一种后果，会减弱行为再次出现的可能性，具体是通过带来一种令人厌恶的事或终止某件令人愉快的事而压抑某种行为。消退是指如果某种反应不再获得强化，它最后就会回到原来的水平。[①]家长可以通过强化、惩罚或消退，来帮助孩子塑造行为习惯。

技术策略

父母在培养孩子行为习惯时，要根据孩子的年龄和发展阶段设定合理的期望。对于儿童来说，不必期望他们能够一次性完成所有任务，而是要根据其能力逐步设定目标。例如，开始时可以要求孩子在家里做简单的家务，随着年龄的增长，再增加责任感更强的任务。良好的行为习惯需要通过持续性来养成。父母不能因为孩子暂时没有

① 雷雳. 发展心理学：数字教材版[M]. 4 版. 北京：中国人民大学出版社，2021.

表现出良好的习惯就放弃或不再坚持，即使孩子出现疏忽，也应耐心提醒。习惯的养成关键在于长期的坚持和稳定的反馈机制。父母应保持一致性，持之以恒地执行家庭规定，帮助孩子逐步养成良好的行为习惯。

案例 2：亲子共读，让爱在字里行间流转

案例描述

李萍是一名小学教师，丈夫周晨是一名 IT 工程师，5 岁的儿子小明是李萍生活的重心。虽然李萍每天工作很忙，但她总是希望能在孩子的成长过程中扮演一个积极的角色，尤其是在阅读方面。她深知亲子共读对孩子语言、情感和认知发展有着重要的意义，因此每晚都会给小明读故事书。然而，现实总是让她感到无奈。

“每次和小明一起读绘本，刚读到一半，他就开始走神，跑去玩玩具了。”李萍有些沮丧地对丈夫说，“我也很努力地去选择合适的书，但总是无法集中他的注意力。”

这并不是个例，很多家长也有类似的困扰。李萍通过对这些困扰的反思，决定调整亲子共读的方式，力求让阅读成为亲子关系中更有意义的互动。

最初，李萍总是根据自己的经验，挑选一些经典的儿童绘本，希望这些图文并茂的书籍能引起小明的兴趣。但小明并不总是表现出兴奋的样子，反而经常读几页后就开始走神，去玩自己的玩具。

有一天，李萍决定改变策略，她邀请小明一起去书店选书，让他挑选自己喜欢的绘本。小明跑到书架前，拿起一本色彩鲜艳的绘本兴奋地说道：“妈妈，我想看这个！”李萍看了看封面，这本书讲的是一只小猴子冒险的故事，文字简洁，插图生动有趣。李萍决定买下这本书，并在接下来的晚上和小明一起阅读。

出乎李萍意料的是，小明对于这本书表现出了浓厚的兴趣。每次读到小猴子遇到困难时，小明都会紧张地问：“小猴子会怎么样呢？它能找到朋友吗？”李萍意识到，孩子对自己选择的书籍有强烈的参与感，这让他更加投入阅读中。

在陪孩子读书之前，李萍总是喜欢下班后躺沙发上刷手机放松。后来她意识到，亲子共读不仅仅是给孩子读书，更是一种全身心的陪伴。当父母工作都很忙碌时，亲子共读的时间显得尤为珍贵。李萍决定改变自己对待共读的方式，现在每次和小明共读时，她都会放下手机，专注地和小明一起探索故事里的世界。

有一天晚上，小明拿着一本他最喜欢的书跑到李萍面前，说：“妈妈，今天我给你读！”李萍当时正忙着回复工作信息，差点没注意到小明的邀请。但她转念意识到，这个时刻是如此珍贵，便立刻停下工作，放下手机，坐到沙发上与小明一起阅读。小明开始模仿妈妈的语气，认真地读着书中的每一页，李萍也放慢语速，用更有感情的声音和小明互动。

那一晚，她深刻感受到亲子共读的真正意义在于全身心的陪伴。当孩子看到父母投入的专注与热情时，不仅能感受到知识的传递，更能感受到爱与陪伴的温暖。

在书籍的选择上，李萍曾经喜欢一次性购买大量绘本，认为多读一些书籍，孩子就能获得更多的知识。但她发现，由于时间有限，许多书籍并没有得到充分的阅读。家里堆积的绘本多了，反而让小明有些分心，他似乎无法专注地去理解每本书的内容。

于是，李萍决定减少购买书籍的数量，专注挑选那些真正能引起小明兴趣并且符合他年龄特点的绘本。每次共读时，她会和小明一起讨论书中的内容，偶尔还会对某些故事情节进行深入的探讨和延伸。例如，有一本关于动物的书，讲述了不同动物的生活习性，李萍不仅与小明一起朗读，还鼓励他去模仿动物的叫声和动作，甚至让他在房间里扮演动物，自己扮演故事里的另一只动物。

这样，反复阅读这些书籍，不仅提高了小明的注意力，还加深了他对每本书的理解。而且，李萍渐渐发现，减少书籍的数量反而能让孩子有更多的机会去深度体验每一本书的故事和情感。

随着时间的推移，小明对某些书籍产生了特殊偏爱，每次都要求李萍重复读相同的故事。李萍开始时有些不理解，觉得重复阅读会让孩子感到厌倦，但她很快意识到，孩子是通过多次接触故事，深化对内容的理解。

有一天，李萍读到书中的某处情节时，特意停下来问小明："你觉得小猴子为什么要去找新朋友？"小明认真地思考了一下，答道："因为它一个人太孤单了，它需要有人陪。"李萍为这个回答感到高兴，意识到孩子在反复阅读中不仅记住了故事情节，还能从中理解到情感和人际关系的细微之处。

为了让共读过程更富趣味性，李萍开始加入一些提问和角色扮演。她会让小明模仿书中角色的动作和声音，甚至和小明一起编一些新的情节。这样一来，反复阅读不仅不再单调，反而成了增进亲子互动的乐趣时光。

经过一段时间的努力，亲子共读已成为李萍和小明的日常习惯。小明开始主动要求妈妈每天晚上都给他读故事，甚至会自己挑选喜欢的书籍，跑到妈妈身边。每次阅读后，他都会跟妈妈讨论故事中的角色、情节，尝试表达自己对故事的理解与感受。

李萍看着小明逐渐培养起阅读兴趣，内心充满了欣慰。她开始意识到，亲子共读不仅让孩子学到了知识，更拉近了她与孩子之间的距离，让她有机会更深入地了解小明的内心世界。

"有时候我甚至能感觉到，他对每个细节的关注比我还多。"李萍笑着说，"亲子共读不只是阅读本身，它让我们之间的关系变得更亲密，甚至让我看到了他对世界的好奇和理解。"

［案例改编自：国家开放大学首届新时代家庭教育优秀案例征集活动三等奖作品（大连开放大学　李倩）］

视频讲解

案例解读

亲子共读不仅有助于孩子语言能力的发展，还能通过父母的陪伴和引导，培养孩子专注、耐心和坚持的行为习惯。通过共读，孩子在理解故事的同时，学会如何集中注意力、深入思考并与他人分享感受，这些习惯的培养有助于孩子在学习和生活中建立更好的行为模式。

一、培养孩子的阅读习惯是家长需要重视的良好行为

家庭教育中，培养孩子良好的行为习惯对于其未来的成长至关重要，而阅读作为其中一项重要的习惯，不仅对孩子的语言能力、认知发展、情感沟通有着深远的影响，更是孩子获取知识、培养专注力和思维能力的关键途径。父母的陪伴和引导在培养孩子的阅读习惯过程中起着至关重要的作用。通过亲子共读，父母不仅能够激发孩子的阅读兴趣，还能通过互动增强亲子关系，帮助孩子形成积极的学习态度。

在这个过程中，父母是孩子阅读习惯的第一任老师。通过积极参与和耐心引导，父母可以帮助孩子培养起对书籍的兴趣和对阅读的热爱。正如李萍所做的那样，她通过日常亲子共读的方式，将阅读融入小明的日常生活，从而让孩子在潜移默化中养成了良好的阅读习惯。

二、通过参与和互动培养孩子的阅读兴趣

培养孩子的阅读习惯并非一蹴而就，尤其是幼儿时期，家长的参与尤为重要。李萍从实践中获得了宝贵的经验：通过让孩子参与书籍的选择，给予孩子一定的选择权，让孩子感受到阅读的自主性和参与感。小明通过自己挑选书籍，表现出对阅读的浓厚兴趣，而这种参与感让孩子在阅读过程中更加投入。父母在这一过程中不仅要尊重孩子的兴趣，也要适时引导，选择适合孩子年龄和认知水平的书籍。

亲子共读的意义不仅在于故事的讲解，更在于父母与孩子之间的互动。李萍通过放下手机、全身心地陪伴小明阅读，既与小明建立了深厚的亲子感情，也让小明逐渐意识到阅读不仅是知识的积累，更是亲密的互动和爱的传递。正如李萍所领悟的，亲子共读的核心是全身心的陪伴，让孩子在享受阅读的同时，也感受到父母的关爱。

三、提高亲子共读效果

要想更好地开展亲子共读，首先，家长要选择合适的绘本和故事。李萍最初为了让小明获得更多的知识，往往一次性购买大量的书籍，但这种做法反而让小明在面对大量书籍时注意力分散，不能深入理解书中的内容。因此，李萍最终决定减少书籍的数量，专注于那些能真正吸引小明并符合其认知发展水平的书籍。这一转变让小明能更专注于每本书的故事。

其次，亲子共读的过程中需要增加互动性。李萍通过提问、角色扮演等方式，使

得阅读不再单调，增加了孩子的参与感和趣味性。每次共读时，她不仅是简单地朗读故事，而是和小明一起讨论故事中的情节、角色，并通过表演来加深小明对故事的理解。这样的方式既让孩子的注意力更加集中，又激发了他对阅读的兴趣和想象力。

最后，反复阅读同一本书是帮助孩子更好地理解和记忆故事内容的有效手段。李萍注意到小明喜欢反复阅读同一本书，起初她感到困惑，认为孩子可能会感到厌倦，但后来她意识到，孩子通过反复阅读，能够更深入地理解故事情节，甚至从中领会一些情感和社会关系的细节。在这样的重复中，孩子不仅掌握了书中的内容，还增强了情感共鸣和对人际关系的理解。

亲子共读不仅仅是知识的传递，更是孩子心灵滋养的重要途径。父母在这一过程中扮演着至关重要的角色，通过选择合适的书籍、增加互动、反复阅读等方式，帮助孩子逐步培养良好的阅读习惯，为其未来的学习和成长打下坚实的基础。

理论链接

亲子阅读是伴随亲子活动一起进行的，亲子阅读并非家长替学生进行阅读，而是以伴读的形式参与阅读，在互动中激发学生的阅读兴趣，并养成固定阅读的习惯，进而通过思想的交流提升学生的阅读能力。[①]

技术策略

亲子共读时，家长可以让孩子参与绘本选择，尊重他们的兴趣，提高阅读的自主性和参与感；全身心地陪伴孩子，放下手机和工作，营造专注的阅读氛围；选择适合孩子年龄和兴趣的优质绘本，避免分散注意力；通过反复阅读和互动游戏等方式，增加孩子对故事的理解和趣味性，提升亲子共读的质量。

案例 3：寓教于乐，共塑节约粮食好习惯

案例描述

小九月是一个两岁半的小女孩，性格活泼开朗，语言表达能力较强。她的外公外婆是朴实的农民，家里一直秉持着“勤俭节约、珍惜粮食”的传统美德。这种家风源于外公外婆年轻时的艰苦岁月，他们亲身经历过吃不饱、穿不暖的困苦年代，深知粮食的珍贵，因此，家人从小就通过言传身教，潜移默化地影响小九月，期望她能够从小养成节约粮食的好习惯。

某个午餐时间，妈妈将煮好的饭菜端上餐桌，一家人准备一起享用。小九月正在玩玩具，听到妈妈的呼唤后，她迅速放下手中的玩具，跑到外面洗手。洗完手，她一边走回来一边开心地说：“妈妈，我洗手手啦！”

① 边玉芳. 读懂学生：1—2 年级学生成长规律与育人策略[M]. 北京：北京师范大学出版社，2021.

小九月坐到餐桌前，眼睛直勾勾地盯着桌上的菜肴。妈妈轻声问："小九月，你想吃什么？"小九月毫不犹豫地回答："我要吃空心菜、肉。"妈妈又问："你真的要吃肉吗？"小九月坚定地点点头："嗯，吃了会长大，还要番茄、豇豆。"于是，妈妈给她盛了一碗满满的饭菜。

看到小九月的碗已经装得差不多，妈妈关切地提醒她："你今天吃这么多，能吃完吗？"小九月信心满满地回答："我吃得完。"妈妈笑了笑，夸奖道："好，那就快吃吧，今天的你真棒！"在妈妈的夸奖声中，小九月高兴地大口吃了起来。

然而，没过多久，小九月放下了筷子，噘着小嘴说："妈妈，我吃饱了。"妈妈皱了皱眉头，提醒她："你才吃了几口，看看碗里，还有很多呢，能不能把它们吃完？"小九月不耐烦地说："妈妈，我吃完了，不吃了。"妈妈有些严肃地说道："你看，碗里还有，不能浪费啊。"面对妈妈的坚持，小九月最终拿起筷子继续吃饭。可是她并没有认真吃，而是用手抓起米饭，东瞧瞧西看看，不一会儿，桌子和地板上就洒满了米粒。小九月甚至抓起一团饭扔到了地上，外公看到了，立刻走过来，严肃地说："小九月，你丢的饭太多了，这是辛辛苦苦种出来的，快点捡起来！"妈妈也插话道："你外公外婆那时候都吃不饱，你不能浪费粮食。"

小九月有些不以为然，扔一下又捡一下，嘴里嘟囔："我在抓。"外公看着她，语气更加严厉："快点把饭捡起来。"妈妈见状也加重了语气："你这样做是对的吗？"小九月皱着眉头一边捡一边扔着玩，妈妈提醒她不能玩，小九月不听，妈妈生气地吼了两声，小九月这才停下手里的动作。

吃完饭后，妈妈带着小九月一起读了一本关于勤俭节约的绘本《饭菜不是用来浪费的》，还观看了一个关于战争中小哥哥吃草的视频。在观看视频时，小九月静静地看着，听妈妈讲述那个小男孩因为战乱而没有食物，只能吃草的故事。

看完视频后，小九月点点头，说："妈妈，这样是不对的，我以后什么都要吃！"妈妈微笑着回答："是呀，你看，那个哥哥因为战争没有饭吃，只能吃草。而我们有那么多食物，是多么幸福啊，所以我们要珍惜现在的一切，好不好？"

小九月若有所思地点点头："知道了，妈妈。"

价值引领

勤俭节约、珍爱粮食的教育滋养孩子的成长之路，家长通过给孩子讲解红色故事，引导孩子树立热爱国家、珍惜和平、艰苦奋斗的正确价值取向。

为了让小九月更加直观地理解粮食的来之不易，妈妈决定带她去田间。当天，外公外婆正在地里锄草、掰玉米，妈妈就带着小九月去感受一番。一路上，小九月边走边抱怨："妈妈，好热呀，我要抱抱。"妈妈耐心地回应："宝贝，妈妈知道你热、你累，但是再坚持一会儿好不好？"小九月哭着说："不要坚持，我好累。"

终于，小九月跟着妈妈走到了地里。小九月看着外公外婆在烈日下辛勤工作，几乎没有休息的时间。妈妈一边安慰着她，一边指着地里的农作物说："宝贝，看，外公外婆正在辛勤劳作，才有了我们餐桌上的食物。每一粒米、每一根蔬菜，都是他们顶着大太阳辛苦种出来的。"

这时，外公也走过来，蹲下身子轻声问："你还记得我上次教你的唐诗吗？"小九月一边用力扯草，一边小声念着："锄禾日当午，汗滴禾下土，谁知盘中餐，粒粒皆辛苦。"外公微笑着点点头："不错，记得就好，劳动才有收获。"

妈妈补充道："所以我们要珍惜每一顿饭，不浪费粮食。知道吗，宝贝？"小九月认真地点头："知道了，妈妈。"

价值引领

家长借助劳动实践锤炼孩子勤俭的品格，引导孩子惜粮爱农，进而传承中华民族传统美德。

经过这次亲身的体验和家人们的耐心教导，小九月的进餐习惯有了明显的改善。她开始主动要求自己吃多少就舀多少，吃完碗里的饭菜后，她会主动告诉妈妈："妈妈，我吃完了！"虽然她偶尔还是会掉些米饭，不太认真吃饭，但在妈妈和家人的不断引导下，小九月渐渐懂得了珍惜粮食的重要性。她吃饭变得更加自觉，会尽量将碗里的饭菜吃干净，心里也懂得了劳动的艰辛和粮食的来之不易。在家人们的言传身教下，小九月逐渐形成了珍惜粮食、勤俭节约的好习惯，成长为一个懂得感恩、珍惜每一粒米的孩子。

［案例改编自：国家开放大学首届新时代家庭教育优秀案例征集活动三等奖作品（重庆开放大学　向凤遥）］

视频讲解

案例解读

小九月在家庭成员顺应其认知发展规律的教育下，逐渐理解了粮食的珍贵和节约的重要性。家庭教育在这一过程中发挥了关键作用，帮助她树立了正确的价值观。

一、顺应孩子的认知发展

小九月处于认知发展的前运算阶段，思维具有自我中心性、具体性和非逻辑性。最初，她只关注自己是否吃饱，难以理解食物的珍贵和劳动的辛苦。妈妈通过提醒她"吃完碗里的饭"，并强调"粮食来之不易"，引导她从自我中心的思维中，开始关注他人的需求和劳动的价值。此外，由于小九月的思维局限于具体的经验和因果关系，家长采用直观体验的方式对她进行教育。妈妈带她去田间，与外公外婆一起劳动，外公通过唐诗《悯农》让她感知粮食背后的艰辛。这些亲身体验帮助她在具体感知中逐步领悟节约粮食的意义，而不是通过抽象的讲解。

当小九月表现出非逻辑性思维，比如不理解饭菜不能浪费时，家长通过耐心引导，促使她反思并调整行为。妈妈讲述外公外婆过去的艰苦岁月，提醒她“外公外婆那时候都吃不饱”，这种外部反馈促使她逐渐理解节约粮食的价值，并在行为上做出改变。通过这些针对孩子认知特点的教育方式，家庭成员有效地帮助小九月理解并内化了节约粮食的意识。

二、树立正确的价值观：珍惜粮食与节约意识

家庭成员通过日常生活中的行为和语言，潜移默化地帮助小九月树立节约粮食的价值观。特别是在用餐时，妈妈和外公外婆会及时纠正小九月浪费粮食的行为，提醒她“不能浪费”，并通过故事、诗歌等方式帮助她理解粮食的来之不易。在此过程中，家人以榜样的力量传递重要价值观。父母和外公外婆用自己的劳动和行为为小九月树立了榜样，外公通过《悯农》这首唐诗和田间的实际劳动示范，让小九月意识到粮食的珍贵，这种榜样作用帮助她逐渐将节约粮食的价值内化于心。

情感共鸣也是家庭教育中的重要策略。通过观看战争中小男孩吃草的故事视频，以及亲身参与农活的体验，小九月不仅理解了粮食的重要性，还在情感上产生了共鸣，进而内化了节约粮食的责任感。这种教育方式通过情感上的触动激发了她的内在动机，相较于简单的规则约束，更能促进她主动珍惜粮食。

三、家庭教育的重要性：潜移默化的影响

在小九月的成长过程中，家风的传承和父母的言传身教是她价值观形成的核心要素。家人通过日常行为和言语引导，潜移默化地影响着她的行为习惯。家长的行为和言传身教为小九月树立了榜样，使她逐渐认同并内化这些价值观。

家庭教育不仅通过行为引导进行教化，还通过亲身体验与情感认同培养孩子的情感共鸣。妈妈带小九月去地里参与农活，让她体会到每一粒米、每一根蔬菜背后都包含着巨大的劳动付出。外公外婆辛勤劳作的身影让小九月对劳动产生了敬意，也让她通过亲身体验理解了食物的珍贵。这种实践活动帮助小九月从内心深处产生了珍惜粮食的意识。

此外，家风的延续和代际传递同样至关重要。通过外公外婆讲述的故事和实施的教育，家族中的“勤俭节约、珍惜粮食”的价值观得以代际传承。这种价值观不仅仅是知识和技能的传授，更是深层次的文化认同和生活态度的继承，帮助小九月形成了稳定的价值观。

理论链接

皮亚杰认为，儿童的认知发展分为四个主要阶段，每个阶段都有其特定的认知特

征和思维方式。2—7 岁处于前运算阶段，儿童在这个阶段学会如何使用符号（比如词汇和数字）来反映外部世界的各个方面，反映他们之前感觉运动（0—2 岁）时期的认识。但是他们与外部世界的联系是以其自己的观点为基础的，思维缺乏逻辑性。[①]两岁半的孩子正处于前运算阶段，他们的思维具有直观性和具体形象性，难以理解“节约粮食”这类抽象概念的重要性。因此，家长可以通过讲述故事、观看视频、亲身体验、情感共鸣、榜样示范等方式，让孩子认识到粮食的珍贵和来之不易，引导孩子通过新的经验调整自身的认识结构。

技术策略

帮助孩子养成节约粮食的价值观和好习惯，家长可以采取以下几种方法：

1. 制定进餐规则并明确其意义。家长可以与孩子一起制定简单而明确的进餐规则，如“吃多少拿多少”、“不掉饭粒”等，并通过日常对话向孩子解释这些规则的意义和重要性。通过引导、沟通让孩子也参与制定规则，这样可以增强她的责任感和参与感。同时，家长要以身作则，严格遵循这些规则，树立良好的榜样，让孩子在潜移默化中养成节约的习惯。

2. 合理定量，杜绝浪费。根据孩子的年龄和食量，家长可以合理安排每餐的食物分量，确保分量既不过多也不过少，从而避免浪费。同时，家长要多给予正向鼓励，激励孩子“吃完自己碗里的食物”，逐渐培养她“光盘”的习惯。

反思演练

1. 结合孩子的成长经历，分析家庭教育中可能存在的行为习惯问题。这些行为习惯可能源自哪些家庭教育方式或父母的行为？请结合实际案例进行分析。

2. 家长的行为习惯如何影响孩子的成长？以你自己或他人家庭为例，分析家长自身的行为习惯对孩子的行为塑造产生的影响。你认为家长应如何调整自己的行为习惯，以更好地影响孩子？

3. 家庭成员共同选定一个希望养成的习惯（如早睡早起、阅读等），进行 21 天的打卡活动，并记录活动效果。

家风小故事

慎独、主敬、求仁、习劳——曾国藩家规垒就百年门风

晚清名臣曾国藩缔造了十代诗书相传的家族传奇。曾氏家族两百年间涌现出 200 余位

---

① 雷雳. 发展心理学. [M]. 4 版. 北京：中国人民大学出版社，2021.

在各领域卓有建树的英才，其长盛不衰的秘诀，正藏于“慎独、主敬、求仁、习劳”之中。

每日三省立身之本

初入官场时，曾国藩因锋芒过盛屡遭排挤，自省后立定“每日三省”之规。他在书房悬挂“日知录”匾额，即使政务缠身，深夜仍燃烛写日记反思言行，“静坐思过”成为日常功课。咸丰年间，曾与同僚郑小珊争执后，他当众检讨己过三大不妥，又亲赴其家致歉。妻儿目睹其躬身自砺，幼子纪鸿自幼效仿，八岁起便随父晨起诵读经书，成年后成数学家，苦研《对数详解》时，案头始终摆着父亲批注的《朱子家训》。

一裤三十年养俭德

曾国藩官至总督，尤惧富贵蚀骨。家中饮食常伴一荤两素，马褂破洞以补丁叠补，令幕僚戏称“补丁总督”。更定下铁律：女眷黎明即起纺纱织布，幼女曾纪芬因裤脚镶金线遭训斥，从此荆钗布衣终身。长子曾纪泽出使欧洲，每餐仅配两菜，将外交官年俸大半捐资兴学。曾国藩手批尺牍告诫：“为官者家财不可过百金，穷不失志自生威仪，方立万世之基。”

仁义之心铸民魂

征战沙场时，曾国藩视士卒如子侄。天京围城粮绝，他自断荤腥与士兵同咽糟糠。部下李鸿章赠其黄金打造印匣，他熔作军饷分予孤寡。家中子弟耳濡目染，次子曾纪泽赴俄谈判伊犁问题，以“不弃寸土亦不伤邻谊”周旋终保疆域。孙女曾宝荪创办艺芳女校时，将祖宅百间房舍尽捐作校舍，临终前仍执《孟子》手稿喃喃：“养浩然气，乃曾家真传。”

耕读传家万世长

鸡鸣五更的曾府书房里，油灯总比星辰更早亮起。右目失明的曾国藩以绳系杖量书默背，长子曾纪泽通晓英、法等八国语言，靠的正是父亲每夜讲授《海国图志》。临终前月余，病榻上的他仍为幼孙逐句解析《资治通鉴》，喘息间写下遗训“习劳如种树，根深自参天”。当曾纪鸿用父传筹算法研究百年谜题圆周率时，演算纸间依稀还见斑驳墨渍，那是六旬老父呕心沥血校正的笔迹。

曾氏祠堂高悬的楠木楹联，至今回荡着家规的余音。两百年深庭旧院里，往来过以数理拓新界的曾纪鸿，走出过外交护疆土的曾纪泽，孕育过走出将门的大医曾昭懿。功名终随江水流，唯这家风淬炼的铮铮骨气，早已融作华夏文明的血脉，在代代中华儿女心中续写新章。

任务三　强化家庭劳动教育

任务描述

劳动不仅能帮助孩子了解生活的基本技能，还能培养他们的耐心、细致和解决问题的能力。强化家庭劳动教育对于培养孩子的责任感、团队协作能力和实际动手能力具有重要作用。家长可以强化家庭劳动教育，帮助孩子在实践中学会独立、合作与付出，为其未来的生活和成长奠定坚实基础。**阅读以下家庭教育案例，思考家庭开展劳动教育的重要意义。**

任务活动

1. 讨论案例中的孩子在劳动里收获了什么。
2. 分析案例中的家长如何开展家庭劳动教育。

案例1：热爱劳动，从小做起

案例描述

小航是个聪明且有些机灵的男孩，平日里成绩优异，做作业从不拖拉，可在家里，他却总是依赖妈妈，做什么事都喜欢让妈妈代劳。无论是整理书桌、收拾衣物，还是准备学习用品，小航几乎从未自己动手过。每次妈妈提醒他做些家务时，他总是露出一副“理所当然”的表情，认为这些事理应由大人来做。小航的这种态度，也让妈妈心里越来越不舒服。

有一天，妈妈突然走进小航的房间，看到他把书包随便一丢，书桌上的书本和文具也堆得乱七八糟。她忍不住叹了口气，“小航，什么时候能把这些事情做得更好一些呢？”她开始意识到，单纯的提醒和劝说似乎没什么用，自己得采取点实际行动来帮助小航养成独立的习惯。

于是，妈妈开始制定一份劳动清单，上面列出了小航每天应该完成的家务任务。她知道，孩子需要一个具体、明确的行动框架，这样才能激发他参与劳动的动力，而不是让他觉得这些事情总是模糊不清、可有可无。

“小航，接下来我给你一份劳动清单，”妈妈温和地对他说，“从今天开始，你每天下午做完作业后，要整理书桌和书包，还要收拾一下自己的房间，哪怕是扫地也可以。每个任务都不复杂，但我希望你能做得干净、整齐。”

小航一听，立即皱起了眉头：“妈，这些都不是很重要吧，书桌乱一点也没关系，书包没整理也能找到书。”他仍旧不以为然，心里觉得这些事情微不足道，而且自己根本不需要花时间去做。

妈妈看到小航依然没有改变态度，决定用另一种方式引导他。她告诉小航：“我们需要把每一件事做好，包括整理书桌、准备学习用品这些小事。这既是对自己负责，也是对家人负责。你准备好开始了吗？”

“嗯，好吧……”小航不情愿地答应了，但心里还是觉得，整理这些东西根本不需要这么麻烦。

从那天起，小航开始按照妈妈的劳动清单完成任务。起初，他并不怎么上心，每次整理书桌都只是随便摆一摆，放几本书、推几本作业本。然而，妈妈很快发现了小航这种敷衍的态度。她没有直接批评，而是耐心地给小航讲解整理书桌和书包的重要性。“你看看，书本乱堆一团，不仅影响你做作业，还容易找不到需要的东西。如果你把它们整齐地放好，找到任何一本书都只需要几秒钟，这样学习也会更高效。”

妈妈决定让小航体会到劳动的价值，不仅仅是做个简单的任务，而是通过劳动获得成就感。她给小航做了示范，整理书桌时，她没有急着批评，而是带着小航一步一步地做。她给小航讲解每一项操作的意义：“把书本按科目放好，这样下次就能立刻找到；文具盒里的东西不要乱堆，这样也能提高效率；整理好书包，既能避免书本损坏，又能避免漏掉重要的书。”

每当小航有些不耐烦的时候，妈妈会提醒他：“你现在把东西整理好，未来做任何事情都会有条理。只要每天都做一点点，你的生活就会越来越有秩序。”妈妈的耐心和坚持，让小航感受到一些不同于过去的压力，而且有了一种为自己负责的责任感。

渐渐地，小航开始理解妈妈的用心，他不再只是把书桌随便整理一下，而是认真地按照妈妈教的方法来做。每次整理书桌时，他都会仔细查看每本书，确保它们按照科目排列整齐，文具盒里的铅笔、橡皮和尺子也都规整地放好。尽管开始时速度有些慢，但小航渐渐发现，整理好之后，书桌看起来真的更清爽了，学习时也能更专心。

妈妈并没有急于让他做得完美，而是秉持着“反复训练”的原则，每天让小航整理自己的物品，哪怕他有时做得不够好，妈妈都会耐心指导，并鼓励他：“做得很好，只要继续这样做下去，时间长了，你就会觉得一切都很简单了。”

最初，小航还是会抱怨：“妈，这样做好麻烦，不就是个书桌吗，没必要弄这么仔细。”妈妈听到这话，耐心地说：“你可以觉得麻烦，但这就是生活中的小事。只要能坚持做下去，很多事情都会变得更加容易。你要学会从小事做起，只有积累了这些小小的成就，未来做更大的事情时才会更加得心应手。”

慢慢地，小航也开始意识到，整理这些家务不仅能让自己过得更有条理，而且每次完成任务后，自己也能感到一种从未有过的满足感。每当他看到整洁的书桌和整理好的书包时，心中都会涌起一份小小的成就感。

有一次，妈妈带着小航一起去社区参加公益活动，大家一起清扫道路、捡垃圾。刚开始，小航有些不情愿，觉得这么热的天，做这些事又脏又累，不如待在家里舒服。但妈妈并没有强迫他，而是告诉他：“劳动是一件很有意义的事，它不仅能让我们的环境变得更好，还能让我们体会到帮助他人的快乐。你看，今天我们让这些花坛变得更干净，大家都会感受到你的付出。”

小航在妈妈的鼓励下开始认真清理，他发现，虽然这些劳动有些累，但每做一点，心中就会涌起一种满足感，觉得自己为社区、为大家做了一些事。通过这次活动，小航第一次真正体会到劳动带来的价值感。

回到家里，妈妈看着洗净手的小航兴奋地说：“今天你做得真好！不仅能在家整理书桌、书包，还能去社区为大家出一份力，这是一种责任感的体现。你不仅是自己的主人，更是家庭和社会的一分子。”

小航点点头，虽然身体疲惫，但脸上却洋溢着自豪的笑容：“我明白了，劳动不仅能让生活更有秩序，也能让自己和他人变得更好，以后我会更加自觉地做这些事情。”

价值引领

通过公益劳动实践，家长带领孩子经历从“要我劳动”到“乐于奉献”的转变，有助于培育孩子正确的劳动观和集体主义观念。

案例解读

许多家庭中存在一个常见问题：孩子虽然成绩优异，却缺乏生活自理能力，过度依赖父母，缺少基本的劳动素养。在现代家庭中，部分家长往往过度关注孩子的学业成绩，而忽视了劳动教育，导致孩子在日常生活中无法独立、缺乏责任感。因此，如何通过家庭教育来提升孩子的劳动能力，促进其全面发展，是家长亟待解决的重要问题。

一、重视家庭劳动教育的价值

家庭劳动教育是孩子成长过程中不可忽视的重要一环，它不仅关乎孩子的生活自理能力，更涉及孩子责任感、独立性、组织能力等综合素养的培养。从小航的案例来看，孩子在家庭中表现出依赖性强、缺乏自理能力，源于父母“包办”式的照顾模式。这种模式虽然在短期内减轻了孩子的家务负担，却使孩子错失了从劳动中获得自信、锻炼动手能力和培养责任感的机会。家庭教育中忽视劳动教育，容易导致孩子缺乏必要的劳动能力和生活能力，最终影响其身心健康发展。

家庭是孩子性格、观念和行为模式形成的第一课堂。家务劳动教育通过让孩子参与日常琐事，能够帮助孩子树立劳动光荣的观念，培养其对生活的责任感，从而推动孩子在成长中获得更多的自我管理能力。这不仅有助于孩子培养解决实际问题的能力，养成务实的态度，也为孩子今后的社会生活奠定基础。

二、制定劳动清单，明确责任

在家庭教育中，明确的任务和责任是培养孩子劳动习惯的基础。良好行为习惯的养成需要通过明确的任务设定并进行重复实践来强化。制定劳动清单，可以激励孩子逐步实现目标，在逐步完成任务的过程中培养责任感和自信心。对于孩子而言，这种具体的任务分解比模糊的指令更具操作性，也更能增强他们的主动性和参与感。妈妈通过制定劳动清单，让小航清楚了解每天的家务任务，并通过具体的行动框架让他明白自己应该做什么。这种方法在很多家庭教育中具有借鉴意义，孩子能明确知道自己承担的责任，并能通过具体的行动逐步完成。劳动清单不仅帮助孩子养成独立完成任务的习惯，也能够让孩子意识到自己是家庭一员，需要为家庭贡献自己的力量。

三、把握劳动要领，循序渐进

针对孩子的劳动教育，可以通过循序渐进、反复训练的方式，帮助孩子把握劳动要领。通过持续的示范与练习，孩子能够逐步掌握劳动技能，同时也能体会到劳动的成就感。尤其在家庭教育中，父母的示范作用至关重要，父母的耐心与指导能够帮助孩子克服初期的困难，逐步建立起劳动的信心。妈妈并没有要求小航一次就做到完美，而是采用了“示范—反复训练”的方式，帮助小航逐步掌握劳动技巧。每次整理书桌时，妈妈不仅会告诉小航要把物品整齐放置，更会通过一对一示范，帮助他理解每项劳动任务背后的意义和方法。这种方式不仅降低了小航对家务劳动的抵触情绪，还让他在逐步实践中积累了成功的经验。

四、正视劳动价值，提升内在动机

引导孩子在自愿的情况下参与劳动，能让孩子从被动接受转变为主动参与。这种转变不仅能让孩子理解劳动的意义，还能增强他们在劳动过程中的成就感和责任感，从而培养出良好的劳动习惯。妈妈通过带孩子参与社区公益活动，让小航在社会实践中体验劳动的意义，使他认识到劳动不仅仅是为了完成任务，更是对自己和他人负责的一种体现。小航通过清理街道、帮助他人，逐渐认识到劳动带来的不仅是物质上的整洁，更是精神上的满足和自我价值的实现。这一过程中，妈妈并未强迫小航，而是通过引导让他自发感受到劳动的意义，这种方式更有助于激发孩子内在的动机，促使其从内心深处认同劳动的价值。

总之，家庭劳动教育不仅仅是培养孩子动手能力的工具，更是培养其独立性、责任感和人际交往能力的有效途径。家长应当重视劳动教育，并在日常生活中通过具体的行动和策略，将劳动教育融入孩子的成长过程。这不仅会帮助孩子在家庭中形成自我管理的能力，也为孩子未来的社会生活和个人发展奠定坚实的基础。

理论链接

儿童参与家务劳动是个人品格发展的一个途径，包括责任感、自我控制以及服务能力等。当家务劳动被用作教育儿童的手段时，更能发挥其积极价值；并且，随着参与量的上升，此类家务劳动可以对儿童社会情感能力产生显著提升效应。[①]家务劳动可以为儿童提供自主学习和承担责任的机会。让儿童在日常生活中履行职责，有助于培养他们的责任感、助力他们成长为负责任的成人。

---

① 丁道勇，周金燕. 家务劳动有利于儿童发展吗：教育型劳动和经济型劳动的比较[J]. 教育发展研究，2023，43（24）：74–84.

技术策略

家长，无论是爸爸还是妈妈，自身要积极参与家务劳动，并不以此为负担，而是乐于其中。例如，父母可以带着孩子一起整理家务、做饭、洗衣服等，展示家庭劳动的乐趣。家长要向孩子传递正面的劳动观念，强调劳动不仅是为了完成任务，更是为了家庭的幸福和生活的美好。

家长可以根据孩子的年龄、能力和家庭的实际情况，制定一份劳动清单，明确列出孩子每天或每周需要完成的家务任务。清单应该细化到具体任务，比如整理书桌、扫地、洗碗、整理衣物等。

家长可以根据孩子的成长需要，逐步提供适合的工具和材料，让孩子能够轻松上手并做好家务。例如，为孩子准备合适的清洁工具，比如轻便的扫帚、拖把和清洁剂，确保工具的使用对孩子来说既安全又能提高效率。每次孩子完成家务任务后，家长要及时给予肯定和鼓励，告诉孩子他们做得很棒。例如，“你今天把书桌整理得很整齐，真是一个有责任心的孩子！”对于一些较大或较复杂的任务，家长可以在孩子完成任务后，适当给予一些小奖励，如表扬、额外的休息时间或一起去做喜欢的活动。

知识链接

劳动清单[①]

年级	学习方面	生活方面	家庭方面
一年级	整理书包； 削铅笔； 准备文具； 自己背书包上下学	学会洗袜子、红领巾； 会叠衣服； 会用扫帚扫地； 饭前盛饭、摆碗筷； 饭后收拾桌子	给花浇水； 给垃圾分类； 给长辈倒水； 给父母提东西
二年级	整理书桌； 学擦桌椅； 会开关门窗	学习系鞋带、打绳结； 会叠被子、整理床铺； 会用拖把拖地	定期修剪植物； 给长辈捶背； 帮父母择菜、洗菜
三年级	学习整理书架，做到散书归纳； 坚持整理桌面，擦拭桌椅	手洗简单衣物； 会洗鞋子； 会用水果刀削皮； 会打死结、蝴蝶结等	学习花草养护技巧； 给长辈洗头； 给父母洗脚
四年级	学习归类整理书架，做到书籍归类摆放	会用针线缝扣子； 整理衣橱衣物； 学习包装礼物； 用洗衣机洗大件衣服	养护一种植物并作记录； 帮父母大扫除； 和父母一起准备食材

① 洪伟，李娟. 家庭教育指导手册［M］. 北京：机械工业出版社，2023.

续表

年级	学习方面	生活方面	家庭方面
五年级	坚持每天整理书桌、书架	会自己梳头（女生）； 整理换季衣物； 学会制作凉拌菜； 每周清理灶台、冰箱	养护花草并定期整理； 给长辈泡茶； 帮父母打扫卫生间； 热情招待客人
六年级	养成每天归类整理书桌、书架的习惯，并保持整洁	自己换床单、被罩； 学会擦净玻璃； 学会炒菜、煲粥	帮家人采购物品； 拟定家庭出游计划； 自行组织跳蚤市场

案例 2：组装自己的小书柜

案例描述

聪聪刚刚小学毕业，迎来了一个漫长的假期。对于即将升入初中的他来说，这段时间既是放松的好机会，也是为新学期做准备的宝贵时光。妈妈一直认为，假期的安排至关重要，不仅要让孩子有时间休息，还要帮助他培养兴趣爱好，尤其是在阅读方面。妈妈希望聪聪在假期里多读些对初中学习有帮助的书籍，为接下来的学习打下基础。

然而，妈妈也深知，光读书是不够的，孩子还需要在实践中锻炼自己的独立性和动手能力。于是，她想到，可以趁这个假期，让聪聪体验一项既有趣又有挑战的任务——为自己的房间挑选并组装一个新书柜。这样既能提升聪聪的动手能力，又能帮助他在实践中学会如何解决问题，培养他的责任感和耐心。

于是，妈妈向聪聪提议："咱们房间的书柜太小了，书越来越多，正好趁这个假期换个新的。你来挑选一下，选一个你喜欢的，然后我们一起组装。"聪聪听后非常兴奋，他一边想着新书柜的样子，一边开始琢磨如何挑选。妈妈告诉他，选择书柜时首先要考虑的就是房间的大小，避免买到不合适的款式；然后是样式和材质，她建议聪聪选择简洁大方的设计，这样既能放下书本，也不会占用太多空间。

几天后，妈妈和聪聪一起在网上浏览了各种各样的书柜款式，聪聪从最初的迷茫到逐渐确定了方向。经过一番讨论，他们决定选择一款木质的立式书柜，大小刚好适合聪聪房间的角落。木质书柜既结实耐用，又能增加房间的温馨感，这也是妈妈特别推荐的材质。聪聪对这个设计十分满意，于是他们下单购买了这款书柜。

书柜很快就送到了家里，包装严实，里面是一包未拆封的木板和一些配件。看着这堆木板，聪聪又有些犹豫了："妈妈，这些我能自己组装吗？"妈妈鼓励他："当然可以，你肯定行！看，这说明书上已经有详细的步骤，按照上面的图示操作，一步一步来。你自己动手，肯定能完成的。"

聪聪拿起说明书，按照上面的指导开始拆开木板包装。他发现木板的编号很清晰，每个部件都有明确的标识，似乎一切都很简单。妈妈提醒他："在开始之前，一定要先了解每个部件的位置，千万别急，要认真阅读说明书。”聪聪点点头，决定一步一步按照说明来做。

然而，现实并不像他想象中的那样顺利。刚开始，他觉得很有信心，可是随着组装的进行，问题也渐渐浮现。首先，木板比他想象的重，拧螺丝时他费了好大的劲才将螺丝固定好。接着，几个木板的接缝处对不上，聪聪不得不重新调整。有时，他甚至发现自己拧得太紧，木材开始变形，有时又太松，书柜有些不稳。这些困难让聪聪有些泄气，他开始抱怨：“妈妈，这些木板太重了，螺丝好难拧，我根本搞不定。”看着聪聪有些气馁，妈妈温柔地走过来，拍了拍他的肩膀：“别急，万事开头难，你已经做得很好了。每个第一次做的事都会遇到问题，不要怕。记住，螺丝不要拧得太紧，适度就好。如果有问题，我们一起想办法解决。”

聪聪听了妈妈的话，重新调整了心态，决定继续尝试。他开始仔细检查每一块木板和每一个配件，按照说明书上的步骤慢慢地重新操作。虽然速度慢了很多，但他开始变得更加专注，每次遇到问题时，他都会停下来思考解决的办法，而不是急于放弃。随着时间一分一秒地过去，聪聪逐渐克服了一个又一个困难，书柜的框架也开始逐渐成形。

经过几个小时的努力，终于，聪聪将所有的木板都安装好了。当他站在自己亲手组装完成的书柜前时，心中充满了自豪感。他高兴地跑去叫妈妈：“妈妈，你快来看，我组装好了！”妈妈走进房间，看着已经安置好的书柜，微笑着夸奖道：“真棒，聪聪，你做得非常好！这个书柜现在看起来不仅结实，放书也很方便，真是辛苦你了！”

聪聪脸上露出了胜利者的笑容，虽然已经很累，但那份成就感让他觉得一切都值得。他明白，今天不仅是完成了一个简单的书柜组装任务，更是从中学会了坚持和解决问题的重要性。

妈妈趁机鼓励聪聪，开玩笑地说：“你把中华民族勤劳独立的精神表现得淋漓尽致呢！”她笑着接着说：“你今天自己做好了书柜真是太棒了，我们想奖励你，除了买适合初中的书以外，你可以挑两本喜欢的漫画书，还有，我们今天晚上去外面吃顿好吃的！”聪聪听后开心极了，他觉得妈妈的奖励不仅是物质上的，更多的是对他努力的认可。

通过这次经历，聪聪深刻感受到，做任何事都不容易，尤其是遇到困难时，坚持和努力才是解决问题的关键。这次组装书柜，不仅锻炼了聪聪的动手能力，更让他学会了如何面对困难，如何在挑战中寻找解决方案。这一过程也让妈妈意识到，家庭教育不仅是传授知识，更是在生活的点滴中培养孩子的独立性和责任感。

［案例改编自：国家开放大学首届新时代家庭教育优秀案例征集活动三等奖作品（西安开放大学 李斌）］

视频讲解

案例解读

通过简单的书柜组装任务，聪聪在妈妈的引导下，体验了劳动的艰辛与快乐，学会了如何独立思考、解决问题和承担责任。这种实践性的劳动教育不仅能让孩子掌握实际技能，更能帮助他们在精神上实现成长与进步。

一、家长在劳动教育中的角色与作用

家庭教育的关键不仅在于孩子的自主努力，更在于家长如何提供适当的引导与支持。妈妈在整个过程中扮演着“引导者”和“支持者”的角色。她提议让聪聪挑选书柜，让孩子参与到决策中，培养了孩子的自我意识和选择能力；在组装过程中，妈妈通过语言鼓励、适时指导，帮助聪聪克服困难，但始终没有完全代替孩子完成任务。在家庭劳动教育中，父母要采用引导的方式。当孩子进行实际操作时，家长需要判断何时放手、何时干预。妈妈不是一开始就帮他解决问题，而是在聪聪遇到困难时再给他适当的指导，这体现了“适度引导”的教育智慧。这种方式不仅能激发孩子的主动性和思考能力，还能通过实际操作让孩子感受到“自我努力”带来的成就感，从而增强其自信心和独立性。

二、劳动教育对儿童独立性的培养

聪聪从一开始的担忧与犹豫，到逐渐独立完成任务，这一过程充分体现了劳动教育在培养儿童独立性方面的作用。妈妈让孩子参与解决实际问题，逐步引导孩子学会独立思考、独立行动。这种独立性的养成不仅体现在处理具体问题上，更对孩子的心理发展产生深远影响。当聪聪面临书柜组装中的难题时，妈妈给予了鼓励与指导，但没有直接介入，这种“适当放手”的方式，让聪聪体会到自己在面对挑战时的主控权。他不再依赖妈妈的帮助，而是主动思考、积极尝试，最终成功完成了任务。这种自主解决问题的能力是家庭劳动教育的核心价值之一，也是孩子心理成长的必要环节。通过这个过程，聪聪不仅学会了如何做事，更培养了面对挑战时不轻易放弃的决心与勇气。

三、劳动教育对儿童责任感的培养

责任感的培养是家庭教育中不可忽视的一个重要方面，而劳动教育正是最能帮助孩子理解和承担责任的途径之一。聪聪的任务不仅仅是组装一个书柜，实际上，通过这一实践活动，他承担了让自己房间整洁、功能完善的责任。这种责任感的培养远远超出了任务本身，更促使聪聪意识到，他要对自己的空间、自己的物品负责，最终带给他的将是一份属于自己的成就感。通过劳动教育，孩子能够明确并承担自己的责任。当孩子通过自己的劳动完成一项任务，并看到自己努力的成果时，责任感便悄然生根发芽。聪聪在完成书柜的组装后，脸上洋溢着自豪的笑容，这种源自内心的成就感和

责任感是无法替代的。

四、劳动教育对孩子情感和价值观的塑造

劳动教育不仅仅是身体力行的实践，它对孩子的情感和价值观的塑造也起到了至关重要的作用。聪聪通过自己动手组装书柜，感受到了努力带来的成就感，也学会了如何面对困难并解决问题。完成任务后的自豪感和妈妈的认可，不仅增强了聪聪的自信心，也让他认识到劳动的价值和意义。通过劳动教育，孩子可以在实践中逐步形成正确的劳动观念，体会到劳动不仅是创造物质财富的过程，更是获得精神满足和自我肯定的重要途径。聪聪在自己亲手组装书柜后，不仅体会到了劳动的辛苦，也感受到了劳动带来的成就与满足。这种情感的培养为孩子日后面对更大挑战时的心理准备和情感支持奠定了基础。

理论链接

对儿童有益的劳动是成长性劳动或教育性劳动。与成人为了谋生的生计性劳动和利益交换的雇佣性劳动不同，成长性劳动的关键特征是生长性、创造性和社会性。要看儿童劳动是否有助于儿童长远的发展，要以成长价值而非经济价值来衡量。能够超越短期利益，给儿童个体和社会带来长期回报的劳动，才能被视为儿童的成长性劳动或教育性劳动。成长性劳动包含三种劳动形式：一是帮助儿童获得独立生存能力的自立性劳动，二是引导儿童参与公共生活的、非生计性的公益性劳动，三是展现儿童主体性的创造性劳动。[①]

技术策略

家长可以根据孩子的年龄和能力，为孩子设计一些简单且具有挑战性的劳动任务。如整理书房、清理厨房、组装家具、修理简单的物品等。这些任务要考虑孩子的年龄、兴趣和发展需求，既要有一定挑战性，又不至于让孩子感到过于困难或挫败。如果任务过于复杂，家长可以将其分解成若干小步骤，让孩子逐步完成。

家长可以将劳动教育融入日常生活的方方面面，如做饭、打扫、修理、购物等。通过这种方式，孩子不仅能学习到必要的生活技能，还能在日常家庭生活中感受到家庭成员之间的互助和协作。家长可以根据孩子的兴趣和爱好设计劳动任务。例如，喜欢植物的孩子可以参与家庭花园的打理，喜欢手工的孩子可以参与家具制作和简单修理。这种以兴趣为导向的劳动教育能够增强孩子的参与感和主动性，激发他们的劳动热情。

① 安超，康永久. 成长性劳动：儿童劳动的道德界限与合理形式[J]. 教育科学研究，2021（5）：18–23.

反思演练

1. 在你的家庭中，是否开展了针对孩子的劳动教育实践？如果有，劳动教育对孩子的品格塑造、责任感培养及生活技能提升有何帮助？请结合自己的家庭情况进行分析。

2. 很多家长往往过度保护孩子，导致孩子缺乏动手能力。你认为家庭教育中，应该如何平衡关爱与独立性，帮助孩子在劳动中获得成长？请结合自己的想法提出解决方案，并与家人讨论如何实施。

3. 设计一个适合孩子年龄的家庭劳动计划，包括家务分工和生活技能的培养。与家人共同讨论如何在日常生活中落实劳动教育，并记录实施效果。

家风小故事

家风如镜照丹心——陈云的家庭教育之道

陈云的一生，不仅是革命与建设的丰碑，更是家风传承的典范。他将“不唯上、不唯书、只唯实”的党风贯彻至家庭，以严谨治学的态度和克己奉公的精神塑造家风。无论是教育子女自立自强，还是对待生活清廉俭朴，陈云始终以“普通人”的标准要求家人，在细微处显风骨，于无声处育良才。

循实以立身

陈云深信实践方能铸就真知。女儿陈伟华高考前夕，即便困于农村复习条件匮乏，他也不允家人“托关系打听”，坚持让她独立备考。女儿最终凭实力考入北师大，陈云欣慰道：“经得住检验的本事才是立身之本。”在他的引导下，子女自幼参与家务劳作，以劈柴担水体悟生活的艰辛。他常说：“书本知识要与脚下泥土相融，方知‘实’字之重。”

持俭以明志

陈家餐桌上常年只见豆腐菜蔬，铅笔用到短至四厘米仍不舍弃，补丁衣物穿三十余年更是常态。陈云用几十载如一日的俭朴为子女立标：生活越简单，心志越清明。他严控家庭开支，将工资接济亲友，却要求子女挤公交上学，雨季坚持用竹帘遮房漏而不许公费翻修。在“三不准”家规中，“不许坐公车”始终列于首位，他认为享受特权和追求物质奢靡，会让精神脊梁弯曲。

秉公以正心

面对职务带来的“便利”，陈云始终以铁律立家。儿子陈方初入社会时，他叮嘱“公家的钱一分不能动”；女儿回城从教，他主动要求其放弃机关工作，坦言“教育阵地更要甘于平淡”。即便身处高位，陈云坚持家人不进他办公室、不读他文件，连警卫员主动开车送子女上学，他也要子女自觉退避。他对投机取巧嗤之以鼻：“若吃穿用度胜于群众，何谈信仰之纯粹？”

当女儿在病榻前为他读报时，垂暮的陈云仍勉励后辈：“家风千万不能成摆设。”这位开国元勋未给子女留下金银，却刻下“严于律己，厚以待民”的家训。从青浦小镇到中南海，他以终生践行的姿态告诉世人：真正的传世之宝，是心系家国的情怀，是代代相承的赤子丹心。家风如镜，照见一位共产党人的信仰与坚守，也映照着民族精神的薪火永续。

任务四　培育积极兴趣爱好

任务描述

兴趣不仅能激发孩子的学习动力，还能帮助他们挖掘自身潜力，提升自信心和创造力。家长可以为孩子提供多样化的兴趣选择，鼓励他们尝试不同的活动，从而帮助孩子发现并培养自己的兴趣所在。家长通过培育孩子积极的兴趣爱好，帮助孩子塑造积极向上的人生观和价值观，促进孩子身心健康和全面发展。**阅读以下家庭教育案例，思考家庭如何支持和尊重孩子的兴趣发展。**

任务活动

1. 讨论案例中的孩子在兴趣发展方面得到了哪些家庭支持。
2. 讨论家长应该如何正确支持孩子的兴趣。

案例 1：自由绘梦

案例描述

作为母亲，看到女儿从一个牙牙学语、蹒跚学步的小婴儿，成长为一个活泼好动的幼儿，我的内心充满了无限的喜悦和骄傲。尤其是在她开始表达自己的时候，我感到无比自豪，她说的每一个字、走的每一步都让我感受到成长的力量。

然而，当她迈入幼儿园的课堂时，这份喜悦却与焦虑交织在一起。我开始担忧女儿是否能适应这个全新的环境，担心她是否能够跟上其他孩子的步伐。在这个充满竞争的社会里，我害怕她会在起跑线上就输给别人。于是，我毫不犹豫地开始给她报名各种各样的辅导班。最初是语言班，然后是数学班、艺术班，有时候还会根据她的兴趣爱好选择不同的技能班。

随着课外活动的增加，女儿的生活变得越来越忙碌。她从一个满脸笑容、活力四射的小女孩，变成一个常常拖着疲惫身体回家的孩子，甚至开始抱怨："妈妈，我不想再去学习班了，我好累啊。"看到女儿渐渐失去原有的笑容，我终于意识到，或许我给她设定的"成功"路径并不适合她。她的成长并不是通过一连串的课程和目标来衡量的，真正的教育应该是让她在自由、愉快的环境中找到自己的兴趣和热情。那一刻，我做出了一个重要的决定——改变教育方式。

我开始从根本上反思自己的教育理念。我意识到，作为家长，我的责任不是单纯地把孩子推向某个目标，而是尊重她的兴趣与发展，给予她足够的自由和空间去发现自己的潜力。我退掉了那些不必要的辅导班，开始仔细观察女儿，注意她在日常生活中的兴趣和情感需求，尤其是在她表现出对美术的浓厚兴趣时，我决定为她提供更多与艺术相关的活动和机会。

首先，我精心挑选了彩笔、油画棒、橡皮泥、颜料、各式各样的纸张……这些不再是束缚她的工具，而是她表达创意的媒介。每当她拿起画笔，在纸上涂抹时，我看到了她眼中闪烁的光芒。她开始涂鸦，勾画出自己幻想的世界，这些作品常常是她内心最真实的表达。她画着她眼中的小动物、盛开的花朵、身边的家庭成员，甚至有时会在画布上留下她的小小烦恼和困惑。

为了更好地陪伴她，我也开始参与到她的艺术创作中。我和她一起坐下来，仔细观察她画中的每一笔、每一色，和她一起讨论画面的构图和色彩搭配。我们还会讨论画中的小动物为什么长这样，花朵为什么要使用这样的颜色。我时常和她一起出门散步，带她去公园或者街头，观察周围的美景，鼓励她用自己的视角去看待和理解世界。每当她完成一幅作品时，我都会给予她真诚的赞美和肯定，甚至有时会夸张地表示："这幅画太棒了，简直是大师级的作品！"

除了家庭内部的支持，我们还积极为女儿提供更广阔的艺术平台。我带她去参观各种艺术展览，参加绘画比赛，甚至帮她报名参加了一个小朋友的艺术交流活动。在这些活动中，女儿不仅能够与其他孩子分享自己的创作，还能汲取来自不同艺术创作的灵感。这些经历不仅拓宽了她的艺术视野，也激发了她对艺术创作的热情。

随着时间的推移，女儿的变化逐渐显现。她不仅恢复了以往的活力和笑容，变得更加自信和乐观，在美术创作方面也取得了显著的进步。每一次她完成新的画作时，我都能看到她眼中的自豪感和满足感。以前的那些学习班已不再是她生活的重心，她开始主动要求画画，主动拿起画笔去记录周围的美好，在自己的小世界里畅游，享受着创作带来的快乐。

她的作品越来越丰富，充满了她自己的思想和情感。有一次，我和她一起去参观美术展览，看到墙上挂满小朋友的作品。她突然指着一幅作品说道："妈妈，我也想把我的画挂到展览上！"她的眼神里充满了坚定和渴望。我看到女儿从一个只会模仿他人创作的小女孩，逐渐变成一个敢于表达自己思想、敢于展示自己作品的小小艺术家。

与此同时，她的认知能力和问题解决能力也得到了显著提高。她开始在日常生活中提出一些有趣的问题，探索周围世界的奥秘。她不仅学会了如何与家人和朋友进行有效沟通，还懂得了如何去面对挑战和困难。她不再是那个畏惧学习压力的小女孩，而是一个充满自信、积极乐观的小小创作者。

［案例改编自：国家开放大学首届新时代家庭教育优秀案例征集活动二等奖作品（山东开放大学　张秀芹、秦士卫）］

视频讲解

案例解读

案例中的母亲从焦虑和过度补习中走出来，逐步为孩子提供了一个自由、创造性、支持性的教育环境，使得孩子能够在快乐中成长，逐渐展现出她的创造力、自信心和认知能力。

一、从盲目追求成功转向关注孩子自身

家长的教育焦虑往往源于对社会竞争和孩子未来的不确定性，许多家长过度关注学业成绩和外部标准，忽视了孩子的个性发展和内在需求。在这种焦虑情绪的驱使下，家长常常让孩子参加各种辅导班和补习，来确保孩子在“起跑线”上不落后，但这种方式可能会给孩子带来巨大的心理压力，削弱他们的兴趣和创造力。案例中的母亲在发现孩子对课外班的抗拒后意识到，教育的真正目标不应是单纯追求外部的学业成绩，而是要关注孩子的兴趣与情感发展，尊重孩子的个性，培养孩子自主学习的能力。于是，她放弃了不必要的辅导班，发掘并支持孩子在美术方面的兴趣，结果，她不仅减轻了自己的焦虑，也帮助孩子找到了兴趣和自信，培养了孩子的创造力和独立性。这一转变表明，教育焦虑的缓解并不在于盲目追求外部成功标准，而在于从孩子自身出发，关注其兴趣和潜力，给予他们自由发展的空间。

二、创造兴趣发展的支持性环境

在培养孩子兴趣的过程中，创造一个支持性环境至关重要。母亲在这一过程中，始终注重观察和倾听孩子的需求，细致地关注孩子的兴趣变化。当女儿展现出对美术的浓厚兴趣时，母亲尊重孩子的兴趣和自主选择，积极回应她的兴趣变化。为了进一步激发孩子的创造力，母亲为她提供了丰富且适龄的艺术创作材料，如彩笔、油画棒、颜料和橡皮泥等，这些材料既激发了孩子的想象力，也考虑到了孩子的年龄特点，确保孩子在创作过程中体验到乐趣而非压力。通过细致的观察和全方位的支持，母亲不仅为孩子提供了物质资源，还为她提供了情感上的支持与鼓励。在这样自由且支持性的环境中，孩子能够真正享受创作的乐趣，增强对艺术的热爱，同时也培养了创造力和自信心。

三、通过亲子互动增强孩子的兴趣

母亲在培养孩子艺术兴趣的过程中，通过亲子互动采取多种支持性措施，为孩子提供了全面帮助。她不仅通过丰富的创作材料激发孩子的创造力，还积极参与到孩子的艺术创作中，形成了亲子共同创作的互动模式。在共同讨论画作的构图、色彩搭配，甚至一同外出观察自然景象时，母亲与孩子的互动增进了情感交流，并帮助孩子更好地理解艺术。母亲始终尊重孩子的自主性，给予孩子自由表达的空间，鼓励孩子自由发挥，避免设定过于严格的目标，这种方式极大地增强了孩子的创造力和自信心。此

外，母亲还带孩子参观艺术展览、参加绘画比赛和艺术交流活动，为孩子提供了与他人分享作品的机会，拓宽了孩子的视野，提升了孩子的艺术热情。通过这些方式，母亲为孩子创造了一个支持、自由和探索的艺术环境，帮助孩子在创作中找到自我表达的途径，进一步激发了孩子对艺术的兴趣和探索欲望。

理论链接

卢梭提倡“自然的教育”，即智育、德育、体育和情感教育等一切教育都要遵循人类的本性，使人的身心能够得到自然的发展。[①]卢梭反对成人对儿童施加以成人的观念，以防抹杀儿童的自然天性。

陈鹤琴认为，概括和理解儿童的心理特点是实施幼儿教育的基础，儿童心理主要有五个特点：好活动、好模仿、好奇、好游戏和喜欢成功。[②]在教育实践中，成人可以设计富有活力的活动来满足孩子好动的天性，提供多样化的游戏来激发他们的好奇心和探索欲，并鼓励孩子模仿积极正面的行为以形成良好品质。同时，应创设条件让孩子在游戏中学习，并在他们取得进步时给予及时的赞扬和鼓励，增强他们的成功体验。这样，不仅能够有效促进孩子的兴趣发展，还能让他们在快乐中成长进步。

技术策略

家长需要学会关注孩子的表现和喜好，倾听孩子的声音。通过观察孩子在闲暇时喜欢做什么和日常交流，家长可以了解孩子的内心世界，及时发现他们的兴趣点。家长还可以通过提供多样化的活动来帮助孩子探索各种兴趣和爱好。例如，安排孩子参加不同类型的课外活动，通过多元的体验，孩子能够更好地发现自己喜欢并愿意投入的领域。在培养孩子兴趣的过程中，家长要避免将自己的兴趣或期望强加给孩子。孩子的兴趣应当尊重他们内心的感受，家长应当给予他们足够的自由选择和尝试的空间。此外，家长要明白，兴趣培养的目的不是单纯提高成绩或取得外部认可，而是让孩子从中获得乐趣、成就感和成长。

案例2：以诗之名

案例描述

一个静谧的午后，阳光透过窗帘洒在书桌上。我无意间翻开家中一本席慕蓉的诗集，瞬间被这本诗集吸引。诗集中蕴含着纯净和真实的意境，仿佛每一个字都能让人感受到生活的诗意。这时，我的思绪如潮水般涌来：生活如此美好，教育又何尝不是一场将生活诗意化的过程呢？

---

① 卢梭. 爱弥儿[M]. 王媛，译. 北京：中国妇女出版社，2018.

② 郭法奇. 学前教育史[M]. 北京：北京大学出版社，2022.

儿子上幼儿园的时候，我始终秉持着“孩子的快乐成长最重要”的理念，几乎没有给他报任何学习班。那时我觉得，孩子的自由、玩耍、探索是最宝贵的。然而，儿子步入小学后，我渐渐意识到，原本轻松的生活突然变得有些艰难。儿子上课专注力不够，学习效率低下，尤其是在面对新环境和新的学习要求时，他显得有些力不从心。

作为一名教育工作者，我清楚地知道，这并非个别现象，每个孩子的成长都会经历一段过渡期。但是，作为母亲，我无法接受儿子在班级里逐渐掉队，心中充满了焦虑与不安。于是，我开始频繁地提醒儿子要重视学习、加紧努力，并试图通过各种方式激励他。然而，儿子的反应却是越来越暴躁，不仅学习成绩没有起色，情绪也变得越来越不稳定，母子关系也因此变得越来越紧张。

在那段时间，我几乎成了“焦虑妈妈”，每当看到儿子不专心做作业，就会批评他，指责他不努力。而他，则像个反叛的小战士，对我的安排和要求表现出强烈的不满。每当我发现自己的教育方法无效时，我的内心便更加惶恐不安。直到有一天，儿子的班主任推出了一个新的计划——“每周一古诗”背诵活动。

那一周，儿子背诵了唐伯虎的《画鸡》。我清晰地记得他背得既快又好，背后是满满的自信和成就感。他还兴奋地跑来问我，唐伯虎是谁？他是干什么的？我耐心地给他讲了这首诗的背景以及唐伯虎的相关事迹。儿子很感兴趣，听得也很认真。我发自内心地赞扬了儿子一番，可以看得出他很开心。看到儿子眼里闪烁的光芒，我心中豁然开朗。我决定趁此机会，通过古诗的背诵，不仅让儿子提升学习能力，还能帮助他建立自信、恢复对学习的兴趣。

随后，“每周一古诗”的计划一直在持续。我给儿子买了本《小学生必背古诗文》，除了每周完成老师要求的“每周一古诗”，我还和儿子一起，每周末进行“古诗背诵计划”。每次背诵时，我会让儿子在中国地图中找到诗歌所描绘的地方，给他讲解诗歌背后的历史背景和诗人的故事。每次背完一首诗，我还会和他一起讨论其中的人生哲理，让他感受诗歌的魅力。渐渐地，儿子不再将古诗当作一种枯燥的任务，而是视作一项有趣的挑战。有一天，儿子开心地告诉我，班主任让他在全班领读古诗，还夸赞他背古诗速度很快。我明显地感受到儿子的眼睛里有了光，这是赋予他自信和动力的光。

几个月过去了，儿子背诵的古诗文已经超过了100首。更令人欣慰的是，儿子的学习态度发生了显著转变。从一开始的不情愿，到后来的积极参与，儿子逐渐找到了学习的兴趣和动力。开学时，他的语文成绩突飞猛进，生字默写几乎全对，语文小测验也表现得非常优秀。每当他拿到成绩单时，都会兴奋地跑来告诉我，脸上满是骄傲与自信。

这一切的改变，源于那一首唐伯虎的《画鸡》。这首古诗不仅让儿子学会了背诵，更让他从中体会到语言的美丽和诗歌的魅力，也让他重新燃起对学习的热情。我也通过这个过程，逐渐找到更为理性的教育方式，不再强求他在学习上达到某种标准，而是鼓励他享受学习的过程，发现学习中的乐趣。

反思这段经历，我意识到，教育的核心并非只是知识的灌输，而是如何引导孩子发现自己的兴趣，找到内在动力。教育不仅要注重孩子的成绩，更要注重孩子内心的成长。在这段与儿子共同成长的过程中，我学会了如何通过兴趣来激发孩子的学习热情，如何通过温和的方式引导孩子，帮助孩子从最初的迷茫走向自信。

［案例改编自：国家开放大学首届新时代家庭教育优秀案例征集活动一等奖作品（重庆开放大学　张文鲜、张洪芝）］

视频讲解

案例解读

兴趣爱好的培养是家庭教育中的重要环节。家长通过细致观察、引导和支持孩子的兴趣，不仅能够激发他们的学习动力，还能帮助孩子发展更全面的能力，推动其全面成长。

一、激发兴趣是教育成功的重要因素

在家庭教育中，培养孩子的兴趣爱好不仅是提升学业成绩的途径，更是促进孩子全面成长的关键。教育不仅仅是知识的传授，更重要的是通过激发孩子的内在兴趣，让他们主动学习、积极探索。妈妈引导孩子背诵古诗，在这个过程中，妈妈从最初的焦虑和急躁逐渐转变为耐心陪伴和支持，最终帮助孩子从对学习的抵触情绪中走出来。通过这一活动，孩子不仅对学习产生了兴趣，而且主动参与其中，逐步激发了对知识的热情。家庭教育的核心不在于单纯解决知识学习的难题，而是通过激发孩子对学习的兴趣，促使他们从内心主动学习，从而形成良性循环。教育的最终目标是培养孩子的学习热情和探索精神，让他们在自主学习中找到个人成长的方向。

二、通过兴趣爱好激发孩子的学习动力

家庭教育的成功关键在于理解孩子的内在需求，并帮助他们找到学习的动力。在这个过程中，妈妈通过背诵古诗的活动发现了孩子对诗歌的兴趣，并通过持续的鼓励与引导，使孩子在学习中逐渐感受到乐趣。随着时间的推移，孩子不再将学习视为枯燥的任务，而是开始主动参与，逐步享受学习过程带来的成就感。这种成就感不仅增强了孩子的自信心，也让孩子明白，学习不仅仅是为了应付考试或完成作业，更是一个自我探索、不断提升的过程。对于妈妈来说，关键在于通过合适的方式引导孩子走上良性学习轨道。尤其在小学阶段，孩子常常受到焦虑和压力的困扰，而兴趣的培养则为孩子提供了一个有效的情绪宣泄出口，帮助他们摆脱负面情绪。通过古诗背诵，孩子不仅掌握了诗歌知识，还在探索诗歌背后蕴含的文化、历史与哲理时，获得了更多的思考空间与知识拓展。这种多维度的学习体验，比传统的应试教育更加深刻和持久。

三、通过兴趣爱好帮助孩子克服学习障碍

兴趣爱好能够成为孩子克服学习障碍的重要力量。在学习过程中，孩子常常面临注意力不集中、缺乏兴趣等问题，这不仅影响学业成绩，也容易引发情绪波动，进而加剧亲子关系的紧张。本案例中的孩子，最初由于缺乏学习兴趣，表现出学习效率低下、专注力不足等问题。妈妈通过发现孩子对古诗的兴趣，并逐步引导他去背诵和理解诗歌，成功地帮助他找到了学习的乐趣与动力。在背诵古诗的过程中，孩子的自信心得到了逐步建立。每次背完一首诗，妈妈都会给予积极的反馈，并通过讲解诗歌的历史背景与作者故事，进一步激发孩子对诗歌的兴趣。随着时间的推移，孩子不仅能快速背诵更多的古诗，还主动开始探讨诗歌背后的文化与哲学内涵。这种兴趣转变不仅帮助孩子克服了学习上的障碍，还培养了他积极的学习态度。此外，背古诗的过程还有效地锻炼了孩子的专注力和自律性，这为孩子未来的学术学习打下了扎实的基础。

四、发现和培养孩子的兴趣爱好

家庭教育的一项核心任务，就是敏锐地察觉孩子的兴趣点，并通过适当的引导帮助他们深入挖掘。妈妈引导孩子背诵古诗，既为孩子拓宽了文化视野，又通过与孩子的互动增进了亲子关系。在这个过程中，妈妈并没有强迫孩子，而是通过自然的方式激发孩子的兴趣，让孩子在自由选择的过程中体验到乐趣。兴趣的培养是一个循序渐进的过程，孩子的兴趣往往不是一蹴而就的，而是在不断尝试、探索和反复积累的过程中逐渐发展起来的。妈妈通过耐心的引导，给孩子足够的空间去选择和体验。在“每周一古诗”的活动中，妈妈通过生动的讲解、积极的反馈以及渐进式的学习方式，逐步激发了孩子的好奇心和探索欲望。随着时间的推移，孩子不仅提高了学习能力，还逐渐养成了良好的学习习惯和自主学习的能力。通过这种循序渐进的兴趣培养，孩子不仅在学业上取得了显著进步，也为未来的学习和全面发展奠定了坚实的基础。

理论链接

动机是激发、引导并维持个体在一段时间内保持行为的内部过程。[①]学习兴趣是使个体认识和研究某事物，从而获得知识的心理特征，是推动人们进行求知的内部力量，也是个体终身学习的重要支撑。[②]教育者要尽可能地激发孩子的兴趣、好奇心等内在动机。

技术策略

每个孩子的兴趣发展节奏不同，家长需要尊重孩子的个性和成长进度，避免将自

① 斯莱文. 教育心理学：理论与实践：第 10 版[M]. 吕红梅，姚梅林，等译. 北京：人民邮电出版社，2016.

② 孙小坚，宋乃庆，梁学友. 感知的父母及教师支持与学生 STEAM 学习的持续性动机：学习兴趣和自我效能感的多重中介作用[J]. 心理与行为研究，2021，19（1）：37-44.

己的期望过度施加到孩子身上。兴趣的培养不是一蹴而就的结果。家长需要耐心等待，避免过度干预或施加压力，这样才能让孩子在没有负担的环境中自由发展。

家长可以鼓励孩子独立思考和自主学习，尤其是在兴趣爱好的培养过程中。通过为孩子提供自主选择的空间，让他们自己决定活动的方向和内容，这不仅能增强孩子的主动性，还能帮助他们培养解决问题和自我管理的能力。

反思演练

1. 在你的家庭中，孩子的兴趣爱好是否得到了充分的关注和培养？你认为家庭在帮助孩子发现兴趣和挖掘潜力方面应扮演怎样的角色？请结合实际情况进行分析，并分享经验。

2. 如果你的孩子对任何活动都不感兴趣，作为家长，你会如何通过营造家庭环境和进行引导来激发孩子的兴趣？请结合你家庭的资源和实际情况，提出可行的方案。

3. 假设你的孩子对某些活动表现出兴趣，但未能持之以恒，你会如何帮助孩子克服兴趣的波动并保持长期投入？请设计一系列活动，帮助孩子在日常生活中持续探索和培养兴趣爱好。

任务五　引导正确使用网络

任务描述

随着电子设备和网络的普及，孩子接触网络的时间和方式越来越多，如何合理利用网络资源，规避其负面影响，成为家长亟需关注的问题。家长应帮助孩子树立正确的网络使用观念，鼓励他们选择积极健康的内容，同时限制孩子接触不良信息。此外，家长还应通过设定合理的使用时间、与孩子共同观看有益节目、引导孩子进行有意义的讨论等方式，增强孩子对网络内容的辨识能力和批判性思维。家长通过引导孩子正确使用网络，能够帮助孩子在享受网络带来便利的同时，保持健康的心理状态和良好的生活习惯，帮助他们在信息化时代健康成长。**阅读以下家庭教育案例，探讨如何培养孩子健康的网络使用习惯，并利用网络资源促进孩子的学习与发展。**

任务活动

1. 分析案例中网络对孩子成长的影响和科学的使用方法。
2. 讨论家庭是如何制定合理的网络使用规则的。

案例1：引导孩子的网络交往

案例描述

豪豪是一位初中二年级的学生，活泼开朗，喜欢与同学们在微信和其他社交平台上互动交流。他的父母在外工作繁忙，平时与他的互动较少，尤其是对他的网络活动关注不够。正因为如此，豪豪在某些社交场合中渐渐失去了界限感，在网络交往中出现了一些矛盾与冲突。家长起初对此并未重视，直到一个网络争吵事件的发生，才引起了他们的注意。

一天，豪豪在微信班级群里分享了几张他非常喜欢的动漫图片。他本意是想和同学们分享自己的兴趣和喜好，但没想到这次分享却引发了不小的风波。班级里有几位同学，特别是和他关系较近的小辉，觉得豪豪在群里频繁刷屏，打扰了大家的交流，让他们感到不舒服。同学们纷纷在群里应和，部分同学甚至用过激的语言回应了他。豪豪自然也不甘示弱，回击了几句。随着争论的升级，更多同学也加入了讨论，场面一度失控。

事后，豪豪和小辉的关系变得紧张，原本无话不谈的朋友变得互相疏远，开始避免面对面接触。对于这样的结果，豪豪的妈妈感到困惑，不知道如何处理。豪豪的爸爸一开始只是简单责怪豪豪不懂网络礼仪，甚至想过直接删除豪豪的微信，让他退出所有加入的群。爸爸觉得网络争执的根源是豪豪不够成熟，应该通过断开网络联系来避免类似事件的发生。然而，妈妈却认为这是一种“治标不治本”的方法，从长远来看，这样做只会加剧亲子之间的隔阂。

于是，他们决定一起以冷静、理性和尊重孩子的方式与豪豪沟通，而不是简单地采取惩罚措施。豪豪的妈妈开始耐心听取他的讲述，了解争执的真正原因，她并没有对孩子的情绪进行指责，而是试图理解他的感受。通过一次次的对话，豪豪表示，他并不是故意去打扰同学们，而是认为通过分享自己喜欢的东西，能够与朋友们建立更深的联系。他解释道：“如果不分享这些，我就会觉得自己被孤立了。”

在与豪豪的交流中，妈妈逐渐明白，豪豪所做的一切并非出于恶意，而是源于对朋友关系的渴望以及对社交圈的需求。豪豪的妈妈意识到，孩子正处在青春期，内心对友谊的需求异常强烈，尤其在网络这个虚拟空间里，他试图通过各种方式与他人建立紧密的联系。

经过深思熟虑，豪豪的父母决定改变对孩子网络使用的管理方式，而不是简单地剥夺他的社交自由。他们与豪豪一起商量，制定了一份适合全家的网络使用时间表，规定豪豪每天都有固定的学习时间和上网时间。与此同时，他们也商议好全家人一起度过亲子互动时间，比如一起去户外活动、做饭或看电影，以此增加面对面的沟通与情感交流。

此外，豪豪的父母还特别注意在日常教育中渗透网络礼仪和人际交往的技巧。他们强调，网络交往虽然方便快捷，但也需要考虑到他人的感受和集体的利益，尤其是在群体中分享信息时，要避免过于频繁的刷屏，尊重大家的交流空间。孩子们有自己的网络语言，豪豪的父母虽然不是都明白，但他们会倾听豪豪讲解那些专属名词的意思，同时有意识地引导豪豪使用网络文明用语，让他在虚拟世界也做一个讲文明、有素质的网民。通过这些细致的指导，豪豪逐渐理解了网络交往的基本规则，开始学会如何在虚拟空间里维护和谐的人际关系。

在家长的引导下，豪豪逐渐意识到，网络交流不应仅仅依赖于虚拟空间来建立友谊，他开始更加珍惜与朋友们面对面的相处。他与小辉的关系在经过一段时间的调整后，终于恢复了往日的友好。豪豪也不再过于依赖网络进行泛泛的社交，而是更多选择在学校与朋友们面对面分享，或者在网络上进行更有深度的交流。

案例解读

家长在面对孩子的网络行为时，应秉持理性、尊重、理解和引导的态度，帮助孩子在虚拟世界和现实生活中建立健康、成熟的人际关系。同时，家庭教育需要注重与孩子共同成长，通过建立信任、加强沟通、培养良好的行为规范，帮助孩子更好地适应社会环境，实现个人的全面发展。

一、网络交往中的挑战与成长

豪豪遇到的网络交往问题反映了当代中学生在虚拟社交平台上面临的普遍挑战。随着互联网的普及，越来越多的青少年通过社交平台与朋友保持联系，分享兴趣爱好和生活点滴。豪豪的行为，虽然起初并无恶意，但由于缺乏成熟的社交认知和自我管理能力，最终引发了同学间的矛盾，甚至影响到现实中的友谊关系。这一现象暴露出青少年在网络交往中可能出现的两个主要问题：一是对网络交流方式的把握不足，尤其是在公共平台（如班级微信群）上的互动缺乏分寸；二是对网络互动可能带来的后果缺乏足够的敏感性。豪豪通过频繁刷屏来表达自己的兴趣和情感，忽视了这种行为可能给他人带来的困扰，甚至影响到他在同学中的形象与关系。事实上，这并非个别现象，许多青少年在网络交往中都有类似的经历。由于缺乏足够的社会经验和对他人感受的同理心，他们可能会在网络上做出不当行为，从而引发冲突。而如何在虚拟世界中建立健康的人际关系，正是当今青少年在成长过程中必须面对的议题。

二、理解和引导孩子的网络交往行为

父母的反应展示了家庭教育中常见的两种应对方式。豪豪的父亲最初采取了“断网”的极端措施，试图通过限制网络社交来解决问题。他认为豪豪的不成熟和缺乏网络礼仪是冲突的根源，因此认为切断豪豪的社交网络是直接有效的解决方案。然而，豪豪的母亲则认为这种做法治标不治本，不仅容易引发亲子关系的恶化，还无法从根本上帮助孩子解决问题。她更倾向于通过耐心沟通来了解豪豪的动机与情感需求，并

在此基础上进行有效的引导。最终，豪豪的父母决定共同商量，尊重孩子的感受，制定网络使用规则并增加亲子互动时间，帮助豪豪在健康的框架内使用网络。这一案例揭示了两种典型的教育方式：过度控制型教育和支持型教育。前者虽然能够在短期内消除问题，但可能会加剧孩子的逆反心理；后者则注重理解和尊重孩子的情感需求，通过适当引导帮助孩子成长，显得更为成熟和有效。家庭教育的关键在于家长应以理解和引导为主，而非单纯的限制与惩罚，特别是在孩子面临社交冲突时，冷静、理性且富有同理心的沟通能够帮助孩子理清思路，培养他们的自我认知和处理冲突的能力。

三、培养网络礼仪与人际交往技能

网络礼仪和人际交往技能的培养，是现代家庭教育中不可忽视的环节。解决网络交往问题的关键在于培养豪豪正确的网络礼仪和人际交往技能。父母通过细致的沟通，帮助豪豪认识到网络社交的独特性，强调虽然网络为互动提供了便捷方式，但同样需要尊重他人的感受和公共空间的秩序。父母逐步引导豪豪建立网络交往的基本规则，如避免频繁刷屏、尊重群体成员的发言空间等。与此同时，他们加强家庭互动，增加面对面的交流时间，帮助豪豪意识到人与人之间的亲密关系不仅仅依赖虚拟空间，面对面的沟通更能加深友谊和增进理解。在父母的引导下，豪豪逐渐学会了平衡现实与虚拟世界的关系，减少对网络交往的依赖，更加珍惜与朋友们的面对面互动。家长的引导能够帮助孩子理解社交规则，掌握自我管理能力，并在虚拟世界中展现出良好的社交素养。

理论链接

青少年的健康上网行为是青少年对互联网的使用从外控到内控，形成有节制的上网行为，从而获得对学习、生活和身心发展有益的结果。[①]而沉迷网络的孩子大多生活不如意，学业失败，缺少朋友，人际关系差，没有好的休闲习惯，家庭关系不和谐，与父母疏远，在被忽略的环境中成长，有的孩子被溺爱甚至被放任不管，有的孩子经常被父母打骂。这样的家庭成长环境使孩子从现实生活中逃离，网络成为他们心灵的归宿。[②]研究发现，良好的亲子关系、父母关系、父母满意子女成绩和了解子女日常生活是预防青少年网络沉迷的高保护家庭因素。[③]

技术策略

树立正确的网络行为规范。家长可以与孩子共同制定网络使用规则，包括使用时间、社交平台的选择、使用内容、使用方式等。通过共同商议，家长可以了解孩子的兴趣和需求，同时帮助孩子养成健康的网络使用习惯。

---

① 郑思明，雷雳．青少年使用互联网公众观之健康上网调查[J]．中国教育学刊，2006（8）：39-43.

② 孙宏艳．家庭应成为预防青少年网络沉迷的第一道防线[J]．教育科学研究，2012（1）：52-56.

③ 张衍．健康网络使用：家庭对青少年网络沉迷的累积保护作用[J]．中国青年研究，2024（6）：24-34.

培养同理心和情感管理能力。家长可以通过引导孩子学习如何理解他人的感受，帮助孩子更好地管理网络中的情绪反应。同时，当孩子在网络中遭遇冲突时，家长要引导孩子冷静思考，并教会他们如何使用理性和尊重的方式回应他人，避免出现过激反应。

促进现实与虚拟社交的平衡。家长要帮助孩子意识到，虽然网络社交提供了便捷的互动方式，但与他人建立深厚的友谊和情感联结，仍然需要通过面对面的交流。家长可以多鼓励孩子参加线下活动，减少孩子过度依赖网络交往的时间，防止其过度沉迷。

培养网络自我保护意识和技能。家长可以通过案例等方式提醒孩子保持警觉，树立正确的隐私保护意识，避免在社交平台和群聊中公开个人敏感信息。同时，可采用角色扮演等方式，帮助孩子防范网络欺诈和网络欺凌，提高信息辨识能力，培养良好的网络安全行为习惯。

案例2：网络引起的“战争”

案例描述

李家三代人共同生活在一起。李爷爷是位退休教师，年逾七旬。退休后的他大部分时间都沉浸在古典文学的世界里，书房里堆满了各类藏书，他渴望将自己一生积淀的文化传递给下一代。李浩是他的独生子，现在是一名成功的企业家。尽管工作繁忙，他依然坚持抽出时间阅读书籍，尤其是管理、经济类的书籍。他深知在竞争激烈的社会中，知识和阅读的积累是成功的重要支撑。而李浩的儿子小杰是一位高中生，和爷爷、父亲相比，完全是另外一个世界的人。他沉迷于网络游戏，整日与虚拟世界为伴，对纸质书籍几乎提不起兴趣。他认为，书本上的知识如今都可以通过网络查找，数字世界为他提供了更便捷、更有趣的方式去放松和学习。

这种代际差异在家庭教育中逐渐显现，尤其是在李爷爷与小杰的关系上。李爷爷的教育理念深受传统文化的影响，他希望孙子能继承他的兴趣爱好，尊重经典，过上“读书多、精神充实”的生活。而小杰则认为，爷爷的观点太过于陈旧，自己在数字化时代生活得更为自在，为什么要拘泥于老旧的纸质书籍？

一天，李爷爷再次来到小杰的房间，发现孙子正戴着耳机，埋头在电脑前玩游戏，而书桌上堆满了未完成的作业和几本几乎没有翻动的经典文学书籍。李爷爷感到非常失望和愤怒，他忍不住对孙子说：“你这样下去，怎么会有出息？这些书本上的智慧，网上找得到吗？你应该多看看书，学学传统文化！”小杰一听，立刻反驳：“爷爷，现在是数字化时代，书上的知识网上都能找到，玩游戏也是一种放松和学习的方式！”于是，两代人之间爆发了一场关于“数字与书本”的激烈争论。

李爷爷坚持认为，现代社会虽然进步迅速，但书本承载的传统文化和智慧是不可替代的；而小杰则觉得，电子书、网络文章以及各种在线学习平台，才是他这个时代的“新选择”。李爷爷忍不住想让李浩关掉家里的网络设备，这引起了小杰更大的反应。两代人无法在同一个问题上达成共识，家庭气氛一度降至冰点。

矛盾爆发后，李浩意识到，单纯的责备和强制改变并不能真正解决问题，反而可能加剧代际矛盾。他决定采取一种更为温和且建设性的方法，试图搭建起父母与孩子之间、爷爷与孙子之间的沟通桥梁。

首先，李浩提议每周举行一次家庭读书会，邀请每个家庭成员分享自己近期阅读的书籍或文章。分享内容不限，可以是传统的文学经典，也可以是现代的科技前沿，甚至包括小杰在游戏中学到的知识。举办这个活动的目的是让家庭成员通过分享阅读心得，增进彼此的理解与尊重，能够以一种轻松和互动的方式交流各自的观点。

通过这个读书会，李爷爷展示了自己对经典文学的深厚理解，也让小杰了解到一些游戏背后的历史和文化背景。而小杰也开始分享自己在游戏中学到的技巧与知识，尤其是那些与历史、文化相关的内容，让李爷爷和李浩都对这些现代化的学习方式产生了兴趣。

其次，李浩鼓励李爷爷尝试学习使用智能手机和平板电脑，接触一些数字化工具和平台。小杰则成了爷爷的小老师，耐心地教爷爷如何上网、看新闻，甚至玩一些简单的手机游戏。在这个过程中，小杰不仅帮助爷爷适应了数字生活，也逐渐理解了爷爷对纸质书籍的情感依恋，感受到了长辈对传统文化的深厚情感。

最后，为了增进全家人的合作与理解，李浩提出了一个更具实践性的任务——整理家中的藏书，并利用数字化技术将其中一部分经典书籍扫描成电子版，建立一个家庭数字图书馆。通过这个任务，三代人共同参与，不仅能提升家庭成员之间的合作精神，还能通过实践了解数字化技术在保存和传承文化方面发挥的积极作用。

小杰在任务中发挥了重要作用，他不仅帮助爷爷扫描书籍，还学习了如何将这些经典书籍转化为电子格式。而李爷爷则在这个过程中感受到了数字化技术对传统文化保存的巨大潜力，渐渐地，他对数字平台产生了兴趣，并开始思考如何借助现代技术更好地传承经典文化。

经过几个月的努力，李家三代人的关系逐渐发生了变化。小杰开始主动阅读，尤其是当他在游戏中遇到与历史或文化相关的知识时，他会主动翻阅书籍，寻找更为深刻的答案。李爷爷也开始更加开放地接受新事物，他不再固守传统的纸质书籍，偶尔还会与小杰一起探讨游戏设计背后的逻辑与创意。

家庭读书会成了李家成员交流思想、分享感悟的重要平台。通过这种方式，三代人不仅达成了对“数字与书本”关系的共识，还在相互学习和尊重中，拉近了彼此之间的距离。

［案例改编自：国家开放大学首届新时代家庭教育优秀案例征集活动一等奖作品（长春开放大学　杨在英）］

视频讲解

案例解读

在当代社会，电子设备和网络的普及已经深刻地影响了孩子的成长与发展。家庭作为孩子成长的第一所学校，承担着引导孩子健康使用网络的关键责任。

一、文化和理念差异导致家庭冲突

李家矛盾的根源在于代际的文化差异和教育理念的冲突。李爷爷坚持传统的文化价值观，认为纸质书籍承载着智慧与人生的深度，而小杰生活在数字化时代，认为互联网提供了更便捷和有趣的学习方式，二者对“知识”与“教育”的认知截然不同。此外，李浩作为父亲，虽然理解现代社会对技术和知识的需求，但起初未能有效调和父辈和孩子之间的观念差距。这种文化差异、教育理念不合，以及缺乏有效沟通，使得家庭成员间围绕网络的使用产生了矛盾和冲突。

二、制定合理的网络使用规则，树立健康的时间管理观念

李爷爷在面对小杰沉迷游戏时，试图通过强制手段来改变孙子的行为。然而，这种过度的控制方式无法真正帮助小杰建立健康的网络使用观念。在家庭教育中，制定合理的网络使用规则，并让孩子参与其中，是一种更为有效且持久的教育策略。家长可以与孩子共同商讨并制定明确的时间管理计划，比如限制每天使用电子设备的时间，规定学习、休息和娱乐的合理比例。此外，还应当鼓励孩子在合理的时间内进行课外阅读和体育锻炼，避免长时间沉浸在数字设备中。通过这种方式，孩子不仅能在虚拟世界中找到娱乐和放松的空间，还能培养良好的自我管理能力，确保自己的生活不被媒体占据过多的时间。

三、培养家庭成员间的开放性对话，增进代际理解

李浩为了缓和家庭关系，通过组织家庭读书会、共同参与数字化任务等方式，成功搭建了三代人之间的沟通桥梁。家庭教育不仅是对孩子的单向引导，还需要通过家庭成员之间的互动和理解，帮助孩子从不同的角度看待网络使用和传统文化的关系。父母应鼓励孩子分享在网络世界中的经验与感受，同时倾听孩子的声音，理解他们对数字技术的依赖和兴趣。通过家庭成员间的互动与交流，尤其是父母与孩子之间的双向对话，能够消除代际误解和隔阂。当孩子在家庭中感受到被理解和尊重时，就会更愿意听取父母对网络使用的建议和指导。通过这种互动，孩子能够逐步意识到，在数字化时代，合理使用网络不仅能促进个人学习和成长，还能增强与家庭成员、朋友之间的情感联系。

四、鼓励多元化的兴趣培养，平衡虚拟与现实生活

李家三代人的故事最终达成的共识是，尽管网络和电子设备在现代生活中不可避免，但传统文化的积淀和面对面的人际互动同样不可或缺。家庭教育应当鼓励孩子培

养多元化的兴趣爱好，让孩子既享受虚拟世界的娱乐，又珍惜现实世界的亲密关系和丰富的文化资源。例如，家长可以引导孩子阅读经典文学作品、参与体育活动、学习艺术或与家人朋友共度时光，丰富孩子的生活。这不仅能帮助孩子避免沉迷于电子设备，还能在孩子的成长过程中形成更为均衡的兴趣结构。在这种多元化的兴趣培养过程中，孩子能够学会合理调配时间，平衡虚拟世界与现实生活的关系，从而实现身心健康的全面发展。

五、以身作则，树立正确使用网络的榜样

家庭教育的最终目标是通过榜样的力量，帮助孩子形成正确的价值观和生活方式。作为父亲的李浩，在工作和生活中始终保持着合理的网络使用习惯，并积极参与家庭教育。他以身作则，帮助孩子理解如何在现代社会中恰当使用网络，从而影响孩子的行为模式。家长应当自觉树立良好的网络使用榜样，比如控制自己在孩子面前使用手机、电视、电脑的时间，鼓励家庭成员共同参与没有电子设备的活动。通过这种榜样示范，孩子能够更直观地理解如何平衡网络使用与现实生活之间的关系，进一步提升自我管理和自我控制的能力。

理论链接

家庭教养方式，也被称为父母教养方式，是指父母在教育子女的过程中形成的较为稳定的行为方式与思想理念，是对待子女的观念、态度及一切言行举止的集合体。美国心理学家鲍姆林德将教养方式划分为三类：权威型、专制型和放任型。其中，权威型教养方式对于子代而言是最具优势的教养方式，权威型父母表现出对孩子的爱与尊重，他们既注重对孩子给予温暖与支持，也对孩子有明确的规定和严格的监督，当与子女意见产生分歧时，权威型父母会尊重孩子的意见，并与之进行民主的讨论。①

技术策略

在网络的使用上，父母需要与孩子建立良好的沟通渠道，鼓励孩子表达他们在网上的经历和感受。定期与孩子进行对话，了解他们使用网络的目的、遇到的问题和可能面临的困扰。通过这种方式，父母可以帮助孩子识别网络中的潜在风险，并及时进行引导和干预。为了避免孩子过度使用网络，父母需要与孩子共同制定一些合理的规则和限制。例如，设定每天上网的时间限制，避免孩子过多使用电子设备。此外，还可以通过设置“无屏幕时间”（如家庭聚会、户外活动等），来鼓励孩子参与更多的线下活动。

① 朱晓文，王凯丽，任围. 家庭教育的力量：父母教养方式如何影响校园欺凌[J]. 中国青年研究，2023（03）：108–118.

反思演练

1. 在你的家庭中，孩子的网络使用时间和内容是否得到了适当的管理和引导？你认为网络使用对孩子的成长和心理健康有哪些潜在影响？请结合你的家庭情况，分析如何有效引导孩子正确使用网络。

2. 你认为家长对孩子使用媒体的监督是“严格禁锢”还是“适度引导”？在你的家庭中，怎样通过正确的教育方式引导孩子合理使用网络，避免负面影响？

3. 与家人共同制定一份“家庭网络使用规范”，涵盖网络使用的时间限制、内容选择和家庭互动等方面。请结合具体情境设计该规范，并讨论如何贯彻实施。

任务六　做好生涯规划指导

任务描述

生涯规划不仅能帮助孩子明确人生目标，还能让他们更好地了解自己的兴趣、优势与潜力，从而为未来的职业道路奠定基础。家长可以通过与孩子进行开放式对话，帮助他们了解不同的职业选择，发现自己的兴趣和长处，并根据孩子的个性特点提供合理的建议与支持。同时，家长应鼓励孩子设定短期和长期目标，并为他们提供必要的资源与平台，以激发孩子的自信心和自主性。通过有效开展生涯规划指导，家长能够帮助孩子规划一个清晰、务实且充满潜力的未来，为实现个人梦想和职业发展打下坚实的基础。**阅读以下家庭教育案例，思考家庭在孩子职业启蒙和生涯规划中的作用。**

任务活动

1. 分析案例中的孩子通过职业体验学到了什么。
2. 讨论家庭在孩子职业规划中的作用与方法。

案例 1：职业初体验

案例描述

小伟是一个活泼、好奇心强的小学三年级学生。他的母亲李女士深知孩子对世界的好奇心是教育的宝贵财富，而父亲张先生是一名工程师，他相信实践和体验是孩子成长过程中最重要的部分。

李女士和张先生在小伟上小学时就开始思考如何为他打下坚实的生涯规划基础。

小学阶段正是培养孩子兴趣和认知的关键时期，是职业生涯启蒙的起点。因此，他们决定从日常生活中、从学校教育之外，为小伟提供多样化的职业体验，帮助他在玩乐中逐步了解不同的职业，启发他对未来的思考。

有一天，李女士注意到，小伟在完成家庭作业时，特别喜欢做数学题。遇到数学作业中的难题时，小伟总是兴奋地去解答，而且能快速找到不同的解决方法。于是，李女士从孩子的兴趣入手，带着小伟一起探讨数学在现实生活中的应用。她告诉小伟，数学不仅仅是课堂上的数字和公式，它还可以帮助工程师设计桥梁、帮助科学家探索宇宙，甚至能在日常生活中解决问题。

虽然发现了孩子对数学的兴趣，但李女士并没有一味地强迫小伟去追求“学科第一”的目标，而是将目光放在孩子的多样性发展上。她在保持孩子数学兴趣的基础上，通过不同的活动鼓励小伟尝试探索其他领域的兴趣。比如，她鼓励小伟参与学校的科学实验活动，甚至周末的时候，还带着小伟去参加本地的编程工作坊。在这些探索中，小伟发现自己不仅喜欢动脑筋，还喜欢通过动手操作来解决问题，尤其对编程和设计有着浓厚的兴趣。

李女士认识到，要为孩子在未来的职业生涯规划中打下坚实的基础，除了激发孩子的兴趣，还需要帮助他养成良好的学习习惯。于是，她开始和小伟一起制定学习计划，帮助他合理安排学习时间与休闲时间，并定期进行学习反馈。她并没有要求小伟一味追求成绩，而是通过鼓励他设定小目标，帮助他在每次完成任务后获得成就感。

通过这些日常的努力，小伟渐渐养成了主动学习的习惯，不再依赖父母督促。而父亲张先生则在周末时为小伟准备了时间管理的小游戏，帮助他培养时间分配和管理能力。比如，张先生会和小伟一起设计一份“周末挑战任务表”，要求他在有限的时间内完成一定数量的数学题目和阅读任务，并在任务完成后进行小小的奖励。在语言学习方面，李女士特别重视阅读能力的培养。每晚，她会为小伟朗读各种各样的故事书，从科学故事到文学名著，并鼓励小伟每天做一些简短的写作练习，记录自己的一天，表达自己的想法。在这个过程中，小伟的写作能力逐渐提高。

随着年龄的增长，小伟的兴趣范围逐渐拓宽，而李女士和张先生开始为他提供更多的职业启蒙和体验活动。他们带小伟参观了父亲所在的工程公司，让小伟亲身感受了一下建筑师和工程师的工作环境，并与父亲的同事们进行了简单的交流。通过参观，小伟对建筑设计产生了兴趣，甚至开始主动去了解建筑学和城市规划方面的书籍。

除了父亲的职业体验，李女士还在周末带小伟参加了学校组织的“职业体验营”。在这个体验营中，小伟尝试了扮演小医生、小消防员、模拟新闻记者等角色，体验不同职业的工作内容和挑战。通过这些活动，小伟不仅加深了对职业的理解，也开始思考自己未来的可能性。

有一天，小伟兴奋地告诉父母：“爸爸，我以后也想成为一个像你一样的工程师，去建造城市和桥梁。”李女士和张先生听后微笑着点头，他们知道，小伟已经在不知不觉中开始形成自己的职业意识。

在小伟四年级的一次家长会后，李女士和张先生决定再次与小伟坐下来，聊一聊他的未来规划。这个时候的小伟已经明确表示，他希望将来从事与建筑设计相关的工作。因此，李女士和张先生根据小伟的兴趣，和他一起规划未来的学习路线，包括如何通过参加更多的科学和设计类活动，如何利用学校提供的资源来提高专业素养，以及如何培养实际操作能力。

李女士强调："不管你将来从事什么职业，都要注重兴趣和能力的结合。只要你喜欢，并且愿意为此努力，就一定能够找到属于自己的方向。"张先生也补充道："职业生涯是一个不断探索的过程，你可以在过程中不断调整和完善自己的选择，最重要的是保持学习的态度，接受变化和挑战。"

案例解读

家长是孩子职业认知的启蒙者和探索过程中的引导者。在孩子的职业生涯规划中，家庭教育起着至关重要的作用，父母的支持与引导可以帮助孩子在探索自我和世界的过程中，逐步明确自己的兴趣，发现职业发展的可能性，从而为未来的职业生涯奠定基础。

一、兴趣引导：通过观察和互动激发职业认知

在小学阶段，孩子的兴趣往往是他们自我探索和发展的原动力。本案例中，李女士通过观察小伟在完成家庭作业时对数学题的热情，发现了孩子对数学的浓厚兴趣。李女士和张先生并没有单纯地强调数学成绩，而是引导小伟认识数学在实际生活中的应用，比如在工程设计、科学探索等领域的作用，激发了他对数学和相关职业的兴趣。家长可以通过日常观察了解孩子的兴趣点，并根据这些兴趣为孩子提供相关的知识和活动。例如，通过举例、体验、讨论等方式，让孩子理解学科知识的实际应用，增强兴趣的同时拓宽职业视野。在孩子对某一学科或领域表现出浓厚兴趣时，家长可以通过讲解相关职业或参观等方式，让孩子了解该领域可能的职业方向和工作内容。

二、实践体验：通过多样化活动丰富职业认知

家长可以通过带孩子参观父母的工作场所、参加社会实践活动、参与职业体验营等形式，增加孩子对不同职业的了解。通过角色扮演、模拟体验等方式让孩子感受职业角色，帮助他们更加明确自己的兴趣所在。李女士和张先生非常注重为小伟提供不同的职业体验。例如，张先生带他参观自己的工程公司，直接让他感受不同职业的工作环境与实际操作。通过这种方式，小伟不仅对建筑设计等职业产生了浓厚兴趣，还能从实际体验中获取更直观的职业认知。

三、培养学习习惯与时间管理能力：为职业生涯打下基础

家庭生涯规划不仅关注孩子的职业认知，更注重培养孩子的学习习惯与自我管理

能力。本案例中，李女士帮助小伟制定学习计划，并通过设定小目标和定期反馈来鼓励孩子保持学习动力。张先生则通过设计时间管理的小游戏，帮助小伟提升任务分配与时间管理能力。家长应帮助孩子设立长期和短期学习目标，逐步培养孩子的时间管理和自我约束能力。例如，通过设计任务表、建立奖励机制等方式激励孩子按时完成任务，增强孩子完成任务后的成就感。同时，通过日常的学习计划和实际安排，培养孩子合理分配时间的能力。这不仅能提高孩子的学习效率，还能帮助他们在未来的职业生涯中更好地应对多任务处理和时间压力。

四、职业规划意识的培养：结合兴趣与能力引导未来方向

家长应鼓励孩子多维度思考未来的职业可能性，帮助孩子根据个人兴趣与能力不断调整职业目标。职业规划不是一蹴而就的，而是一个不断调整、持续发展的过程。随着年龄的增长，小伟对建筑设计产生了浓厚兴趣，并明确表示希望将来从事与建筑相关的工作。在这个过程中，李女士和张先生并没有急于给出具体的职业规划方案，而是根据小伟的兴趣变化，和他一起探讨可能的学习路线与职业发展路径。这种引导方式帮助小伟在探索过程中形成了职业意识，并开始思考如何通过学习和实践积累经验，为未来的职业选择做好准备。

理论链接

职业生涯规划，是指根据个人的兴趣、性格、能力特征，与现实世界中的职业相结合，确定最佳的职业奋斗目标，并作出相应的发展时间安排。美国职业指导专家金斯伯格将人的职业发展阶段划分为幻想期（11 岁之前）、尝试期（11—17 岁）和现实期（17 岁以后的青年期）。处于幻想期的儿童，对周围的事物非常好奇，特别是当他们看到一些职业表现时，喜欢模仿和探究。家长要学会用孩子的理想（梦想）引导孩子，陪孩子做一些职业角色扮演的游戏。[①]

技术策略

小学阶段主要是进行生涯启蒙教育，侧重于通过游戏和角色扮演等互动性和趣味性强的活动，帮助孩子探索个人兴趣，初步形成职业概念。当孩子对某一领域产生兴趣时，家长可以提供相关书籍、视频、纪录片等资源，让孩子了解该领域背后的职业角色。家长还可以分享自己或他人成功的职业故事，为孩子树立职业榜样，引导孩子理解不同职业所需要的素质和技能。

---

① 王琳. 家庭教育中职业生涯规划缺失的现状与改进[J]. 中小学心理健康教育，2013（19）：39-41.

案例 2：家庭教育助力职业规划

案例描述

娜娜是一个性格开朗的初中生。每当闲暇时，她总喜欢在家里的书架前徘徊，翻看各种各样的书籍。从《哈利·波特》到《时间简史》，她对各种类型的书都有兴趣。她爱看小说，也喜欢挑战自己去阅读一些科技类的书籍，尤其是一些关于宇宙和地理的科普读物。虽然学业成绩优异，但娜娜对未来感到有些迷茫，她喜欢的东西很多，但不知道这些兴趣是否能成为未来职业的方向。

娜娜的父母——李先生和王女士，都非常重视她的全面发展。他们并没有在她的初中阶段就迫切要求她选定职业方向，而是采取循序渐进的方式，让她在多方面尝试、积累经验。“兴趣和职业都不分贵贱，重要的是能找到自己喜欢的事情。”王女士总是这样对娜娜说。

于是，每个周末，李先生都会带着娜娜参加社区组织的志愿者活动，帮忙打扫公共环境和为老年人做些力所能及的事。王女士则带着娜娜参加一些文艺活动和读书会。虽然娜娜在文学方面的兴趣比较突出，但李先生还是建议她多接触理科方面的内容，比如参加学校的科技创新活动和编程兴趣班。刚开始，娜娜并不觉得编程有趣，甚至觉得这太枯燥了，但随着一次次的尝试，她渐渐发现，自己竟然对通过代码解决问题产生了兴趣。

与此同时，李先生和王女士也不忘培养娜娜的社交能力。每当学校有文艺活动或运动会，李先生就会鼓励娜娜参与，并在家里和她讨论如何与团队成员更好地合作，如何在活动中发挥自己的特长。通过这些活动，娜娜的团队协作能力和沟通能力得到了很大的锻炼。

到了高中，随着学业压力的增大，娜娜开始对未来的职业有了更多的思考。不同于初中的广泛兴趣探索，娜娜不再满足于对各个领域的模糊兴趣，而是开始深入思考自己到底适合什么样的职业，未来的职业发展方向究竟在哪里。

一次偶然的机会，娜娜参加了学校组织的职业体验活动。她通过模拟程序员的角色，深入体验了编写代码、解决技术难题的过程。那一刻，娜娜突然意识到，自己对这份工作产生了浓厚的兴趣。她开始认真思考，或许自己可以将这项兴趣作为未来的职业发展方向。

李先生和王女士察觉到了娜娜的变化。他们没有急于给娜娜定下职业目标，而是采取了更加细致的引导和支持方式。王女士建议娜娜在学习之余多参加一些职业讲座，了解不同领域的工作要求。李先生则在假期带她参观了他所在的科技公司，让娜娜近距离接触了软件开发、编程等相关工作。这些经历让娜娜逐渐明确，自己不仅喜欢编程和科技创新，还喜欢在团队中解决问题、完成任务。“找到自己喜欢做的事情，并为此努力，是人生最宝贵的财富。”李先生对娜娜说。

高考结束后，在准备志愿填报的这段时间里，娜娜开始更多地关注自己的兴趣、优势和劣势。她参加了职业兴趣测试，结果显示她在逻辑思维和分析能力、人际沟通和团队合作方面都有一定优势。通过这些分析，娜娜清楚地认识到，自己未来的职业方向或许会在技术和团队协作领域有所发展。

读大学后，娜娜制定了具体的目标和行动计划。为了提升自己的编程能力，娜娜开始参加校外的编程培训班，打算通过自己不断的努力，积累更多的技术经验。同时，王女士还建议娜娜在假期里参加一些志愿者活动和实习活动，既可以锻炼社交能力，也能为将来进入职场打下良好的基础。

案例解读

家庭教育在孩子生涯规划中有着深远的影响。娜娜的父母通过鼓励多样化尝试、提供职业体验、帮助自我认知以及给予情感支持等方式，帮助她逐步明确了自己的兴趣和职业方向。

一、鼓励多样化尝试与广泛探索

初中是孩子探索兴趣、培养综合素质的关键阶段，家庭教育的核心任务是为孩子提供多样化的尝试机会，帮助他们逐渐发现自身的兴趣和潜力。虽然娜娜在学业上表现优异，但对于未来的职业方向仍感到迷茫，这也是许多初中生常面临的困惑。娜娜的父母意识到，最重要的是给她足够的时间和空间去探索不同的兴趣，并在这个过程中逐步建立自我认知。因此，李先生和王女士并没有急于让娜娜确定职业方向，而是鼓励她广泛接触各类活动。王女士特别关注娜娜在文学方面的兴趣，鼓励她阅读各种书籍，并带她参加文艺活动和读书会，开阔她的视野；李先生则更注重娜娜在理科方面的兴趣，鼓励她参与学校的科技创新活动，并建议她报名编程兴趣班。尽管娜娜起初对编程并不感兴趣，但随着不断尝试，她逐渐对编程产生了兴趣，尤其是在看到编程能够解决实际问题时，这种兴趣转化为热情。通过多样化的探索，娜娜不仅培养了全面的兴趣和能力，也为将来的职业选择奠定了基础。

二、参加职业体验与社会实践

到了高中，孩子们开始从模糊的兴趣中进行自我认知和目标设定，逐渐明确自己适合的职业方向。在这一过程中，父母的支持和引导显得尤为重要。娜娜通过参加家庭或学校组织的职业体验活动，模拟了程序员的角色，深入体验了编程和技术工作的实际内容，体会到了编程带来的成就感，从而激发了她对这一领域的浓厚兴趣。与初中时期的兴趣探索不同，高中阶段的娜娜更加注重深入了解自己的兴趣，通过实践验证自己是否真正热爱某一职业。父母继续为她提供细致的引导，支持她的职业探索。王女士建议娜娜参加职业讲座，了解不同职业的要求、发展前景和行业特点；李先生带着娜娜参观自己的工作单位，让她亲身体验科技公司的工作环境，了解程序员的日常工作和职业发展路径。通过这些职业体验和社会实践，娜娜不仅加深了对编程的兴趣，也更清晰地认识到自己在团队合作和问题解决方面的优势，从而明确了未来可能在技术和团队协作领域发展的职业方向。父母通过这些方式，不仅帮助娜娜拓宽了对不同职业的理解，也促使她对自己有了更深刻的分析。

三、帮助孩子进行自我认知与兴趣分析

随着职业兴趣的逐步明确，娜娜通过参与职业兴趣测试，进一步了解了自己的性格特点、兴趣方向以及职业倾向。她逐渐认识到自己在逻辑思维和分析能力方面的优势，同时在人际沟通和团队合作方面也具备一定潜力。这个过程突显了自我认知的重要性，有助于她更清晰地规划自己的职业生涯。在这一过程中，娜娜的父母帮助她进行职业兴趣测试，并与她深入讨论她的优缺点，理性分析适合她的职业方向，避免她盲目跟风。通过这种方式，父母不仅帮助娜娜认识到自己的兴趣和优势，还帮助她发掘潜力、弥补不足。

四、提供情感支持与成长陪伴

在娜娜的成长过程中，父母始终给予她情感上的支持和陪伴。无论是初中阶段的兴趣探索，还是高中阶段的职业规划，都在她身边，给予她理解与鼓励。在娜娜面对学业压力和职业选择困惑时，父母通过耐心的沟通与积极的鼓励，帮助她逐渐克服内心的不确定感和焦虑情绪。这种情感支持不仅让娜娜保持了积极的心态，也为她提供了一个稳定的情感依托，使她能够更加自信地面对未来的挑战。父母的支持和陪伴，既体现在职业探索的具体实践中，也体现在日常生活的点滴细节中，这帮助娜娜在压力中成长，在选择时更加坚定，培养了她的自信心和心理韧性，让她能更好地应对未来的职业发展。

理论链接

美国职业指导专家帕森斯提出，职业选择要完成自我认知、职业认知和人–职匹配三个任务。金斯伯格则认为，职业在个人生活中是一个连续的、长期的发展过程，可分为幻想期（11 岁之前）、尝试期（11—17 岁）和现实期（17 岁之后）三个阶段。在家庭教育中，父母要根据职业发展的不同阶段帮助孩子完成各阶段的任务。处于尝试期的孩子开始独立思考问题，价值观念逐步成形，对社会生产和生活有了初步的探索意识。在职业需求上表现出一定的职业兴趣，并开始审视自身各方面的条件和能力；开始注意职业角色在社会上的意义、地位，以及社会对该职业的需要。这个时期的学生基本上处于初中、高中阶段。家庭里要营造一个重视孩子职业梦想的氛围，家长可以帮助孩子了解自己、了解专业和工作、做好时间规划。而当孩子进入现实期后，需要完成的任务是人一职匹配。家长应鼓励孩子多参加社会实践活动，有意识地发展工作技能；鼓励其在假期从事兼职工作，在实践中体验个人和

职业是否匹配。[①]

技术策略

家长在帮助孩子做好职业生涯规划时，除了提供情感支持和多样化的探索机会，还可以通过一些工具和方法，帮助孩子更好地了解自己，明确职业兴趣和发展方向。

1. 霍兰德职业兴趣量表（RIASEC）。引导孩子进行霍兰德职业兴趣测试，与孩子一起分析测试结果，帮助他们理解哪些职业类型可能适合自己，并根据这些兴趣类型来探索相关的职业方向。

2. MBTI 职业性格测试。根据测试结果指导孩子了解哪些职业可能符合其性格特点。

3. SWOT 分析法。帮助孩子从个人层面上清晰地认识到自己的优势和劣势，识别未来职业生涯中可能遇到的机会和威胁，并为他们提供合理的职业建议。

反思演练

1. 在你的家庭中，父母如何帮助孩子进行职业规划和目标设定？你认为家庭教育在孩子的生涯发展中能起到怎样的作用？请结合实际案例，分享你对生涯规划指导的理解。

2. 在生涯规划过程中，家长往往有自己的意图或期望，如何避免这种“过度干涉”，让孩子在探索职业道路时能够保持自主性？请分享你对这一问题的看法，并与家人共同讨论如何合理调整教育方式。

3. 请与孩子一起探讨并制定一份“生涯规划”初步框架，包括孩子的兴趣、能力、职业方向等内容。设计一份家长和孩子共同参与的生涯规划方案，并将其落实到日常生活中。

学习回顾

本模块围绕孩子的全面发展展开，重点探讨了家庭教育如何在多个维度上促进孩子的成长与进步。家长应引导孩子树立正确的成功观念，让孩子认识到成才的多样性和个体差异，帮助孩子树立全面、健康的成长目标，避免孩子单纯追求成绩和表面成功。塑造良好的学习习惯是孩子学业成功的基础，家长应通过榜样示范和日常规范，帮助孩子养成自律、专注和积极的学习习惯，提升他们的学习效果与学习自主性。强化家庭劳动教育为孩子的全面发展提供了必要的支持。通过劳动教育，孩子能够培养

① 王琳. 家庭教育中职业生涯规划缺失的现状与改进[J]. 中小学心理健康教育，2013（19）：39–41.

责任感、团队合作精神和动手能力，这些素质对提升他们未来的独立生活能力和社会适应能力至关重要。培育积极兴趣爱好也是孩子全面发展的重要组成部分。家长应鼓励孩子多方尝试，探索和培养他们的兴趣与特长，进而提升孩子的创造力、艺术感知力和综合素质，帮助他们在兴趣中获得自信、找到人生的意义。随着科技的发展，引导孩子正确使用网络成了家庭教育的一个新课题。家长需要帮助孩子树立健康的网络使用观念，避免孩子沉迷于电子设备，培养孩子在信息社会中的独立判断能力和自我管理能力，确保他们能够正确、健康地利用网络资源。做好生涯规划指导有助于孩子树立未来的职业意识与自我发展目标。家长应与孩子共同探讨他们的兴趣与潜力，帮助他们了解职业发展的多样性，为未来的学习与职业生涯打下坚实基础。家长可以通过树立正确的成才观、塑造良好的学习习惯、强化家庭劳动教育、培育积极兴趣爱好、引导正确使用网络以及做好生涯规划指导等方式，为孩子的长远成长提供全方位的支持，帮助他们在未来的学习、工作和生活中取得成功，成为全面发展的个体。

模块四

身心健康

身心健康是孩子成长和发展的基础，而家庭教育在这一过程中扮演着至关重要的角色。拥有良好的身体素质是孩子健康成长的重要基础，家长应鼓励孩子参与体育活动、培养健康生活习惯，提升他们的免疫力，增强抗压能力。促进孩子的心理成长同样重要，家长应关注孩子的情感和心理发展，提供支持和引导，帮助他们形成良好的心理素质，增强抗挫折能力与情绪调节能力。开展家庭性教育是帮助孩子健康成长的重要内容，家长应以科学、开放的态度进行性教育，帮助孩子正确理解自我和他人，培养健康的性别观，建立良好的人际关系。防范校园欺凌也是家庭教育的重要议题，家长应教导孩子学会辨识欺凌行为，并为他们提供应对策略，确保孩子在校园中能够远离欺凌、保护自我。普及安全常识有助于孩子在日常生活中提高安全意识，掌握基本的自我保护技能，从而减少意外事故的发生，保障孩子的身心健康。

本模块旨在探讨如何通过家庭教育有效促进孩子的身体和心理健康，帮助他们健康、快乐地成长为具有良好身心素质的个体。

学习目标

素养目标

- 树立关注健康、积极向上的生活态度。
- 重视心理健康和家庭关爱，营造和谐共处的家庭氛围。
- 增强安全意识与责任意识，感悟“生命至上”的核心价值观。

知识目标

- 描述增强身体素质的基本方法与科学依据。
- 阐明心理健康发展的关键阶段与应对策略。
- 解释家庭性教育的原则和实施方法。
- 分析成长安全的主要威胁及防范措施。

能力目标

- 制定家庭锻炼计划，增强家庭成员身体素质。

- 运用心理健康教育技巧，开展家庭心理关怀活动。
- 在家庭日常生活中融入性教育内容，解答儿童的性别与成长问题。
- 设计安全教育情境演练，提高家庭成员应对意外的能力。

任务一 增强身体素质

任务描述

良好的身体素质不仅有助于提高孩子的免疫力，还能改善其心理状态，增强自信心和团队合作精神。家长应通过鼓励孩子参与体育活动的方式，培养他们的运动兴趣和习惯，帮助他们在锻炼中体验身体健康带来的快乐。同时，家长还应关注孩子的饮食习惯、作息规律和心理健康，确保他们摄入均衡的营养，保证充足的休息。通过积极的家庭支持，家长能够帮助孩子树立终身锻炼的理念，养成健康的生活方式，从而为孩子的全面发展打下坚实的基础。**阅读以下家庭教育案例，思考家庭对孩子身体素质提升的重要性。**

任务活动

1. 分析案例中家长的哪些行为有利于养成孩子健康的生活方式。
2. 讨论家长在增强孩子身体素质中发挥的作用。

案例 1：科学喂养，身体健康

案例描述

朵朵是一个 4 岁的女孩，聪明可爱。她的爸爸是一名驻外工作的外企高管，每年只能回家两个月。她的妈妈是一名财务人员。由于父母的工作繁忙，朵朵的生活一直由姥姥和大姨照顾。虽然朵朵生活在充满爱的环境中，但是长辈不科学的饮食喂养习惯，逐渐影响了她的身体健康。

一天，朵朵的爸爸从外地回来，许久未见的爸爸一回家便给她带来了一些玩具，朵朵开心极了，迫不及待地拿出爸爸带回的玩具玩了起来。晚餐时，妈妈、爸爸、姥姥和大姨坐在一起吃饭，朵朵一直在吃她最爱的鸡腿。她吃得特别快，一口气就吃了 5 个鸡腿。妈妈见状，觉得孩子吃得太多，心生担忧："朵朵，你已经吃了 5 个，不能再吃了，给姥姥和爸爸留几个好吗？"

然而，爸爸却宠爱地看着朵朵，说道："闺女胃口这么好啊，像我，喜欢吃就吃吧，今天这是散养的鸡，肉质有营养，可以多吃。”于是，朵朵在爸爸的支持下，继续吃，最终一顿晚餐吃了超过成年人一顿饭量的食物。结果，晚上朵朵开始发烧、咳嗽不止，整个晚上都无法安睡。

还有一次，朵朵从幼儿园放学回家，姥姥已经为朵朵做了她最喜欢的饭菜，朵朵兴奋地跑到桌前，拿起筷子准备大快朵颐。然而，妈妈却提醒道：“朵朵，今天你在幼儿园已经吃得饱饱的，回家少吃点吧。”朵朵不高兴了，噘着嘴巴看着妈妈，眼泪快要掉下来。姥姥看着眼前的情景，心生不忍，小声嘀咕：“小孩子能吃是福，吃点没关系。”于是，在妈妈不注意时，姥姥偷偷塞给朵朵一些巧克力。

后来，朵朵因为积食再次发烧，医生诊断她体内有过多的食物未消化，提示妈妈注意她的饮食习惯。妈妈感到十分担忧，同时也感到无奈，因为姥姥总是认为孩子能吃是福，不愿限制她的食欲。这段时间，幼儿园组织了体检，并将体检结果通过电话和书面通知给家长。老师向妈妈反映，朵朵因为饮食问题经常上火、积食、便秘，且是班里出勤率最低的孩子。体检结果显示，朵朵的体重偏重，已经有肥胖的趋势。看到这种情况，妈妈知道，如果不加以干预，朵朵的健康状况可能会越来越糟，于是决定必须进行干预了。

晚饭时，妈妈回到家，看到朵朵和姥姥、大姨正围坐在餐桌前，朵朵一手拿着鸡腿、一手拿着玉米，吃得津津有味。妈妈皱了皱眉头，姥姥看到妈妈的表情，略显尴尬，想着自己之前承诺过要适量控制朵朵的饮食，但始终未能做到。姥姥担心妈妈会生气，心里也有些愧疚。

妈妈没有批评，而是转身进了房间，换好衣服后，她拿出一个别致的小灯笼，对朵朵说：“朵朵，吃饱了就和妈妈一起去散步，提着灯笼去吧？”朵朵看见那个小灯笼，眼睛立刻亮了起来，毫不犹豫地放下手里的鸡腿，兴奋地说：“妈妈，我已经饱了，咱们现在就去吧！”于是，母女俩开心地出门了。

散步回来后，朵朵和妈妈还一起买了姥姥最喜欢的香梨，回到家时，朵朵主动去洗香梨拿给姥姥。趁着朵朵给姥姥洗香梨的空隙，姥姥悄悄对妈妈说：“对不起，之前我没控制朵朵的食量。”妈妈微笑着握住姥姥的手，表示理解：“没关系，大家都在为她好。以后我们一起注意她的饮食，帮助她更健康地成长。”

案例解读

在孩子成长初期，父母和长辈的饮食观念、喂养方式直接影响孩子的身体健康。通过科学合理的饮食管理，家长可以帮助孩子增强体质，预防肥胖，从而促进身心健康发展。

一、树立科学的饮食观念

朵朵的爸爸和看护者姥姥的饮食观念深受传统的影响，在饮食上过度宠溺孩子，认为胃口好、吃得多是健康的表现。这种“好吃是福”的思维方式，导致家长对孩子食量的控制缺乏理性判断，忽视了孩子身体的实际需求和合理需求。这种不科学的饮食观念在家庭中得以延续，尤其是姥姥的支持，进一步加剧了这一问题。妈妈虽然意识到朵朵过度进食带来的健康隐患，但面对姥姥时却显得无奈，难以有效干预。这种饮食观念的冲突，反映了家庭教育中缺乏统一的健康饮食观念。科学的饮食教育需要家长和长辈在尊重传统的同时，摒弃过时的观念，树立正确、理性的饮食态度，确保家庭成员之间就饮食问题达成一致，才能促进孩子身体素质的增强。

二、开展科学喂养和家庭食育

科学的喂养要遵循适宜性、均衡性和规律性原则。适宜性指根据孩子的生长发育需要来调整饮食内容和食量；均衡性则要求孩子的饮食包含各类营养素，确保身体健康发育；规律性则强调定时定量，避免暴饮暴食。朵朵的家长正是因为缺乏对饮食规律和适量的重视，导致孩子过量摄入脂肪、蛋白质和糖分，影响了身体健康。

家庭食育，即通过科学的教育手段，引导孩子养成健康的饮食习惯，是家庭教育的重要组成部分。做好家庭食育，不仅是控制孩子的食量，更是帮助孩子树立正确的饮食观念，养成健康的饮食习惯。在朵朵的案例中，家长需要以身作则，通过合理规划孩子的饮食结构来培养她健康的饮食习惯。例如，避免无节制地满足孩子对不健康食物的需求，鼓励孩子在保证营养的前提下，多食用蔬菜、水果和低脂肪食物。此外，父母还可以通过与孩子共同参与食物准备和选择，让她从小就了解食物的营养成分和食物对身体健康的作用。

三、加强家庭沟通协作

为了保证家庭食育的实施效果，家庭成员之间需要积极沟通与协作，保持一致的喂养行为。朵朵生活在隔代家庭，妈妈虽然意识到孩子的饮食问题，但因与姥姥的意见不合而难以实施有效的干预。为促进幼儿身心健康发展，成人应该为幼儿提供合理均衡的营养，并建议为幼儿提供谷物、蔬菜、水果、肉、奶、蛋、豆制品等多样化的食物，均衡搭配。此时，妈妈应主动与姥姥沟通，共同制定和执行一份科学的饮食计划，既保证身体发育所需的营养，又能让孩子有所克制，避免过量进食，从而培养良好的饮食习惯。

理论链接

食育是可以让人们习得与食物有关的知识，掌握如何选择食物的能力以及形成良好饮食习惯的饮食计划和饮食教育的总称。国家卫健委在有关文件中则指出，食育是以食物为载体对学生进行的全方位教育，它不仅包括食物生产、食物营养、食物加工与烹饪、食物安全、膳食搭配、健康饮食习惯培养等知识与技能教育，也包括节约爱惜粮食意识培养、饮食文化教育、农耕文化教育、识农认农，乃至科学素养培养、生命价值认知、环境保护与可持续发展意识培养等内容。指导食育课程建构和发展的五大理念包括：一是食中蕴育，即幼儿的饮食活动要蕴含知识、技艺和心智教育的契机；二是幼儿为本，即幼儿的膳食及相应的教育应以幼儿身心健康发展为宗旨；三是良食为基，即在为幼儿科学配餐时将绿色环保、有机的食物作为第一选择；四是耕读一体，即透过耕种、饲养、食物制作等手段让幼儿了解食物从田园到餐桌的整个过程，在做中学，在做中求真知；五是人与自然和谐共生，顺应、敬畏和爱护自然，循自然之道，将环保、有机、绿色始终贯穿其中。①家长可借鉴食育课程的建构理念对孩子进行全方位的教育。

技术策略

家长在孩子的饮食上需要采取科学、合理的喂养方式，注重均衡营养、食物多样性以及正确的饮食习惯；注意提供均衡的饮食结构；定时定量，控制食量；培养健康饮食习惯；鼓励适度餐后活动，控制零食摄入；提供充足的水分，保证足够的休息；避免情绪化饮食。

案例 2：运动中的蜕变

案例描述

龙龙从小由爷爷奶奶带大，由于爷爷奶奶年纪较大，担心孩子摔倒或受伤，几乎不带他参加户外活动。每次龙龙要求出去玩，爷爷奶奶总是觉得“天气太热”或者“路太远”，结果龙龙大部分时间都待在家里，主要活动就是看电视和玩电子产品。父母因为工作繁忙，未能及时介入，导致龙龙对运动一直兴致缺缺。

读小学后，龙龙成绩一直很稳定，尤其是语文和数学，总是班里最优秀的学生之一。然而，在体育课上，其他同学飞奔如风，而龙龙却总是拖拖拉拉，甚至有些任务完全不及格，体育成绩时常令人担忧。更让父母头疼的是，虽然龙龙每次看到自己的体育成绩单，都会表示想改进，但他总是缺乏付出持续努力的动力。

看到龙龙缺乏足够的体育锻炼，甚至有变成“小胖墩儿”的趋势，父母决定从日常生活入手，培养孩子对运动的兴趣。

“儿子，周末我们一起去踢球吧？”周五的晚上，爸爸向龙龙提议。

“我还得写作业呢，我不太想去……”龙龙犹豫道。

觉察到儿子的抗拒，爸爸接着鼓励说：“作业可以回来再写，你为什么不太想去呢？”

“其实，”龙龙有些害羞地低下头，“我怕我踢不好。”

“没事儿，爸爸陪你一起去踢。”爸爸笑了笑，摸了摸龙龙的头，“足球可以练习，

① 王明晖. 幼儿园食育课程的建构与评价[J]. 学前教育研究，2024（10）：83-86.

没关系，不一定每次都踢得很好，重要的是你在练习，慢慢就会进步。”

于是，第二天早上，全家一起去了体育馆。起初，龙龙在球场上踢得有些笨拙，每次踢球都跑得很慢，甚至有几次差点摔倒。看到这些，爸爸并没有批评他，反而耐心地鼓励：“没关系，慢慢来，重要的是参与踢球的过程，不要太在意踢得好不好。”后来，不擅长运动的妈妈也加入了进来，虽然踢得毫无章法，但一家人在球场上玩得其乐融融。

接下来的日子，爸爸妈妈开始精心设计日常生活中的“运动小计划”。他们通过改变一些习惯，逐步增加龙龙的运动量。

“天暖和了，今天我们不坐车，走路去学校怎么样？”妈妈提议道。

龙龙有些犹豫，“会不会很累？”

“不会的，每天走一走，对身体很好，而且你会感觉不一样的。”妈妈笑着说。

于是，接下来的几天，龙龙和妈妈一起走路上学。虽然一开始他觉得有些累，但慢慢地，他开始喜欢上了这种出行方式。他发现，走路不仅能锻炼身体，还能和妈妈聊聊天，听听身边的鸟鸣声，感受清晨的阳光。而且，走到学校后，他的精神状态比以前更加清爽，整天充满活力。

随着运动的坚持，龙龙的身体逐渐发生了变化。在学校的体育课上，他的表现开始有所进步，跑步和跳绳的成绩都有了明显的提升。每次看到自己的进步，龙龙的自信心也在不断增长。父母也非常高兴，他们知道，通过科学合理的运动，孩子不仅在身体上得到了锻炼，也逐渐培养了良好的运动习惯。

“爸爸，我今天上体育课学会了怎么踢足球！”有一天，放学回家的路上，龙龙开心地向爸爸报告。

“真棒！那我们下次再去练习，争取把球踢得更远！”爸爸笑着回应。看到儿子对踢球兴趣渐浓，他提议：“你要不要试试加入你们班级足球队，和同学们一起踢球呀？”

在家人的支持下，龙龙向体育老师申请加入了班级的足球队，每周都有固定的集训时间。爸爸妈妈一有空也会陪着他在球场上挥洒汗水。在集体活动中，他不仅锻炼了身体，更学会了与同学们合作，体会到团队合作的力量，还收获了宝贵的友谊。

从此，他爱上了体育。

案例解读

家庭教育在孩子身体素质的提升中发挥了重要作用。父母通过耐心的陪伴、适当的引导和鼓励，可以帮助孩子逐步培养运动兴趣，增强体质，提升自信心，并通过团队合作和社交经验的积累，促进孩子的全面发展。

一、家庭教育影响孩子的运动兴趣

龙龙从小生活在一个过度保护的环境中。爷爷奶奶出于爱与安全考虑而进行的担心和限制，虽然出发点是好的，但长时间缺乏户外活动使得龙龙的体能发展受到影响。

此时，家庭教育的不足体现在未能及时发现和纠正孩子缺乏运动兴趣的问题。家庭教育中的一个重要任务，就是为孩子创造多元的运动机会，而不是仅仅依赖学校体育课或单一的课外活动。然而，父母通过积极地介入，逐步改变了这一局面。他们没有急于强迫孩子进行运动，而是通过鼓励和陪伴的方式，帮助龙龙逐渐打破运动的心理障碍。例如，爸爸提议带龙龙踢足球时，他并没有因为龙龙的抗拒而放弃，而是通过安抚和鼓励，使孩子逐渐放下对运动的恐惧，增强了运动的信心。

二、培养孩子的运动习惯

家庭教育可以通过逐步培养孩子的运动兴趣和习惯，帮助孩子认识到运动的乐趣与益处。父母可以从日常生活入手，为孩子逐步建立运动习惯。龙龙的父母没有一开始就要求孩子进行高强度的运动，而是采取了循序渐进的方法。例如，通过步行上下学来增加日常的运动量，一方面使龙龙的体力得到了锻炼，另一方面也增加了亲子之间的互动时间，增进了家庭的情感联系。这种低强度、持续性的运动，不仅增强了孩子的体力，还改善了孩子的心理状态。通过一段时间的坚持，龙龙逐渐感受到运动带来的身心变化，增强了运动的兴趣和自信心。

三、家长是孩子的陪伴者和引导者

父母在塑造孩子运动习惯的过程中扮演了重要角色。龙龙的父母首先扮演了孩子运动的陪伴者。爸爸和妈妈与龙龙一起踢足球，不仅提升了亲子互动的质量，也让龙龙在非正式的环境中体验到运动的乐趣。随着龙龙对运动的兴趣逐渐增加，父母引导孩子参加集体活动。例如，爸爸鼓励龙龙加入学校足球队，并与他一起制定训练计划，这不仅使龙龙有了更明确的目标，也为他提供了一个系统化、长期性的锻炼机会。父母的引导作用逐渐从陪伴向深度支持转变，这种转变为龙龙的持续进步提供了源源不断的动力。

四、通过运动促进团队合作和社交发展

在加入足球队后，龙龙不仅锻炼了身体，还学会了团队合作，增强了与同学们的社交能力。在集体活动中，他体会到了团队合作的重要性，并通过与他人的互动，增强了自己的人际沟通能力和合作意识。这一过程中社交技能的发展，对于龙龙的全面成长具有重要意义。团队运动让孩子感受到自己的努力与集体的力量相结合，进而培养了孩子的责任感、合作精神和集体荣誉感。这种运动中的社交体验不仅仅是身体素质的提升，也有助于龙龙情感和心理素质的发展，帮助他形成健康积极的心态和正确的人际交往方式。

理论链接

研究发现，兴趣教育和应试教育对孩子的体育参与都具有显著的正向促进作用，但兴趣的驱动力强于应试教育的要求。应试教育不能直接提升子女的体育参与程度，但可以通过增强亲子关系实现。在体育家庭教养过程中父亲的角色更为重要。家庭体育教育外包能否发挥积极作用，取决于子女的体育兴趣及紧密的亲子关系。亲子关系可以有效弥合弱势家庭环境对子女体育参与程度的不利影响。父母在家庭教育中的首要责任是在激发和引导子女自我发展的过程中给予陪伴。①

技术策略

培养孩子的运动兴趣是一个长期的过程，需要父母付出耐心和陪伴。通过亲子互动以及提供合适的运动机会，父母可以帮助孩子克服运动中的心理障碍，并逐步培养孩子的运动习惯。父母还可以改变日常生活中的小习惯，增加孩子的运动量，如步行上下学、开展家庭运动等。融入生活的、轻松愉快的运动方式比只依赖体育课或课外班更加有效。

反思演练

1. 在你的家庭中，孩子的体育锻炼和身体素质提升是否得到了足够的重视？请结合你的家庭情况，分析你采取的锻炼方式以及这些方式对孩子身体健康产生的影响。

2. 随着电子设备和网络游戏的普及，孩子们的运动时间是否有所减少？你认为家庭应该如何平衡孩子的娱乐活动和体育锻炼，以增强他们身体素质？请结合你的观点提出具体措施。

3. 假设你的孩子平时很少进行体育活动，你如何在家庭中激励和引导孩子增强身体素质？请设计一个适合孩子的体育锻炼计划，并邀请孩子与家人共同讨论如何在日常生活中落实这个计划。

---

① 王富百慧. 陪伴是跨越焦虑的教育：一项来自家庭体育教养方式的研究证据[J]. 中国体育科技，2023，59（10）：49-54+69.

任务二　促进心理发展

任务描述

在家庭教育中，促进孩子的心理发展至关重要，它不仅关乎孩子的情感健康，还对其社交能力、学习表现和整体幸福感产生深远影响。健康的心理发展能够帮助孩子更好地应对生活中的压力和挑战，建立积极的人际关系，并形成坚韧的心理素质。家长应通过倾听和理解孩子的情感需求，鼓励他们表达情感与想法，培养他们的情商和自我调节能力。此外，家长还应为孩子提供安全感和支持，帮助他们建立自信，学会正确处理失败和挫折。通过促进孩子的心理成长，家长能够为孩子提供一个充满关爱和理解的成长环境，帮助他们在情感、认知和行为等方面实现良好的发展。**阅读以下家庭教育案例，思考家庭在促进孩子心理健康发展中的作用和方法。**

任务活动

1. 分析案例中家长在维护孩子心理健康方面提供了哪些支持。
2. 讨论家庭怎样发挥促进孩子心理成长的作用。

案例1：芮宁勇敢大声说

案例描述

芮宁刚满3岁，刚进入幼儿园的第一个月，父母和老师都感受到了他成长的喜悦。他学会了独立穿脱衣服、叠衣物，甚至能在排队打饭时表现得秩序井然。然而，随着时间的推移，芮宁也开始暴露出一些属于这个年龄阶段的典型心理问题——羞怯。

有一天，芮宁的老师组织了一次班级活动，邀请每个小朋友上台播报天气。轮到芮宁时，他站在讲台前，低下头，声音几乎小到听不见。尽管他知道自己能说清楚天气情况，但面对全班同学的注视，他双手紧紧抓住讲台，显得极为不安。

回家后，妈妈温柔地问他："今天你在台上播报天气时，为什么声音这么小呀？"芮宁低着头回答："我怕别人看我，所以我不敢说话。"妈妈听后心疼地摸了摸他的头，心中暗暗下定决心，一定要帮助芮宁克服羞怯。

妈妈开始回顾芮宁的成长历程，发现除了父母和家里长辈，他很少和其他小朋友一起玩耍。因此，他在与人交往方面的经验略显不足。如今，进入幼儿园后，面对陌生的环境和同伴，芮宁的内心产生了强烈的抵触和焦虑情绪。老师的要求、同伴的期待，以及新的社交场合，这一切都让芮宁感到不知所措，羞怯情绪便自然产生了。

妈妈知道，羞怯并非一种不良情绪，而是孩子对新环境的自然反应，不能急于纠正。于是，她决定通过与芮宁共同阅读一本书来帮助他理解并接纳自己的情绪。书名是《帕蒂勇敢大声说》，故事的主角是一辆红色的小巴士帕蒂。帕蒂非常羞怯，害怕在人前说话，声音总是小得像蚊子一样。随着故事的发展，帕蒂逐渐克服了羞怯，勇敢地大声说出了自己的想法。

妈妈和芮宁一起读着书中的故事，帮助他理解羞怯的感觉。她温柔地问："芮宁，帕蒂在害羞时是什么样的呢？"芮宁想了想，小声说："她说话很轻，好像没人能听到。"妈妈笑着点头，接着问："那你害羞时会有什么感觉？"芮宁低着头回答："我也不敢说话，感觉像藏起来一样。"

妈妈耐心地解释："羞怯是每个小朋友都会有的感觉，像帕蒂一样，勇敢地面对它，你才能变得越来越强大。"

理解了羞怯的情绪后，妈妈开始着手帮助芮宁练习如何应对羞怯，并给予他更多的支持和鼓励。妈妈有意识地创造一些场景，让芮宁在一个熟悉、安全的环境中进行训练。例如，妈妈会邀请一些小朋友到家里来玩耍，鼓励芮宁和他们一起玩。尽管芮宁一开始有些拘谨，但妈妈并没有强迫他，而是耐心地陪伴在旁边，鼓励他说："你是最棒的，你能和小朋友们一起玩得很开心！"

当芮宁面对一些突如其来的场合时，比如幼儿园的集体活动，妈妈会提前和他做一些简单的预备训练。妈妈也会模拟一些情景，比如和芮宁一起玩角色扮演游戏，让他练习在人前说话、表达自己的想法，并逐渐提高自信心。

有一次，幼儿园组织了一场小型的舞蹈表演，芮宁被邀请参与其中。妈妈提前带着他练习舞蹈动作，并在家里为他播放音乐，让芮宁感到熟悉和放松。当活动当天来临时，妈妈在后台默默地鼓励芮宁："记住，宝宝，你已经准备好了，不管你跳得好不好，妈妈都会为你加油！"

渐渐地，芮宁变得越来越自信。在一次课堂活动中，当老师再次邀请小朋友上台时，芮宁走上讲台，尽管他仍然有些紧张，但声音已经不像之前那样微弱。他大声地说出了自己的回答，虽然有些磕绊，但已经不像之前那样害怕。

芮宁的变化并不是一蹴而就的，而是通过一次次的练习、一次次的鼓励和一次次安全感的建立，才逐渐克服了羞怯，变得更加勇敢。

妈妈感到欣慰，她深知，羞怯并非不可逾越的障碍，而是孩子成长过程中必经的情感历程。她的爱和耐心，成了芮宁战胜羞怯的力量。

［案例改编自：国家开放大学首届新时代家庭教育优秀案例征集活动三等奖作品（黑龙江开放大学　郑明玲）］

视频讲解

案例解读

面对孩子的羞怯情绪，父母首先要做的是理解和接纳，而不是急于纠正。通过耐心的陪伴、鼓励和适当的训练，孩子可以逐步建立自信，克服心理障碍。作为家长，我们的角色是为孩子提供一个安全、温暖的情感环境，帮助他们在挑战中成长，让他们在面对困难时，能有勇气去尝试和突破。

一、家庭环境对孩子心理发展的影响

家庭环境是影响儿童情绪发展的重要因素。芮宁的家庭环境提供了温暖、支持和安全感，这对于帮助他克服羞怯情绪至关重要。案例中的妈妈展现了非常成熟的教育智慧，她并没有将羞怯视为需要立即纠正的问题，而是把它看作孩子成长过程中可能遇到的情绪挑战，进而采取了理解和支持的态度。

家庭的安全感为孩子提供了一个重要的情感庇护所。孩子在家中感受到父母的爱与支持时，会逐渐形成更强的内心安全感，这对于孩子的情绪调节和心理健康发展至关重要。妈妈通过阅读故事书《帕蒂勇敢大声说》，帮助芮宁认识和接纳自己的羞怯情绪，同时通过讲解、互动和反思，帮助孩子将情感体验转化为认知理解。父母通过不断的理解与支持，为孩子提供一个宽松、包容的环境，从而帮助孩子逐步获得自我认同与心理调适能力。

二、情绪识别与情绪调节的培养

情绪识别与情绪调节是心理健康的核心能力之一。通过帮助孩子识别和理解自己情绪的来源，父母不仅可以增强孩子的自我意识，还可以帮助他们学会如何面对和管理负面情绪。芮宁的妈妈通过与他一起读书，并就羞怯的感受进行提问，帮助芮宁识别和命名自己的情绪。这是情绪调节能力培养的第一步。芮宁通过与妈妈的互动，逐渐理解羞怯是一种普遍的情感体验，而不是负面的、不应存在的情绪。妈妈并没有用强烈的负面反馈来压制芮宁的羞怯，而是通过接纳和鼓励，帮助他将羞怯转化为挑战和成长的契机。这种“情绪接纳型”教育方式能够有效帮助孩子建立情绪调节的基本能力，减少孩子对羞怯情绪的压抑和逃避。

三、通过模拟练习和情境预演促进社交技能

模拟练习和情境预演能够让孩子在真实情境中感到更加自信和有准备。通过这种方法，孩子能够在熟悉的环境中建立社交场合的应对策略，从而在面对不确定的社交情境时，减少焦虑并增强自信心。在芮宁面对实际社交情境（如幼儿园活动）时，妈妈采取了预先准备和情境模拟的策略。妈妈为芮宁安排的家庭活动和角色扮演，不仅帮助他熟悉了社交情境，还通过亲密的互动降低了孩子对社交场合的恐惧。例如，妈妈在家里通过模拟小朋友的到来，鼓励芮宁参与集体活动，让他在安全的家庭环境中

进行练习，逐步提升他的社交技巧和表达能力。

四、鼓励与正向反馈在儿童自信心建立中的作用

在整个过程中，妈妈通过鼓励和正向反馈，帮助芮宁逐步克服羞怯。例如，在芮宁参与舞蹈表演时，妈妈提前为他挑选合适的服装、陪他练习舞蹈动作，并且在活动当天给予积极的鼓励。这种鼓励不仅增强了芮宁的自信心，还让他把在活动中的表现与积极的情绪联系起来。妈妈的鼓励让芮宁逐渐建立起“我可以做到”的自信心，使其在面对陌生情境时更有底气。正向反馈有助于儿童建立自我效能感，让他们在面对挑战时更加坚定和勇敢。

五、家庭教育与个性发展

家庭教育不仅关乎学业成绩和行为规范，更关乎孩子个性和情感的培养。在芮宁的成长过程中，妈妈采取了理解、接纳和温和的引导。这种教育方式尊重孩子的个性差异，并鼓励孩子在情感上逐渐成长。这对于孩子个性的形成和社会适应能力的培养非常重要。芮宁目前正处于“主动对内疚”的阶段，此阶段的儿童在尝试社会角色时会体验到不同的情绪反应，尤其是羞怯与自信情绪的交替变化。妈妈通过不断提供情感支持和适当的情境训练，帮助芮宁逐步克服羞怯，增强了他处理复杂社交情境的能力，促进了孩子的社会化过程。

理论链接

埃里克森把人的发展分为八个阶段，每一阶段都有其发展任务，面对每一项任务都可能会产生冲突，且伴有两种可能的结果。如果冲突得以解决，一种积极的品质就会在个性内植根，更进一步的发展就会开始。如果冲突持续下去，或者没有得到完满的解决，自我就会受到损害。孩子在1—3岁，主要需要解决的是自主与羞愧的冲突，即获得自主感，克服羞怯和疑虑，体验意志的实现。[①]儿童开始学习如何坚持或放弃，即开始有意志地决定做什么或不做什么。如果父母允许并鼓励儿童做力所能及的事情，他们会逐渐体会到自己的能力，养成自主发展的人格；反之，如果父母过于溺爱保护儿童或者是过分批评指责，对他们的独立行动横加干涉，孩子就会对自己的能力表示怀疑，从而发展成羞怯与怀疑的人格。

技术策略

家长需要创造一个温暖、安全、无压力的家庭环境，帮助孩子获得更多的情绪稳定感。家长可以用温和、支持的语言回应孩子的情感，避免对孩子的羞怯情绪进行批评或忽视。在孩子面对陌生环境或不确定的情境时，家长可以通过陪伴来提供安全感。

---

① 雷雳. 发展心理学：数字教材版：第4版[M]. 北京：中国人民大学出版社，2021.

家长可以提前为孩子模拟即将到来的社交活动（如上台表演、发言等），帮助孩子熟悉场景并进行演练。如果孩子害怕某一情境，家长可以将其分解为小步骤，每次先让孩子从最简单的任务开始，逐步增加难度。例如，最开始可以让孩子在家里向爸爸妈妈展示，接着让孩子在亲朋好友面前展示，最后在集体活动中展示。

对于羞怯情绪较为明显的孩子，家长不应强迫孩子立刻改变。在孩子情绪不稳定或害怕时，家长可以给孩子更多的选择空间，而不是强制要求他们参与某些活动。可以通过长期的温和引导，帮助孩子在自己舒适的节奏下逐步适应新的环境和挑战。

案例 2：用“爱的语言”教育孩子

案例描述

慧慧已经 4 岁了，是一个活泼可爱的女孩。她每天放学回家，总是脱下鞋子随意扔在门口，脱下的袜子和衣服也常常扔在地上，玩完的玩具更是从不收拾好，乱七八糟地散落在房间里。每当这个时候，慧慧的妈妈总会忍不住责备她：“你怎么又不收拾东西？房间这么乱，怎么能住得下去呢？”慧慧总是低着头，答应妈妈会改正，但过了几天，她依然会忘记收拾。妈妈为此感到十分苦恼。她明白，孩子正处于自我管理和独立性发展的阶段，自己的方式可能不够有效。于是，她决定尝试一些新的沟通方法。

一天，她在与朋友的交谈中得知了“长颈鹿语言”的沟通技巧，这是一种温和而有效的交流方式，能够帮助家长与孩子更好地建立理解与合作。妈妈决定回家后用这种方法来和慧慧沟通。

那天，慧慧又一次把玩具扔在客厅，妈妈走到她面前，半蹲下来平静地看着她，温和地说：“慧慧，妈妈看到地上有很多的衣服、鞋子和玩具都没有放到正确的地方。这让我有些生气，因为我希望我们家能够保持干净整洁。”慧慧的眼睛闪了闪，显然有些理解了妈妈的情绪。妈妈接着说：“我希望你能够把衣服放回衣柜，把玩具放到收纳盒里，这样我们可以一起让家里更整洁。你愿意这样做吗？”慧慧听了之后，乖巧地答应道：“好的，妈妈，我可以和你一起收拾吗？”妈妈笑了笑，点了点头，说：“好啊，那我们分工吧，我来收衣服鞋子，你来收玩具。”慧慧高兴地点了点头，开始认真地收拾玩具。两人一起把家里整理得井井有条。通过这次温和的沟通，慧慧不仅愿意收拾房间，而且主动提出与妈妈一起合作。这一天的变化，让妈妈感到了一些安慰，但她知道，教育孩子需要耐心和坚持。于是，她开始继续运用这种方法，逐渐建立了与慧慧的良好沟通模式。

然而，接下来的挑战并没有结束。慧慧一直有一个问题，那就是挑食。每到吃饭时，她总是一会儿去拿个玩具，一会儿要坐在妈妈身上，青菜和肉都不愿意吃，吃到不喜欢的食物就会吐出来。每次吃饭后，餐桌上和地板上总是留下许多饭粒和菜叶。由于吃得少，慧慧的免疫力也比较差，身体素质也不好，几乎每个月都会生病。慧慧妈妈为此感到非常头疼，不知道该如何改变这种状况。

在一次和朋友交流中，妈妈又得知了“三明治谈话法”，这是一种通过肯定、指正和鼓励相结合的沟通方式，能够更有效地改变孩子的行为。妈妈决定在用餐时尝试这种方法。

有一次晚餐，慧慧又不太愿意吃青菜和肉，妈妈看着她，微笑着说："宝贝，我发现今天你吃的菜比以前多了，妈妈还看到你吃了肉，真棒！虽然你吃得不多，但已经在进步了。"慧慧听到表扬，露出了笑容。接着，妈妈摸摸慧慧的头，语气温和地说："不过，吃饭的时候，你掉了很多饭粒，饭后也没有收拾，这样可不太好。"慧慧低下了头，显然有些不好意思。妈妈继续说道："如果你能把桌面收拾干净，并且尽量不掉饭粒，那你就会越来越棒了！"

慧慧听完之后，虽然依然有些不情愿，但她开始尝试把桌面上的饭粒清理干净。几天后，慧慧逐渐变得不那么挑食了，饭后也能够自觉收拾餐桌。经过一个多月的坚持，她的饮食习惯有了明显改善。

不过，父母不是总能一直保持耐心的。一天，慧慧妈妈刚刚下班回到家，慧慧迫不及待地跑到她身边，开始兴奋地讲述幼儿园发生的有趣事情。然而，妈妈此时正感到十分劳累，实在没有太多的精力去倾听她的分享。妈妈不耐烦地打断了她的讲话："你先把包放好吧。"慧慧依言去放包，接着她依旧想与妈妈继续交流，靠在妈妈身旁。妈妈却显得有些不耐烦，说："你去玩吧，妈妈累了。"

慧慧有些失落地走开了，独自回到玩具房。吃完晚餐后不久，妈妈才意识到自己刚才的反应过于急躁，伤害了慧慧的感情。当妈妈邀请慧慧继续讲故事时，慧慧却已经不想说了，默默地走回了自己的小屋。

这时候，妈妈感到深深的懊悔，她意识到，自己的情绪管理和沟通方式影响了与孩子的关系。在孩子需要倾诉的时候，家长应该给予关注与尊重，而不是简单地打断或敷衍。妈妈决定以后在疲劳时，也要学会尊重孩子的情感需求。她告诉慧慧："妈妈现在有些累，需要休息一下。你能陪我静静坐会儿吗？等妈妈休息好了，再告诉我你今天发生了什么好玩的事情。"通过这样的调整，妈妈与慧慧的关系变得更加融洽。慧慧也变得更加愿意与妈妈分享自己的心情，家庭气氛也变得更加温馨。

价值引领

家庭教育是双向成长的艺术，需以耐心倾听守护童真，用理性沟通架起心桥，在反思和成长中共筑和谐关系。

［案例改编自：国家开放大学首届新时代家庭教育优秀案例征集活动一等奖作品（广东开放大学　麦银玉）］

视频讲解

案例解读

给予有爱的教育是一种重视孩子情感需求、关心孩子内心世界、尊重孩子个性发展的教育方式。在这个案例中，慧慧的妈妈从最初的批评和指责，到后来采用更加温和且充满理解和尊重的沟通方式，体现了“给予有爱的教育”这一核心理念的有效应用。

一、尊重孩子的情感需求

在传统的教育方式中，许多家长在面对孩子的行为问题时，往往会立即采取批评和纠正措施，而忽视了孩子的情感需求。慧慧妈妈最初就是如此，面对慧慧不收拾玩具、挑食时，常常一味批评，试图通过否定行为来纠正问题。然而，孩子的情感需要并未得到满足，批评也未能有效改变孩子的行为。

慧慧妈妈在意识到这一点后，开始尝试用更尊重孩子情感的方式进行教育。例如，当慧慧的行为出现问题时，妈妈不再指责，而是平和地描述发生的事情，并表达自己的感受：“妈妈看到地上有很多的衣服、鞋子和玩具都没有放到正确的地方，这让我有些生气。”这种方式避免了孩子的防御心理，也让慧慧能够感受到妈妈的关心和理解。

二、温和而明确的需求表达

在应用“长颈鹿语言”的过程中，慧慧妈妈不再像以前那样直接要求孩子改正，而是通过讲述自己的需求来引导孩子。“我希望你能够把衣服放回衣柜，把玩具放到收纳盒里，这样我们可以一起让家里更整洁。”这种表达方式不仅更加温和，而且明确指出了家长的需求和期待。通过这种方式，慧慧更容易理解妈妈的要求，同时保持对自身行为的自主控制。

这一方法的核心在于，家长不把自己的需求强加给孩子，而是通过温和的沟通，让孩子了解并接受这些需求。在此过程中，孩子的情感需求得到满足，责任感得到培养，也能够更积极地参与到行为改正的过程中。

三、肯定孩子的进步与鼓励

在“三明治谈话法”的应用中，慧慧妈妈不仅指出孩子的不足之处，还更加注重肯定和鼓励。慧慧不喜欢吃青菜和肉，每次吃饭时都会掉饭粒，甚至把食物吐掉。面对这些问题，慧慧妈妈先对慧慧的进步进行了肯定：“妈妈还看到你吃了肉，真棒！”然后，妈妈指出了需要改进的地方：“不过，吃饭的时候，你掉了很多饭粒，饭后也没有收拾，这样可不太好。”最后，妈妈给予鼓励和建议：“如果你能把桌面收拾干净，并且尽量不掉饭粒，那你就会越来越棒了！”

通过这种方式，慧慧妈妈不仅让孩子认识到自己的不足，还让她感受到自己的进步和妈妈给予的鼓励，这对增强孩子的自信心和自我改进的动力非常重要。肯定与鼓励的结合，能够有效避免孩子产生抵触情绪，而更加愿意改正不良习惯。

四、尊重孩子的自主性与参与感

日常生活中，慧慧妈妈逐渐引导慧慧参与到家庭事务中，让孩子感受到自己在家庭中的责任和重要性。例如，在收拾玩具时，妈妈与她分工，“我来收衣服鞋子，你来收玩具。”通过这种合作，慧慧不仅感受到自己的责任，还体验到与妈妈一起完成任务的成就感。这种方式有助于培养孩子的自我管理能力和责任感，也让孩子更加自觉地参与到家庭生活中。

同样，在吃饭时，慧慧妈妈通过“合作”和“共同清理”来让孩子参与饭后清理工作。通过这些方式，孩子逐渐培养了整理和清理的习惯，也提高了自主性和独立性。

五、情感与行为的双重关注

教育不仅仅是行为规范的培养，更是情感与心理的关怀。在某次慧慧试图分享自己在幼儿园的趣事时，妈妈虽然表现出耐心与理解，但由于自己疲惫，没能深入且有效地回应孩子的需求，导致慧慧情感上有些失落，影响了之后的亲子互动。

这一事件让慧慧妈妈深刻认识到，作为家长，要学会管理自己的情绪，以便更好地回应孩子的情感需求。在孩子需要倾诉时，家长可以通过示弱来寻求理解，告诉孩子自己目前需要休息，但愿意在休息过后继续倾听孩子的心声。例如，“妈妈现在有些累，需要休息一下。你能陪我静静坐会儿吗？等妈妈休息好了，再告诉我你今天发生了什么好玩的事情。”这种方式不仅能满足孩子的情感需求，也能让孩子感受到父母的尊重与爱。

理论链接

孙瑞雪认为，爱与自由是亲子教育中的两个重要方面。家庭教育要“让一个孩子完整地成长，就是成为一个人，有存在感，有自我感，有尊严感，有价值感，有幸福感，有美感，有正义感”，提倡“以爱的情感唤醒儿童成长的积极性；以自由的空间确立儿童的创造热情和自我意识；以规则的内化形成儿童的社会秩序和内在智慧；以平等的关系引导未来社会的和谐和文明”。[①]

技术策略

父母在和孩子沟通时，可以多采用以下方式，来让孩子感到被爱。

第一，长颈鹿语言。提倡通过平和的方式表达自己的感受和需求，并尊重他人的

① 孙瑞雪．爱和自由：二十周年全新修订版[M]. 2 版．北京：中国妇女出版社，2024.

感受，进而达到有效沟通和问题解决的目的。四个基本步骤是：① 讲事实：客观描述所发生的事情，避免评判和解释。② 说感受：表达自己对事情的真实感受。③ 诉需求：阐明自己的需求或期望，关注内心真正的需求。④ 提请求：提出具体、可行的请求，帮助对方了解如何行动。

第二，三明治谈话法。提倡将正面的反馈包裹在负面反馈的前后，从而创造一个积极、协作的交流环境。具体操作方式是：首先给出鼓励和赞扬，接着提出需要改进的地方，最后再次给予鼓励或正面的反馈。通过这种方式，可以让孩子或他人更容易接受批评，同时也能增强他们的自信和动力。

第三，倾听的三全法则。通过全神贯注、全心全意、全然接纳的倾听方式，家长能够真正走进孩子的内心世界，建立深层次的情感联系，促进亲子间的理解与信任。① 全神贯注：倾听时要全身心投入，放下手头的工作或电子设备，保持眼神交流，专注于孩子的表达。② 全心全意：在倾听的过程中，与孩子产生共情，努力理解孩子的真实感受，并引导孩子表达内心的想法和情感。③ 全然接纳：尊重并接纳孩子的所有情绪和表达，不随意打断或评判，让孩子感受到被理解、被包容和被接纳。

案例 3：学会情绪管理

案例描述

林林是一个性格内向、情绪波动较大的孩子。从他入学的那天起，他就常常因为一些小事而情绪失控。记得刚开学的那天，在新生培训的活动中，林林因桌子被挤了一下，竟站起来大声嚷嚷，边哭边指责“挤我桌子”。其他孩子和老师都很惊讶，而林林似乎并不在乎周围的目光，情绪完全失控。

随着学年不断推进，林林的情绪问题愈加严重。无论是在课堂上，还是在日常生活中，他总是因为遇到一点小小的不顺利，就开始大哭大闹。例如，课上一半时，他把尺子掰断了，会哇哇大哭；上课铃响，他自己在楼道摔了一跤，会在上课期间嗷嗷大叫着要找医务室老师；冬天上操，他的跳绳被冻断了，会在全校师生面前号啕大哭……

上了三年级，在家校的共同努力下，他能够逐渐控制自己的情绪，但随着学业压力的增大，他在学习方面出现了更加严重的偏执问题，具体表现在：做卷子时，如果他有一道题甚至一个字想不起来，就会着急哭闹，无法继续做后面的卷子，严重时还会敲桌子、踹门甚至打自己。

每次林林情绪失控时，家里的气氛也随之变得紧张。父母感到很无奈，尤其是他的妈妈，总是忍不住满足林林的各种要求，想尽办法让他平静下来。但这恰恰是问题所在，久而久之，林林并没有从这些安抚中学到如何控制情绪，反而渐渐习惯了用哭闹来寻求父母的关注和帮助。

妈妈开始意识到，自己在一味满足林林需求的同时，忽视了教育他如何处理情绪和应对挑战。长期包办式的教育方式，使得林林在面对困难时，缺乏独立应对问题的能力，也没有学会如何调节自己的情绪。一方面，没有独立解决问题的能力使得林林很容易产生畏难情绪；另一方面，“畏难情绪”往往和“对抗情绪”相伴而生。畏难情绪过大的孩子容易靠发脾气来引起别人注意、发泄不满、解决问题。坏情绪不仅不利于孩子的人际关系、学业成绩，更不利于孩子的身心发展。

意识到问题的根源后，妈妈开始学习如何帮助林林管理情绪，避免溺爱和过度干预。她和爸爸一起商量，决定逐步减少对林林的过度照顾，让他学会面对困难、学会冷静、学会自我调节。

当林林再次因为一道题不会做或遇到小挫折而情绪失控时，妈妈不再急于帮他解决问题，而是引导他冷静下来，先做深呼吸平复情绪，接着鼓励他自己想办法解决问题。如果林林觉得真的解决不了，再寻求妈妈的帮助，但妈妈的帮助会更侧重于引导，而不是直接给出答案。例如，当林林遇到作业上的困难时，妈妈会问：“你觉得这个问题难在哪里？如果我们把它分成小步骤，你觉得从哪里开始解决比较好呢？”她帮助林林分解问题，激发他自主思考，而不是直接给出答案。

同时，妈妈还开始鼓励林林表达自己的情绪。当林林感到不满或愤怒时，妈妈鼓励他用语言表达自己的感受。例如，“我知道你现在很生气，你想不想试试深呼吸，冷静一下，然后告诉我你的感受？”通过这种方式，林林逐渐学会了辨认和表达自己的情绪，情绪也不再那么容易失控。

林林的情绪逐渐改善，他开始学会自我管理情绪，不再依赖哭泣和暴躁的行为来获取关注或解决问题。每当遇到问题时，他不再像以前那样情绪化，而是慢慢学会冷静下来思考解决办法。除了情绪改善，林林在学校的表现也逐渐好转。随着林林逐渐掌握了情绪管理能力，自信心也在增强。这种自信不仅体现在学习上，也体现在他的人际交往中。以前，他总是因为一点小事情绪失控，影响了和同学的关系。现在，他学会了和同学们合作，面对挑战时也能够冷静应对，和同学们的关系也亲密起来。

案例解读

家长通过调整教育方式，给予孩子更多的独立空间，帮助孩子建立正确的情绪调节机制，从而促进孩子心理健康的发展。

一、促进情绪调节能力发展

在林林的成长过程中，家长的过度干预和溺爱式教育影响了他的情绪调节能力。虽然父母的过度安抚和直接帮助是出于对孩子的爱，但是未能有效地帮助林林培养独立面对困难的能力，反而加深了他对外部支持的依赖，使其逐渐养成了通过情绪化反应寻求关注的习惯。林林的情绪波动反映了他情绪管理能力的不足，而情绪调节恰恰是孩子心理健康发展的核心能力之一。情绪不只是内心感受的表达，它还直接影响孩子的行为、决策能力和与他人的互动方式。无法有效调节情绪的孩子，往往会表现出过度的情绪化反应，进而影响社交关系和学业表现。因此，在家庭教育中，父母需要关注并培养孩子的情绪调节能力，帮助孩子学会辨识和管理情绪，从而促进孩子心理健康发展。家长意识到问题后，开始逐步减少对林林的过度照顾，鼓励他自己面对困难，通过冷静思考和理性分析解决问题。例如，当林林遇到学习上的困难时，妈妈不再直接给出答案，而是引导他分解问题，鼓励他自己探索解决路径。这种方式不仅帮助林林培养了解决问题的能力，还让他在面对困难时采取冷静理智的态度，逐步减少了他情绪失控的次数。

二、学会情绪识别与表达

帮助孩子识别并表达情绪是提升情感智力的重要举措。情感智力（EQ）是指理解、管理和调节自己及他人情绪的能力，它对孩子的人际关系、社会适应和学业成就有着深远的影响。在部分家庭中，家长往往忽略孩子的情绪问题，或者采取强行制止的态度，这无法帮助孩子理解和处理自己的感受，反而会压抑情绪的合理表达，不利于心理健康。林林的父母经过反思意识到，孩子需要学会辨识并正确表达情绪，而不是通过哭泣或发脾气来发泄情感。妈妈通过鼓励林林说出自己的感受，帮助他逐渐学会情绪表达。例如，当林林感到不满或愤怒时，妈妈会问："我知道你现在很生气，你想不想试试深呼吸，冷静一下，然后告诉我你的感受？"这种情感的沟通不仅有助于孩子认识自己的情绪，还促进了亲子关系的建立，增强了孩子的情感智力。通过家庭教育中的情感支持和表达训练，林林逐渐学会了情绪的表达与管理，也为他的心理发展打下了坚实的基础。

三、培养自我效能感

林林的情绪困扰与其自我效能感的缺乏密切相关。自我效能感是个体对自己能力的信任，是影响孩子心理健康和行为表现的重要因素。在孩子遇到困难时，如果他相信自己能够通过努力克服困难，他的情绪会更稳定，行为也会更加成熟。然而，林林在面对问题时常常感到无助和焦虑，这种畏难情绪进一步影响了他的情绪反应。为了帮助林林建立自信和自我效能感，父母通过正向强化的方式，逐步增强林林独立解决问题的能力。每当林林在情绪失控后成功冷静下来并解决了问题，父母都会给予充分的肯定和鼓励。这种正向的反馈不仅鼓励了林林积极面对挑战，也增强了他对自己能力的信心，减少了情绪失控的情况。

理论链接

家庭环境是影响儿童情绪调节发展的重要因素。家庭环境主要包括家庭基本环境（如家庭嘈杂度、家庭社会经济地位、家庭结构）、父母情绪特征（如情绪调节、情绪症状）和家庭互动（如婚姻关系、亲子依恋、家庭情绪表达、教养方式、情绪反应方式）三个子环境。其中，家庭基本环境和父母情绪特征属于物理属性的环境，主要涉及那些相对客观、固定化的家庭因素；而家庭互动则属于社会属性的环境，涉及那些在家庭成员互动中表现或形成的因素。三个子环境相互作用，形成了动态的、发展着的家庭环境系统，从而影响儿童情绪调节的发展。①

技术策略

家长可以通过绘本、卡片或日常对话，向孩子介绍各种情绪（如高兴、愤怒、难过、失望、焦虑等），并解释这些情绪的含义和表现，帮助孩子理解不同的情绪。鼓励孩子表达自己的情绪，而不是简单制止（如“不要生气”“别哭”）。当孩子表达情绪时，父母应表现出理解和接纳，而不是否定或批评。引导孩子学会以健康的方式表达情绪，例如，使用语言、画画、写作或做运动来释放负面情绪，而不是依赖哭闹、发脾气或攻击他人。教导孩子在表达情绪时设定界限，例如，生气时可以说出来，但不可以用暴力行为解决问题。父母需要始终如一地执行家庭规则，例如，“我们可以生气，但不能打人。”

反思演练

1. 在家庭教育中，心理健康的培养和支持是否得到了足够的关注？你认为家庭在孩子的心理发展过程中扮演了什么样的角色？请分享你的个人经验和观察。

2. 你认为家庭环境中的哪些因素会影响孩子的心理健康（如父母的教育方式、家庭沟通模式等）？请结合具体案例，分析如何改善家庭环境，以促进孩子的心理健康发展。

3. 假设你的孩子遇到了学业压力或社交困扰等，你会如何在家庭中提供心理支持？请设计一套心理疏导和情感支持方案，帮助孩子建立应对这些问题的具体策略。

任务三　开展家庭性教育

任务描述

性教育不仅是传递生理知识，更是帮助孩子树立正确的性别观念、性道德观和健

① 刘航，刘秀丽，郭莹莹. 家庭环境对儿童情绪调节的影响：因素、机制与启示[J]. 东北师大学报（哲学社会科学版），2019（3）：148-155.

康人际关系的关键。通过性教育，孩子能够更好地理解自我、尊重他人，学会建立健康的亲密关系，避免受到性别偏见与不良行为的影响。家长应根据孩子的年龄和认知水平，通过开放、平等的对话方式，循序渐进地引导他们了解性别差异、身体变化和情感表达等内容。同时，家长还应通过自身言行树立正面榜样，培养孩子的自尊心和自我保护意识，帮助他们在面对相关问题时具备正确的态度和应对方式。通过开展家庭性教育，家长能够帮助孩子树立健康的性别观念，促进其身心的全面发展。**阅读以下家庭教育案例，思考家庭性教育的必要性和有效方法。**

任务活动

1. 分析案例中家长的性教育对孩子产生了怎样的影响。
2. 讨论案例中的家长是如何科学地开展家庭性教育的。

案例 1：宝宝是从哪里来的？

案例描述

茗茗今年 9 岁了。上小学后，她的逻辑思维能力明显增强。有一天，茗茗坐在客厅的地毯上，手里拿着一本关于动物家族的绘本，眼睛却时不时地望向正在一旁整理家务的妈妈。她的心中藏着一个好奇已久的问题——宝宝到底是从哪里来的？虽然之前妈妈曾说过“宝宝是妈妈生出来的”，但具体过程仍像一颗小种子，在她的心里悄悄发芽。

收拾完家务，妈妈注意到了茗茗若有所思的表情，问他：“茗茗你在想什么呀？”

“妈妈，宝宝到底是从哪里来的呢？”

听到这个问题，妈妈心里明白，这个年纪正是教孩子科学了解人类生命来源的好时机，是时候和茗茗进行一场关于生命来源的谈话了。她认为，在性教育中，应该向孩子科学地介绍精子与卵子结合、怀孕和生产的过程。为此，她特意准备了一本关于人类生殖系统的图画书，以及一些简单的动画视频，用茗茗能够理解的方式讲解。

于是妈妈邀请茗茗一起坐在沙发上，温柔地说：“茗茗，妈妈注意到你这几天好像对宝宝的来历很感兴趣。你知道吗？这是一个非常有意义的问题，也是每个人小时候都会好奇的事情。今天，妈妈想和你一起解开这个秘密。”

茗茗听后，眼睛一亮，立刻坐直身子，全神贯注地听着。

“我很高兴你会问我这个问题呢。不过，我也特别好奇，你怎么突然想到了这个问题？”妈妈明白，孩子不会凭空提问，肯定是听到了些什么或经历了什么事情才会这么问。如今的网络让小学生的校园文化变得更加复杂，很难保证孩子能够完全不受到有害环境的影响。所以妈妈要搞清楚她目前已经知道了哪些知识，然后指出哪些是不科学、不正确的，再慢慢地告诉她正确的知识是什么。

“我在学校里看到小鸡破壳啦!老师说我们人和小鸡的出生是不一样的,所以妈妈,我们人类宝宝到底从哪来的呢?”

听到这里，妈妈长舒一口气，明白了茗茗只是对生命好奇，于是妈妈首先拿起那本图画书，指着上面的插图，开始讲述:

“你看，这里是人类的身体构造。爸爸的身体里有一个叫作‘精子’的小种子，而妈妈的身体里有一个叫作‘卵子’的小种子。当爸爸和妈妈相爱并希望有一个宝宝时，这两个小种子就会在妈妈的身体里相遇，结合在一起，变成一个很小很小的细胞，叫作‘受精卵’。这个受精卵会在妈妈的肚子里慢慢长大，变成一个可爱的小宝宝。”

接着，妈妈播放了那段动画视频，视频中生动展示了精子与卵子相遇形成受精卵的过程。茗茗边看边发出惊叹声，对生命的奇妙感到不可思议。

视频结束后，妈妈继续解释:“受精卵会在妈妈身体里一个叫作子宫的地方慢慢长成小宝宝。小宝宝会在妈妈的子宫里慢慢长大，大概在9个月之后，就足够大了。等到可以出生时，宝宝便会离开妈妈的子宫。你就是这样来到这个世界上的。”

茗茗好奇地问:“那如果宝宝太大了，妈妈生不出来怎么办?”妈妈耐心地回答:“如果那样的话，医生可能会帮助妈妈，在肚子上开一个小口，把宝宝安全地取出来，这叫作剖宫产。”

为了加深理解，妈妈还用拳头模拟了宝宝头部出生的过程，茗茗听得津津有味，甚至亲自尝试模仿，逗得妈妈哈哈大笑。

最后，妈妈还提醒道:“生宝宝这件事情，得等你长大成人，有合适的条件之后才可以做。”

茗茗听后，若有所思地点点头，似乎对爱情和生命有了更深的理解。

妈妈告诉茗茗:“关于今天学到的东西，你不一定要去把这个知识告诉所有人。因为有的家庭并不愿意把这些知识教给孩子，你可以自己看情况决定要不要和朋友分享，但也要尊重那些可能还不太了解这些知识的同学。每个人都有自己的学习节奏，我们不需要强迫别人接受。当然了，如果有人因为你无私地‘传播知识’而笑话你，你不用放在心上，那是他们缺少了这些知识。而你，都知道得一清二楚啦!”

茗茗认真地点头，心中充满了对生命的敬畏和对未来的期待。

案例解读

性教育与生命教育是儿童成长过程中的一项重要内容。随着社会对性别、性健康以及生命来源认知的逐步深入，越来越多的家长意识到，给孩子提供科学、适龄的性教育是其健康成长的重要保障。家庭作为孩子的第一所学校，父母作为孩子的第一任教师，他们在性教育中的角色至关重要。当孩子因为好奇而向母亲提出关于生命起源的问题时，母亲凭借科学、坦诚且适龄的方式解答孩子的疑问，同时巧妙地结合图书、动画等多种教育资源，使孩子对生命有了初步的理解，在恰当的性教育中为孩子提供对未来的正确认知。

一、及时回应孩子的好奇心

孩子们对于生命起源的好奇心通常在特定的年龄段出现，这是因为他们的认知发展开始趋向成熟，能够进行一些简单的逻辑推理。在这种情况下，家长应当具备敏感的教育触觉，及时关注孩子的提问，并以积极的态度回应。茗茗观察到小鸡破壳而出的现象，对生命起源产生了好奇，母亲及时给予了回答。这不仅解答了孩子的疑问，也为未来的性教育奠定了基础。

二、尊重孩子的思维发展与认知水平

这个年龄段的孩子正处在逻辑思维能力和抽象思维的初步发展阶段，他们的理解力有一定的局限性。因此，在解释生命起源时，母亲不仅通过简明的语言，还借助图画书和动画等辅助工具，形象化地展示了精子与卵子的结合过程，并以易于理解的方式讲述了人类生育的基本流程。这种方式能帮助孩子更好地理解复杂的生理过程，也避免了过于抽象或过度简化的解释带来的困惑。

三、坦诚而不回避，避免“性”话题的羞耻化

在许多文化背景中，性话题常常被视为羞耻、隐私的领域，家长可能出于不适或文化影响而回避讨论。然而，科学的性教育不仅仅是生理过程的讲解，更是孩子们理解健康、关系、责任以及自我保护的重要途径。在本案例中，母亲的做法恰到好处，她没有因为孩子的提问而尴尬或羞愧，而是通过科学、平等的方式展开了话题，帮助孩子在一个开放、正面的环境中认识生命的奇妙与人类的生育过程。

四、引导孩子对性和爱的正确理解

当母亲解释了精子和卵子结合的过程后，她强调了这一行为是成年人之间的互动，涉及爱和责任。她还特别提醒茗茗，只有在长大成人并有合适的条件后，才会考虑生育孩子。这既让茗茗理解了性行为与爱情、婚姻的关系，又帮助她树立了正确的性教育价值观。

五、培养孩子的尊重意识与社会责任感

在谈话结束时，母亲强调了隐私和尊重他人选择的重要性。她明确告诉茗茗，不是每个家庭都愿意谈论这些话题，因此在与他人分享自己的知识时，要尊重他人的文化和认知习惯。这一教育引导孩子认识到社会差异，帮助孩子理解在多元文化和价值观的社会中，如何在保持自己知识的同时尊重他人的选择。

理论链接

全面性教育（comprehensive sexuality education，CSE）是以课程为依托，探讨性的认知、情感、身体和社会层面的意义的教学过程。其目的是使儿童和年轻人具备一定的知识、技能、态度和价值观，从而确保其健康、福祉和尊严。[①]适龄的全面性教育不仅涵盖了人际关系、价值观、权利、文化、媒介、社会性别、暴力与安全保障、人体发育、性行为、生殖健康等丰富的内容，还可以帮助儿童和年轻人增强自尊心并培养他们的生活技能，如批判性思维、有效沟通、负责任的决策和同理心等，同时培养对性积极美好的态度，以及尊重、包容、公平、公正、多元、无歧视的价值观。

技术策略

家长在开展性教育的时候，既要评估自己作为父母开口谈性的能力，又要评估孩子的性知识和性发育状况。

评估自己的时候，可以回想自己平时是否做到了用坦然的态度去应对孩子对性的好奇，是否回避或者斥责孩子的性困惑和性探索。反思自己的表现，提醒自己克服内心对性的恐惧和焦虑，并用自然的心态去对待。如果觉得自己无法做到自然，可以事前组织好语言，对照镜子或者其他家人进行一些练习。

评估孩子的性知识和性发展状况的时候，可以从日常生活中观察孩子的知识储备和发育状况，温和地询问孩子产生好奇的缘由，然后依据孩子的回答展开谈话。

如果孩子从来不关心这些事情，父母可以营造帮助孩子学习性知识的氛围和环境，等待合适的时机进行性教育，让孩子的性知识能够跟上他的性发展阶段。例如，在合适的时间问学龄期的孩子："你知道我们人是怎么出生的吗？"根据孩子的知识储备进行谈话。如果孩子是因为在家庭里感受到对性的禁忌而不知道怎么开口提问，父母可以通过亲子共读、观看纪录片、参观博物馆、动物园等方式，或者寻找生活里的可教时机（动物产崽、看到孕妇、二胎出生等）和孩子讨论。

知识链接

2022年11月发布的《全面性教育技术指南——国际标准在中国的潜在本土化应用（第一版）》（以下简称《技术指南》），是根据《国际性教育技术指导纲要（修订版）》改编而成，结合了国际标准以及中国政府关于儿童、青少年、青年和妇女发展的法律、政策和国家纲领，为中国的政策制定者、教师、健康领域的教育工作者、任务管理者、青年发展领域的专业人士和青年领袖提供完整、科学、本土化和标准化的方法，从而

① 郭凌风，刘文利，李雨朦，等. 全面性教育对基于性别的校园欺凌的预防作用[J]. 教育科学研究，2021（4）：72-78.

设计、实施、监测和评估高质量的全面性教育课程和项目。

在《技术指南》的每个主题下，按照不同年龄段设有若干要点，共计 228 个。要点根据儿童青少年的身心发展特征划分为 4 个学段：小学低年级（一至三年级）、小学高年级（四至六年级）、初中和高中及以上。《技术指南》的核心概念与主题见表 1。

表 1 《技术指南》核心概念与主题

核心概念	主题
人际关系	家庭、友谊、爱及恋爱关系，包容及尊重，长期承诺及养育子女
价值观、权利、文化、媒介与性	价值观与性、权利与性、文化、社会、法律与性，媒介与性
社会性别	社会性别及其规范的社会建构，社会性别平等、性别刻板印象与偏见，基于社会性别的暴力
暴力与安全保障	暴力，性同意，隐私及身体完整性，信息与通信技术的安全使用
健康与福祉技能	社会规范和同伴对性行为的影响，决策，沟通、拒绝与协商，寻求帮助与支持
人体与发育	性与生殖解剖及生理，生殖，青春期，身体意象
性与性行为	性的生命周期，性行为与性反应
性与生殖健康	怀孕，避孕，包括艾滋病病毒在内的性传播感染，艾滋病病毒和艾滋病的污名、治疗及支持

要点下的学习目标，既可以是学校课堂性教育的教学目标，也可以供父母在家庭性教育中参考和使用。《技术指南》为父母提供在家庭开展性教育的分年龄段的具体内容，化解父母心中对性教育尺度的担心和焦虑。①

案例 2：我的高中生女儿恋爱了

案例描述

新学期开学的第三天晚上十点多，我接到了老师的电话。老师告诉我，女儿在操场上被巡逻的老师发现与一名男生有亲密举动，需要写检讨。老师要求我立刻赶到学校，把女儿带回家谈话，第二天早上再送回学校。

听到这个消息，我心里有些紧张，但还是尽量让自己镇定下来。带女儿回家的路上，我一句责备的话都没说，只是平静地问了她一些简单的问题。女儿小心翼翼地观

① 刘文利. 利用本土化技术指南加强儿童青少年性教育[J]. 中国学校卫生，2024，45（11）：1521-1525.

察着我的态度，见我并没有发火，慢慢地，她敞开心扉。我们聊了很多，既聊了她和那个男生的交往情况，也聊到她所了解的其他同学在恋爱方面的探索。她告诉我，同学之间异性交往其实很活跃的，虽然学校一直在强调校规，但对于有强烈交往意愿的学生来说，禁令似乎并不起作用。

我很理解青春期孩子内心涌动的情感，也明白单纯地说教或者强行地制止是解决不了问题的。那一刻，我放下了家长的姿态，尝试像对待成年人一样尊重她，和她平等对话。女儿向我保证，她会处理好恋爱和学习的关系，希望能和对方互相鼓励、共同进步。我向她表达了信任，同时提醒她，第二天回学校可能会面对老师和同学带来的压力，要做好心理准备，言行也要符合学校规范。她点了点头。

第二天早上，我送她回学校后，和老师进行了真诚的沟通。老师表示，根据校规，这件事情是必须处理的，但他会注意方式方法。我表示理解，并感谢老师的辛苦付出，同时对老师说："青春期的恋情是一种美好的感情。我的女儿接受过正规的性教育，我相信她能为自己和对方负责。在这个过程中，我也会陪着她，做好引导。"

那天傍晚，女儿打电话给我，语气中透着几分紧张和不安。她说，有同学对她问这问那，还有一些八卦的言论。我安抚她："这是你的选择带来的后果，凡事都有代价，接纳它，同时看淡它。"第三天，我去学校看她时，发现她的情绪已经恢复如常，这让我彻底放下心来。

这次事件让我有了很多思考。我意识到，自己之所以能平静接纳、理解和支持她，并帮助她平稳度过这段经历，离不开我们之间的信任和前期的沟通。我们早就针对青春期恋爱的问题进行了深入讨论，对性教育也有充分的了解。正因如此，这件事情没有成为母女之间的危机，反而成了增进感情、促进沟通的契机。

事后，女儿开始主动和我分享她与男生的交往经历，有时向我请教，有时向我倾诉烦恼。我也会根据具体情况给她建议，或者鼓励她自己去解决问题。尤其让我欣慰的是，她在面对一些传统的、带有性别偏见的教育内容时，能够理性筛选信息。例如，当老师说"女孩子要自尊自爱"这类话时，她并没有接受其中带有耻感教育的部分，只采纳了有关未来和学习的建议。

后来，女儿的初恋并没有持续下去。她曾因为对方的约束感到不满，多次向我抱怨。最终，在新学期开学的第二天，她告诉我："妈妈，我对他说我们还是做朋友吧，我和他分手了。我一下子感觉轻松多了。"

"恭喜你呀，因为你主动掌控了自己的生活。"我回答她，"无论你的决定是什么，只要是发自内心的，我都会支持你。"

距离高考还有不到两年的时间，未来也许还会有新的男生吸引她的目光。但我并不担心，也不焦虑。通过这次经历，我们母女都得到了成长，对未知的一切也更有信心了。我知道，真正重要的不是孩子有没有恋爱，而是她如何面对恋爱。这段青春期的恋爱无关早晚，更多的是"练爱"。它或许不会走向婚姻，但它的存在是合理的，是青春的一部分。我能做的，就是接纳它、理解它，引导她在这段经历中学会为自己负责，感受爱的美好，并从中收获成长。

价值引领

用理解消融隔阂，以共情架起心桥，在平等对话中引导青少年学会爱与责任。

案例解读

母亲以冷静、理解、尊重的态度面对女儿青春期的恋爱问题，展示了一种积极有效的家庭性教育方式。

一、早期性教育的基础建设

母亲提到：“我的女儿接受过正规的性教育”，这为女儿在面对恋爱问题时提供了基础。性教育不仅是关于生理知识的学习，更重要的是它能帮助孩子理解身体、情感、亲密关系和责任感。

性教育需要从孩子较小的时候就开始，逐步引导孩子认识到身体的变化，尊重自己和他人的界限，并理解情感与性行为之间的关系。母亲和孩子在这方面有良好的准备，她们参加过性教育学习活动或者在日常生活中就性观念达成了一致，这使得母亲能够在面对女儿的初恋时有底气以一种理性而非情绪化的方式与女儿对话。这个母亲持有科学和包容的性教育态度，没有羞于回避或压制关于性和恋爱的话题，而是将其作为一种正常的、值得尊重的情感经历来看待。她对女儿的恋爱态度显然是开放的，强调“为自己和对方负责”，而不是过度地进行道德评判或施加社会压力。

二、平等对话建立信任的沟通

性教育的有效性不仅仅在于知识的传授，更多的在于家庭成员之间的沟通和互动。母亲在这次事件中的行为展示了如何在家庭性教育中建立尊重和平等的对话方式。一是以尊重为前提的对话。当母亲得知女儿的行为后，她并没有立刻批评或惩罚，而是保持冷静，尊重孩子的感受和想法。在接女儿回家的路上，母亲没有表现出过度的情绪波动，使得女儿感到可以安全地分享自己的心情和困惑。平等对话让女儿在没有压力的情况下，能够主动开放心扉，与母亲讨论自己的情感经历。二是非指责性沟通。母亲并没有在女儿的恋爱问题上做出过激反应，而是提出了开放性问题，引导女儿反思自己的行为和情感。她的目的是帮助女儿了解自己的选择以及相应的后果，而不是急于用规训或责备来压制女儿的情感。

三、理解青春期的心理与情感需求

青春期是一个充满情感波动的阶段，孩子开始探索自己和他人的情感界限。母亲能够理解这一点，并且尊重女儿在这一过程中产生的情感需求，展现了理解和包容。

首先，母亲了解青春期的恋爱心理。她不仅理解青春期孩子内心的涌动情愫，还意识到在这一阶段，恋爱行为对许多孩子而言是一种情感探索。虽然学校有严格的校规，但这些规矩往往无法阻挡强烈的情感冲动。母亲没有单纯通过批评和制止来应对，而是理性地去接受孩子的情感探索，并与孩子共同商讨如何处理这段关系中的情感与责任。其次，母亲引导孩子学会处理恋爱与学习的关系。在与女儿的对话中，母亲引导女儿思考如何平衡恋爱和学业。母亲强调恋爱是个人的选择，但同时也要明白恋爱带来的责任和影响，特别是在学业压力较大的阶段。这种引导帮助女儿在恋爱的过程中保持理智，确保情感的健康发展，同时不忽视自己的学业。

四、性别平等与批判性思维的培养

母亲在女儿面对老师传统性别教育时，展现了现代性教育中性别平等的理念。在这方面，母亲的处理方式值得借鉴。在传统教育中，尤其是对女生的性教育往往伴随着羞耻感和道德评判。例如，老师可能会对女生提出“自尊自爱”的建议，但类似的话语很少用在男生身上。母亲在此过程中注意到这一点，并帮助女儿培养批判性思维，让她能识别且不接受这些性别偏见。她支持女儿专注于学习和未来的职业，而不是被性别刻板印象束缚。母亲并没有对女儿的恋爱行为产生负面反应，而是尊重她的情感选择，并帮助她以健康的心态去面对恋爱中的挑战和责任。这种性别平等的教育方式能够避免性别不平等的文化对孩子自尊和自信的潜在伤害。

在家庭性教育中，最重要的是与孩子建立信任关系，尊重孩子的情感需求，给予孩子健康、科学的引导。父母在面对孩子的恋爱行为时，不应急于否定或压制，而是要以平等的态度、尊重的方式，与孩子共同探讨恋爱中的责任与挑战。通过科学的性教育、性别平等的观念，以及支持性的家庭沟通，孩子能够在情感上成熟、理性地面对自己的选择，而父母则能帮助孩子在青春期的情感探索中保持平衡，走向成熟。这不仅是性教育的成功，更是家庭教育中亲子关系的升华。

理论链接

我国性教育专家方刚提出了“赋权型性教育”。赋权型性教育的目的是通过增强孩子的能力，使他们自己能够做出对自己有益的判断和选择。通过教育，使受教育者具有做出对自己和他人负责任的行为所需要的技能，并且行使这一技能。

在道德观上，赋权型性教育不主张有绝对的道德标准，尊重个人道德选择的自由。但是，这种选择应该建立在不侵犯他人人权的基础上，包括具有社会性别平等意识。人权高于道德。

关于禁欲，赋权型性教育鼓励受教育者在对于性有充分了解的情况下，做出对自己和他人负责任的选择，无论这种选择是性禁锢还是性活跃。

关于性教育内容，赋权型性教育的理念是，我们应该提供尽可能全面的信息给受教育者，他们有获得与自身有关的信息的权利，只有在拥有充分资讯的情况下，受教育者才能够得到充分的赋权。

关于性教育方法，以高校性教育而言，赋权型性教育主张采取让受教育者积极参与的教学方法，促进他们思考，赋权给他们。特别是对于存在价值观冲突的问题，赋权型性教育主张将不同观点均呈现给受教育者，鼓励他们彼此之间进行辩论，在辩论中做出自己的选择。①

技术策略

家庭性教育的核心在于理解、接纳和引导。性教育不仅仅是传授知识，而是通过理解孩子的成长需求、情感需求和心理变化，来帮助孩子形成健康的性观念、情感态度和人际关系。父母可以在生活中，利用文学艺术、影视作品、社会事件等，围绕“性”与孩子开展平等开放的讨论。

反思演练

1. 在你的家庭中，是否对性教育的内容和方式进行过系统的讨论？你认为家庭性教育的核心目标是什么？请分享你的想法，并反思自己在日常生活中是否采取了有效的性教育方法。

2. 在一些家庭中，性教育可能被视为“禁忌”话题，父母会回避或不敢主动讲解。你认为这种回避可能对孩子的性别认知和情感发展产生哪些负面影响？请分析如何在家庭中营造开放、健康的讨论氛围。

3. 假设你的孩子在某一阶段开始对性问题产生疑问，作为家长，你会如何开展适龄的性教育？请设计一个家庭性教育计划，涵盖年龄适宜的内容，并讨论如何通过开放的沟通帮助孩子理解身体、情感和性别等问题。

知识链接

2021 年新修订的《中华人民共和国未成年人保护法》明确规定，学校、幼儿园应对未成年人开展适合其年龄的性教育。《中华人民共和国家庭教育促进法》指出，家长要“对其进行交通出行、健康上网和防欺凌、防溺水、防诈骗、防拐卖、防性侵等方面的安全知识教育，帮助其掌握安全知识和技能，增强其自我保护的意识和能力”。开展家庭性教育也是家庭教育的重要内容，父母要针对孩子的成长发育状况为其开展适龄的性教育。

① 方刚. 赋权型性教育：一种高校性教育的新模式[J]. 中国青年研究，2013（10）：92-95.

任务四　保障成长安全

任务描述

孩子的成长离不开家长在安全方面的保驾护航。日常生活中的安全隐患和校园欺凌问题，都是家庭教育中需要特别关注。家长要通过建立与孩子的信任沟通渠道，帮助孩子增强自我保护意识，并培养他们应对欺凌的能力。同时，家长还应教育孩子尊重他人，培养同理心和包容心，减少校园欺凌的发生。另外，家长要普及基本的安全常识，帮助孩子识别潜在的危险并采取有效的应对措施，培养他们的风险防范意识，确保孩子在安全的环境中健康成长。**阅读以下家庭教育案例，思考家庭怎样帮助孩子认识潜在风险，提高安全意识和自我保护能力。**

任务活动

1. 分析案例中的家长是如何开展家庭安全教育的。
2. 讨论家庭教育怎样发挥预防校园欺凌的作用。

案例 1：生命与安全

案例描述

霖霖已经 11 岁了，正值暑假。一天，正在整理暑期任务的他递给妈妈一份通知："妈妈，看看这个通知，签字。"妈妈接过通知，看到是老师下发的《暑期安全防溺水告知书》，心头一紧，随即决定趁机和霖霖讲一讲生命的意义。

"霖霖，暑假里你要特别注意安全，生命和健康永远是最重要的。"妈妈轻声说道。

霖霖听了，微微皱了皱眉："妈妈，你说得不对！"

"难道还有比生命更重要的事吗？"妈妈有些疑惑，反问道。

霖霖沉默片刻，回答道："老师上课时给我们讲过一个故事，老师说'生命'不是最重要的，'道义'才是最重要的。"

妈妈愣了一下，终于明白霖霖所说的是成语"舍生取义"的含义，即为了信念和责任，可以舍弃生命。虽然她理解了霖霖的话语背后是对责任感和道义的认同，但她知道，生命教育的意义并不是单纯告诉孩子"珍惜生命"，而是帮助孩子理解生命的深层价值。

"霖霖，最近我正在看一本小说，《额尔古纳河右岸》，这本书写的是生活在中俄边界的鄂温克族人几百年来与自然、与驯鹿相依为命的故事。书中通过一代代人的生命经历，讲述了他们如何理解自己的存在和生命的意义。"妈妈慢慢地说。

霖霖认真地听着，妈妈看着孩子的眼睛，补充道："在你成长的过程中，你会面临很多重要的选择，比如是选择'舍生取义'还是'生命至上'，这些选择点会在某个时刻出现在你的生活里，而我的责任，就是在你成长的每一步，陪你一起思考。"

在霖霖的成长路上，妈妈知道，有些问题是无法一蹴而就解决的，尤其是关于生命的深刻话题。生命教育不仅仅是传授知识，更多的是情感的交流和引导。她希望霖霖能够拥有独立思考的能力，能够在未来面对人生的抉择时，坚守自己的价值观。

"孩子，不是所有的选择都需要我为你做出决定，你要有自己的判断。"在接下来的日子里，妈妈开始更多地给予霖霖独立思考的空间。

这个暑假，妈妈并没有像以往那样安排满满的暑期计划，而是鼓励霖霖自己做出选择。有一次，霖霖和妈妈讨论去参加一个户外活动时，霖霖提出了自己的顾虑："妈妈，我觉得这个活动有些危险，虽然我很想去，但我怕你不同意。"妈妈微笑着回应："那我们就来一起分析这个活动的收获和危险吧，然后你可以自己决定去还是不去。"于是，妈妈和霖霖一起列出了参加活动的理由和危险，针对潜在的风险也一起讨论出了应对策略。最后，在做出充分准备的前提下，霖霖去参加了户外活动。

霖霖在逐渐学会如何面对生活中的各种选择时，也在学习如何承担责任，如何面对自己内心的声音。每次做决定前，妈妈都和他一起讨论结果，分析过程，帮助他理解每个选择背后的意义。这种给予孩子成长空间的方式，让霖霖逐渐学会了如何独立思考，如何根据自己的信念做出选择。

暑假里，霖霖还和爸爸妈妈一起参观了"李大钊纪念馆及故居"。一家三口一起追寻李大钊的足迹，感受李大钊作为中国共产主义先驱，在中国革命事业中作出的伟大贡献。

"李大钊同志为中国革命事业付出了巨大的努力，他为了信仰和民族独立，选择了为理想而死。这样的选择很让人震撼。"爸爸在纪念馆里边走边讲解。

霖霖静静地听着，他沉默片刻，眼神中闪烁着对这些革命先烈精神的敬仰。妈妈看到霖霖的表情，问道："霖霖，你怎么看李大钊的选择？你会做出怎样的选择呢？"

霖霖思索了一会儿，说："我觉得李大钊的精神很伟大，他为了国家和人民，不顾自己的生命，这是很大的责任感，我也想做一个像他一样有责任的人。"

"对的，宝贝，你能这么想真让我们骄傲！"妈妈肯定地说。

这次研学旅行，不仅让霖霖对历史和英雄的精神有了更深的理解，也激发了他内心的责任感。通过这样一种亲子共读、共学、共思考的方式，霖霖开始逐渐理解生命的意义和如何去承担自己的责任。

临近开学，妈妈和霖霖一起散步时，看到路边有几个小孩正在玩水，虽然水面看起来不深，但霖霖却感到一丝不安。妈妈看出他的心思，轻声说道："霖霖，你知道生命是最宝贵的，所以我们要时刻保持警觉和谨慎。我们不仅要珍惜自己的生命，不去做危险的事情，还要帮助别人意识到安全的重要性。"妈妈趁机给霖霖普及了各种生活里的安全常识。

霖霖看着妈妈，眼中闪过一丝疑惑："如果看到别人有危险，应该怎么做呢？"

妈妈停下脚步，仔细地看着他，温和又坚定地说："帮助别人并不是盲目地去做一切，而是要根据情况做出合理的判断。如果看到有人溺水了，因为你还是小孩子，能力有限，可以马上大声喊叫，寻求大人的帮助。情况紧急的话，可以报警呼叫急救人员，报告溺水的情况和地点。要注意，千万不要冒险自己下水，因为溺水的人可能会因为恐慌而抓住救人的人，你也会被拖进水中。如果能找到救生圈、绳子、木板等，可以用这些工具将溺水者拉上岸，而不必下水。最好的做法就是立刻跑到最近的成年人那里，告诉他们情况，让成年人来进行救援。"

"如果溺水者被救上岸了，应该让他们躺下休息，不要立刻站起来或走动。如果溺水者停止呼吸或脉搏消失，应该立刻对他们进行心肺复苏，但最好由专业的成年人来进行操作。"

霖霖点点头："我明白了，帮助别人不仅是做好事，也要确保自己安全，才可以真正地帮助到他人。"

"对了，"妈妈继续说道，"在你未来的人生中，很多时候你会发现帮助别人是有意义的，但同样重要的是，你要根据自己的实际情况做出判断，知道什么时候该伸出援手，什么时候该寻求专业的帮助。生命有时也需要我们在关键时刻做出勇敢且理智的决定。"

霖霖认真听着，心里暗暗记下了妈妈的话语。这一刻，他不仅学到了如何珍惜自己的生命，也理解了如何以负责任的态度去帮助他人，并且学会了如何在紧急情况下做出明智的选择。

［案例改编自：国家开放大学首届新时代家庭教育优秀案例征集活动三等奖作品（天津开放大学　司晓燕）］

视频讲解

案例解读

母亲通过家庭教育，引导霖霖思考生命的意义、学会做出独立判断，以及如何在紧急情况下保障自己和他人的安全。通过亲子互动，家长不仅传授了关于生命教育、责任感和安全常识的知识，还鼓励霖霖学会独立思考，提升了他在复杂情境中做出理性选择的能力。最终，霖霖在理解生命的价值的同时，也学会了如何在具体的安全情境中做出明智的决策。

一、深度的生命教育

在家庭教育中，生命教育可以深入挖掘生命的内涵，包括责任感、道义感、选择的价值等。在讲解“生命至上”时，母亲充分考虑到了孩子对“生命”这一概念的理解深度。霖霖提到“舍生取义”，表明他对道义与责任感的认同，而母亲并没有评价和反驳，而是通过讲述《额尔古纳河右岸》的故事，引导霖霖从更宽广的角度来思考生命的意义。通过讲述具有深度的文学作品和历史人物的故事，母亲使霖霖理解到，在珍惜生命的前提下，生命的意义在于如何通过选择、行动和信念去定义自己。

二、促进孩子的自主安全意识

在现实生活中，父母常常因为对孩子的爱与保护，过度干预孩子的选择，而忽视了孩子自主判断与决策的空间，不利于培养孩子的自主安全意识。在霖霖面临户外活动是否参加的选择时，母亲没有直接决定，而是与他一起分析活动的利弊。家长通过讨论、分析，鼓励霖霖做出最终决定，帮助他理解了做决定时不仅要考虑自己的兴趣，还要考虑潜在的风险、应对方法和安全举措。这种方式不仅增强了霖霖的责任感，也提升了他的决策能力和安全意识。未来，霖霖会在类似的情境中更加自信地运用自己的判断力，而这种能力将对他的一生产生深远影响。

三、提升安全教育的实操性

母亲在生活中启发霖霖思考应对溺水的方法，这种教育方式避免了单纯的指令性教育，而是通过结合案例讲解，让孩子在实践中学习如何判断和应对突发的危险。尤其是在溺水事件中，根据儿童的认知水平，母亲明确指出了“不要冒险下水”的原则，帮助霖霖认识到，帮助他人不仅仅是直接参与，更重要的是在确保自己安全的前提下采取理智的行动。通过这种方式，孩子能够清晰地了解如何保障自己和他人的安全，并能够在面对突发事件时保持冷静、采取有效的应急措施。这种安全教育能够为孩子的未来生活奠定基础，避免孩子因缺乏安全常识而发生意外事故。

四、情感支持与心理建设

家长不仅是知识的传授者，更是情感的引导者和支持者。母亲不仅提供了知识，还通过情感支持和心理建设帮助霖霖树立了正确的价值观。在讨论李大钊的事迹时，母亲没有直接告诉霖霖该如何选择，而是引导他从李大钊的牺牲精神中思考责任与信念的内涵。在这个过程中，母亲给予了霖霖足够的空间和支持，鼓励霖霖表达自己的看法，并通过对话引导他思考更深层次的问题。这种情感的交流和价值观的塑造有助于霖霖在未来面对人生的困境时，做出更加坚定的选择。

理论链接

生命教育是一种整合性的教育，它关注教育的生命力，教导学生从观察与体会人的生、老、病、死的感受来理解生命的意义与生命存在的价值，进而培养学生尊重与珍惜自己与他人生命的情怀。在日常生活中，家长应采用“爱”的教育的方式，有意识地对孩子进行生命至上的教育，关注孩子的心理，培养孩子珍惜生命和重视健康的意识。要让孩子知道，生命来之不易，所以要体验生命的喜悦，要理解生命的尊严，使他们珍惜生命，理解生命的意义，并树立起积极向上的人生态度。①

技术策略

家长可以普及给孩子的安全常识包括：

一、交通安全

过马路要看红绿灯：教孩子在过马路时要遵守交通信号灯，绿灯亮起时可通行，红灯亮起应停止。

走人行道，不闯红灯：即使在没有车的地方，也要走在人行道上，不得闯红灯。

乘车安全：提醒孩子乘车时要系好安全带，尽量选择后排座位，未满 12 岁的孩子应坐儿童座椅。

二、家庭安全

不要玩火：教孩子火源有危险，不要乱玩打火机、火柴等物品，遇到火灾时要迅速逃生。

电器安全：不要用湿手触摸电器，避免插座和电线有损坏；不玩电线插座。

药品安全：教孩子药品不能随便吃，特别是要远离成人的药物。

三、防溺水

不要独自靠近水域：不管是在游泳池、海边还是河流旁，都要有大人陪伴。

学会游泳：如果可能，可以让孩子参加游泳课程，增强防溺水的能力。

四、防走失

牢记家人联系方式：让孩子记住父母的手机号码及住址，可以写在纸条上，放在他们的包里。

警惕陌生人：教育孩子不跟陌生人走，不随便接受陌生人的帮助。

在人多的地方保持近距离：在人多的地方，家长应紧紧牵住孩子的手，避免走失。

五、防拐骗

防范陌生人：告诉孩子不能随便和陌生人说话，也不能接受陌生人给的东西。

接送时需特别注意：如果孩子有接送安排，事先告诉孩子只有爸爸妈妈或指定的

---

① 李曦，徐杰玲. 和谐社会视阈下的青少年生命教育[J]. 教育探索，2010（12）：116–118.

人能接送。

六、网络安全

网络社交安全：教孩子上网时，不能和陌生人分享个人信息，也不要随便点击不明链接。

了解并举报不适当内容：教孩子如何识别网上的不当信息和危险，及时向父母或老师报告。

保持网络隐私：不要随便暴露自己的姓名、住址、学校等敏感信息。

七、急救常识

跌倒、烫伤等应急处理：教孩子轻微的跌倒或者烫伤时的应急处理方法，比如用冷水冲洗烫伤部位，或如何简单止血。

呼叫急救：让孩子知道在紧急情况下，如何拨打报警和紧急救援电话（如 110、120）并简单说明情况。

八、食品安全

不吃陌生食物：教孩子不吃陌生人给的食物，尤其是不洁净的食物，以防食物中毒。

注意食品过期：提醒孩子注意食物保质期，避免食用过期食物。

案例 2：“小女侠”的诞生

案例描述

莉莉是一名刚刚升入小学四年级的女孩，性格内向，比较害羞。她喜欢安静地坐在教室的一角，平时不怎么和同学们玩耍，总是低着头，尽量避免成为注意的焦点。莉莉的父母非常关注她的成长，尤其是她的社交和心理发展。虽然他们知道莉莉有些内向，但并未过多担心，因为她在家里总是活泼开朗，和父母的关系很好。直到有一天，莉莉的妈妈注意到了一些不寻常的变化。

一天晚上，莉莉放学回家后表现得有些不开心。妈妈看见她低着头、闷闷不乐，问道：“莉莉，今天在学校怎么样？怎么不太高兴？”莉莉沉默了一会儿，然后轻声说道：“妈妈，今天有几个同学笑我穿的衣服，说我很土，嘲笑我鞋子不好看。”说到这里，莉莉低下了头，眼里闪烁着一丝难过。妈妈心里一沉，虽然知道同学之间发生摩擦、矛盾很正常，也不必上升到用“校园欺凌”来界定孩子的遭遇，但她觉得家长很有必要教会孩子怎样保护自己不受伤害，提前做好预防校园欺凌的工作。

爸爸也深表赞同，听到对话，走过来坐在莉莉旁边，柔声说道：“莉莉，你能跟我们具体讲讲这是怎么回事吗？”

莉莉抽泣着说：“那些同学说我穿的衣服丑丑的，还笑我个子矮，说我像个小土豆。”

她顿了顿，抬头看着爸爸妈妈："我觉得好像大家都不喜欢我。"

此前，爸爸妈妈讨论过孩子面临这种情况该怎么办。于是，爸爸首先表达了对孩子的共情："我能理解你为什么会觉得伤心，别人这么说你，肯定让你觉得很难过。"

接着妈妈肯定了莉莉的价值，强调每个人都是独特的："每个人的审美不同，有些人可能不喜欢你穿的衣服，但这并不代表你不好。我们就觉得你穿的衣服很可爱啊，而且你还有很多优点。你是一个聪明、善良的孩子，你的内在美远比外表更重要。"

然后，爸爸教会了莉莉怎样去应对他人的评价："他们说这些话有可能不是出于恶意，但是如果他们说的话让你感到不舒服了，你可以直接告诉他们'你这么说让我不高兴，我希望你能尊重我'，直接表达你的态度来回应对方。如果别人意识到这些话会伤害你并且保证以后不再说了，那我们也可以原谅他们，对不对？当然，如果还是没有用的话，你一定要告诉家长和老师，我们来帮你解决这些问题。"

莉莉听着爸爸妈妈的话，心里感觉有些宽慰。她从父母那里感受到了一种力量，这让她觉得自己不是孤单一人，家庭是她最坚强的后盾。

晚饭后，妈妈特意和莉莉进行了情境模拟训练。爸爸和妈妈扮演同学，开始模仿同学们取笑莉莉的情境。每当他们嘲笑她时，莉莉按照爸爸妈妈的指导，勇敢地回应："我不喜欢你们这样说，我觉得我有自己的风格。"每当她说出这句话时，爸爸妈妈都会给予鼓励的掌声和微笑。经过几轮练习后，莉莉明显变得更加自信了，她开始意识到，自己并不需要去迎合别人，而是应该尊重自己，勇敢地表达自己的感受。

接下来的几天，莉莉放学回来后，跟爸爸妈妈说："今天还有人说我，但是我说了'不喜欢你这样说我，请尊重我'之后，她跟我道歉啦。"

妈妈笑着说："宝贝你真勇敢，你靠自己解决了这个问题！那后来呢？"

"'每个人都有犯错误的时候，以后不要随意取笑别人啦'，然后我原谅她了。"莉莉开心地说。

"没错，我们也没必要揪着别人的错误不放，你不仅勇敢，还学会了宽容呢！"爸爸夸赞道，"如果以后遇到别的同学被嘲笑欺负，我们莉莉也可以帮忙制止，不要让自己当旁观者，甚至加入嘲笑别人的队伍。"

"那当然啦！"莉莉自豪地说。

随着时间的推移，莉莉不仅在面对同学的评价时变得更加从容，性格也开朗了起来。她还学会了如何主动交朋友，融入集体，她开始意识到，真正的朋友是会尊重她、理解她的人，而不是那些试图通过贬低别人来提高自己地位的人。

有一次，莉莉在学校遇到一个转学的同学，那位同学因为家人都在外地，衣着有时候没有那么干净整洁，常常被嘲笑、嫌弃。莉莉主动走过去，对嘲笑的人说："你们不要再这么说了，这么说一点都不尊重他！"然后和这位新同学说："衣服脏了不要紧，心里美最重要！学校里有什么不熟悉的，可以随时来问我。"

案例解读

当家长察觉到孩子情绪发生变化后，及时与孩子沟通，并通过一系列积极的家庭教育干预措施，帮助孩子正确应对和处理校园中的不良评价，进而有效预防校园欺凌的发生。

一、家庭是孩子的坚实后盾

在孩子经历校园中的负面言论时，家长的首要任务是提供支持，做孩子的坚实后盾。案例中莉莉的妈妈首先倾听了莉莉的感受，并共情表达了理解，这种共情让莉莉感受到被尊重和理解，是应对不良情绪的重要步骤。父母的情感支持在校园欺凌的预防中发挥着关键作用。家长在孩子遭遇负面评价时，不仅要安慰孩子，还要给予孩子情感上的支持，让他们明白自己的情绪是正常的，不必感到羞耻。这种情感支持为孩子提供了安全感和信任感，使他们能够更开放地表达自己的困惑和不安。

二、强调自我价值与独特性

在帮助孩子面对校园的言语欺凌时，父母并没有否定孩子的感受，而是肯定孩子的价值，来增强孩子的自信心和勇气。莉莉妈妈对孩子优点的肯定和将负面评价与自我价值区分开的回应方式，不仅帮助莉莉认识到自己的独特性，也让她明白，外界的评价并不等同于自己的实际价值。家庭教育的重要任务是培养孩子的自信心，帮助孩子树立正确的自我认知。这种自我价值的培养能够增强孩子的心理韧性，减少他们在面对负面评价时的心理负担。

三、教导孩子如何应对来自他人的伤害行为

父母不仅要为孩子提供情感支持和自我价值的确认，还要教导孩子应对校园中可能出现的欺凌行为。案例中爸爸通过具体的行为指导，教会莉莉如何回应他人的嘲笑："如果他们说的话让你感到不舒服，你可以直接告诉他们'你这么说让我不高兴，我希望你能尊重我'。"父母还通过情境模拟训练，帮助莉莉增强应对欺凌的能力，还让她明白面对不友善的言辞时，可以用理性的方式勇敢表达自己的感受。在情境模拟中，莉莉不仅学会了如何自我保护，还提升了自信心和沟通能力，能够以平和、坚定的态度应对校园中的负面评价。如果孩子遇到了肆意伤害他人的"毒朋友"，则家长要教会孩子远离他们，并学会保护自己。

四、培养宽容与同理心

宽容和同理心的培养是预防校园欺凌的重要环节。当孩子遇到欺凌行为时，宽容与同理心能够帮助他们更好地理解和处理问题，避免陷入报复或负面情绪的循环。在帮助孩子处理校园欺凌时，家庭教育不仅要关注孩子如何保护自己，还要引导孩子学

会宽容与同理心，发展更健康的人际关系。

五、激励孩子成为积极的社交者

预防校园欺凌，既要教会孩子学会自我保护、应对欺凌，又要教育孩子友善待人、不欺凌别人，更要乐于助人、保护弱者。当莉莉发现有人可能遭遇校园欺凌时，她不仅制止了不正确的欺凌行为，还主动为被欺凌的同学提供了支持。家长应该鼓励孩子成为积极的社交者，并且引导孩子在集体中发挥积极作用。通过这样的培养，孩子能够更好地融入集体，建立和谐的人际关系，同时也能在他人受到欺凌时站出来，为他人提供支持，维护良好和谐的校园环境。

理论链接

家庭教养方式对青少年的校园欺凌经历有显著影响。研究发现，权威型教养能有效降低青少年实施欺凌及遭受欺凌的风险。权威型教养方式既注重对孩子的温暖支持与参与，又注重适当的监督与要求，这可以为儿童和青少年的发展营造一个良好的社会化环境。权威型教养方式可以转化为青少年在社会情绪能力和同伴交往上的优势，从而避免青少年实施欺凌行为或遭受欺凌。而专制型或者放任型的教养方式在父母的“支持关爱”方面或者“监督要求”方面至少存在一方缺失。此外，放任型的父母通常表现出过度保护以及放任的特征，虽在一定程度上可以避免孩子遭受欺凌，但是放任不管或者低行为期望会助长欺凌行为的滋生。①

技术策略

家长可以让孩子认识到，欺凌不仅仅是打骂，还包括言语侮辱、排挤和孤立。家长要与孩子保持日常对话，关注他们的情绪变化。如果发现孩子长时间情绪低落、回避社交或有自卑情绪，家长应及时给予关注，帮助孩子疏导情绪，并强调会为孩子提供支持。另外，家长要以身作则，在家庭中杜绝使用暴力行为或侮辱性语言。

反思演练

1. 你认为家庭中是否普及了足够的安全常识，特别是在交通安全、防火、防溺水、防盗等方面？随着网络安全问题日益突出，你认为家长在培养孩子网络安全意识方面应如何引导？请结合你的家庭经验，分析这些安全知识是否被有效传授给孩子，并思考如何进一步加强。

2. 请孩子和家长共同制定一份“家庭安全常识手册”，包括如何应对火灾、地震、

① 朱晓文，王凯丽，任囿．家庭教育的力量：父母教养方式如何影响校园欺凌[J]．中国青年研究，2023（3）：108–118.

交通事故等紧急情况。设计一系列家庭安全演练活动，并讨论如何让孩子在日常生活中养成安全意识。

3. 你认为家庭教育如何在防范校园欺凌方面发挥作用？你是否定期与孩子讨论校园生活中的问题（如人际关系、欺凌等）？请结合你自身的家庭经验，分析家长如何通过教育和沟通有效预防校园欺凌。

4. 如果你的孩子在学校遭遇了校园欺凌，你会如何帮助孩子应对并采取适当的行动？请设计一份应对校园欺凌的应急预案，包括孩子如何寻求帮助、如何与学校沟通等。

学习回顾

本模块围绕孩子的身心健康，探讨了家庭教育在促进孩子身心健康方面的重要作用。增强身体素质是孩子健康成长的基础，家长应鼓励孩子参与各种体育活动，培养孩子健康的饮食和作息习惯，从而提升孩子的体质和免疫力。促进心理成长是孩子全面发展的核心要素，家长关注孩子的情感需求，提供适时的心理支持和指导，能够帮助孩子建立健全的自我认知和情绪管理能力，增强孩子的抗压能力，帮助他们顺利应对成长中的挑战。家长应以科学、开放的态度进行性教育，帮助孩子理解自身身体的变化、健康的性别观念，以及正确的亲密关系观念。家长还需要帮助孩子识别和应对校园中的欺凌行为，普及安全常识，保障孩子安全成长。通过培养孩子的自信心和沟通能力，家长可以为孩子提供有效的应对策略，确保他们在学校中能够自信、平等地与他人交往，避免成为欺凌的目标或施暴者。通过日常生活中的教育和实践，家长可以帮助孩子掌握基本的安全常识和自我保护技能。

模块五

亲职指导

家庭结构对家庭教育的方式和效果产生深远影响。做好亲职指导，需要深入理解各种家庭类型的特点和需求，制定科学、个性化的教育指导策略，以帮助家长们更好地履行育人职责，促进孩子身心的健康发展。

本模块围绕独生子女家庭、多孩家庭、隔代家庭、单亲家庭和重组家庭五种不同类型的家庭，探讨如何根据不同家庭类型的特点，提供针对性的建议，帮助家长提升教育素养，发挥家庭教育的最大效能，从而促进孩子的全面发展。

学习目标

素养目标

- 理解家庭类型的多样性，增强教育适应能力与责任感。
- 尊重每个家庭的独特性，弘扬社会包容和人际和谐的价值观。

知识目标

- 阐述独生子女家庭、多孩家庭、隔代家庭、单亲家庭、重组家庭教育的特殊性与共性。
- 总结各类家庭在教育过程中可能遇到的主要问题及应对策略。

能力目标

- 针对不同家庭类型，设计具体可行的家庭教育指导方案。
- 运用有效的沟通和管理技巧，协调家庭成员间的关系。

任务一　独生子女家庭的教育策略

任务描述

在独生子女家庭中，孩子通常承载着家长更多的期望与关注，这就要求家长在教育过程中更加注重孩子的个性发展与心理健康。家长不仅需要提供充足的物质和精神支持，还应注重培养孩子的独立性、社交能力和自我管理能力，帮助他们在缺乏兄弟姐妹陪伴的环境下，学会与他人分享、合作与沟通。同时，独生子女家庭的家长要平衡好亲子关系，避免过度保护或过度干预，营造一个宽松而有边界的家庭氛围。**阅读以下家庭教育案例，思考独生子女家庭应如何开展家庭教育。**

任务活动

1. 分析案例中的家长是如何培养独生子女的独立性和责任感的。
2. 讨论独生子女家庭开展家庭教育的特点和策略。

案例 1：爱与自由

案例描述

夜色渐深，三岁五个月的轩轩坐在专属于他的小椅子上，玩起了“水上探险”游戏。左脚一抬一放，右脚紧随其后，每一次的动作都伴随着水花四溅，笑声与水声交织在一起，充满了童真与快乐。虽然地面因此变得湿漉漉的，但这场由孩子天真无邪引发的“小混乱”，成了父母温馨的记忆。

对于轩轩的父母来说，培养孩子的好习惯是一项长期且细致的工作。母亲相信，自己用爱和自由陪伴孩子，一定能让孩子健康快乐地成长。于是，只要环境安全，母亲都会鼓励他尽情探索和玩耍。小家伙晃动着脑袋，口中哼唱着欢快的旋律，小脚丫在水洼里欢快地跳跃，脸上洋溢着纯真的喜悦。母亲还会在轩轩每次洗完脚之后，准备一块抹布，让他自己把地上的水擦干。即使擦不干净，也要走这个形式，来培养孩子的责任感。小家伙也展现出了自主解决问题的能力，见到水洒了一地，他找来抹布，一点一点地将水渍清理干净。这是他独特的学习方式，通过游戏来探索和学习。

价值引领

母亲在生活中注重培养孩子的责任感和自主解决问题的能力，通过让孩子参与日常劳动体验和家务实践，引导孩子在自主解决问题的过程中强化责任意识。

每当轩轩在家里展现出探索精神时，父母都会给予他适当的自由，让他自己去摸索、去发现。“只要环境安全，我就会鼓励他尽情探究。”妈妈常说。这种对孩子探索精神的支持，不仅让轩轩感受到父母的信任，也促使他逐步培养自主解决问题的能力。通过这种以游戏为主的学习方式，轩轩的父母在生活中传递着无形的教育力量。

时间飞逝，转眼间轩轩已九岁九个月了。那年，他参加了一次学校组织的足球比赛。在比赛的间歇，轩轩正准备喝水时，突然一个初中模样的男孩从他手中抢走了水瓶。眼看局势即将升级，父亲准备上前干预，但轩轩却用平和的语气说道：“他只是太渴了，用了不对的方式而已。”随即，他面带微笑，继续投入比赛中。

这一刻，轩轩展现出了与年纪不符的宽容与理解，这让父母特别欣慰。父母意识到，家庭是孩子行为品德养成的摇篮。家庭环境的熏陶，能潜移默化影响孩子的品行。家庭的温暖和包容，使得轩轩能够在面对外部冲突时，保持冷静和理智。父母始终陪伴在他身边，不仅仅是为了帮助轩轩取得成绩，更多的是帮助他在生活中学会如何去爱、如何理解他人、如何在社会中自信地立足。

当十三岁的轩轩步入少年期，父母依然给予他坚定的支持和关爱。同时，轩轩也学会了关爱他人。这一年，台风突袭，学校宣布提前放学。母亲匆忙赶到学校接他，途中发生了让她感动至今的一幕——在风雨中，轩轩毫不犹豫地将自己唯一的一把伞借给了一位需要帮助的同学，而自己则与母亲共伞前行。归途中，尽管衣物湿透，书本也浸了水，但他依旧笑着说：“书籍可以重新晒干，人心之暖，难以衡量。”在这一瞬间，母亲发现，轩轩不仅学会了照顾自己，还在成长的过程中学会了照顾他人，懂得了生活中的温暖和人与人之间的关爱。这一阶段，轩轩的父母更多地关注他内在的品格塑造，而不仅仅是外在的学习成绩。他们通过实际行动，引导轩轩在成长过程中，始终保持着一颗温暖而坚定的心。

轩轩的成长过程中，充满了父母的陪伴和支持。然而，青春期的迷茫依然不可避免。当轩轩 16 岁，面对高中的新生活时，他坦言自己正处于学习的低潮期，感到迷茫，不知前路在何方，也不知道该如何有效规划学习。高中的学习压力让他感到焦虑与困惑。面对轩轩这样的状态，父母并没有急于给出具体的解决方案，而是以一颗平和的心去陪伴他度过这段艰难的时光。

“孩子，坚持本身就是一种非凡的品质。学习如同播种，需要时间和耐心去浇灌，才能收获满园的果实。”母亲的话语，让轩轩的内心找到了平静和释然。父母并没有急于要求轩轩在短期内取得成绩，而是鼓励他勇敢面对自己的迷茫，去寻找属于自己的学习方法和节奏。母亲始终在背后支持着轩轩，给予他情感关怀和实质帮助。她不仅是轩轩的学习伙伴，更是他情绪的支持者。在物质上，她保障了轩轩的需求；在精神上，她给予了轩轩无限的力量，让他能够心无旁骛地追寻自己的梦想。

“不要害怕现在的迷茫，因为这正是你探寻自我、寻找方向的宝贵时期。”母亲的话，像一盏明灯，照亮了轩轩前行的路。回望这段时间，父母为轩轩所做的一切，成就了他日后的坚韧和自信。

［案例改编自：国家开放大学首届新时代家庭教育优秀案例征集活动一等奖作品（黑龙江开放大学　邓红红、贾丹、于杨）］

视频讲解

案例解读

一、培养孩子的独立性与良好习惯

对于独生子女家庭来说，独立性培养尤为关键。在轩轩的成长过程中，父母通过细致的生活教育，有效培养了他的独立性和责任感。从小，轩轩在爱与自由的氛围中成长。三岁五个月时，轩轩在水洼里欢快地跳跃，虽然弄得地面湿漉漉的，但母亲没有急于干预，而是引导他自己解决问题。这种教育方式帮助轩轩在实践中学习独立，培养了他解决问题的能力和自信。父母通过适度放手，让孩子在安全的环境中自主探索，避免了过度保护带来的依赖性，也促进了孩子自主意识的发展。除了培养独立性，父母还重视轩轩良好习惯的养成。例如，玩耍后母亲让轩轩自己擦干水渍，虽然这只是一个小小的家务任务，却在潜移默化中培养了轩轩的责任感和认真做事的态度。通过这些日常活动，孩子学会了为自己的行为负责，逐步养成了自我管理的习惯。

二、塑造品德

宽容和理解他人的能力是孩子情感成熟的重要标志。家庭是孩子品德养成的第一课堂，父母通过日常生活中的言传身教，向孩子传递了宽容待人、理解他人的价值观。特别是在独生子女家庭中，由于缺乏兄弟姐妹的直接互动，孩子更容易形成以自我为中心的思维模式。父母通过正向引导，帮助轩轩学会站在他人角度思考问题，从而培养了他宽容待人、理解他人的良好品格。参加足球比赛时，九岁的轩轩面对同学抢夺水瓶的情况，他并没有愤怒或反击，而是冷静地理解对方的行为，并宽容地解释："他只是太渴了，用了不对的方式而已。"这一反应表明，在家庭教育的影响下，轩轩懂得了宽容与理解他人的重要性。此外，在台风天时，十三岁的轩轩毫不犹豫地将自己唯一的伞借给了需要帮助的同学，这一举动体现出他具备同理心，也懂得关心爱护别人。在温暖的家庭环境影响下，轩轩展现了对他人情感的敏感与关心，这种情感能力将有助于他在社会交往中建立更加和谐的人际关系。

三、提升应对挫折的能力

轩轩进入高中后，经历了学业压力和迷茫期。面对挫折和挑战，他的父母并没有急于给出解决方案，而是通过情感支持和耐心引导，帮助他提升应对挫折的能力。母亲鼓励轩轩认识到挫折是成长的一部分，学会从困境中反思与调整，逐步培养了他坚韧的心理素质。在父母的陪伴下，轩轩学会了在迷茫中寻找自己的节奏，增强了情绪调节能力，并通过自主探索找到适合自己的学习方法。这一过程中，他明白困难是学习和成长的必经之路，心理韧性也因此得到了提升。通过父母的这些支持，轩轩不仅学会了如何冷静应对挫折，也为未来可能面临的挑战做好了准备。

理论链接

皮亚杰道德发展阶段理论认为，儿童的道德发展是一个由他律向自律、由客观责任感向主观责任感逐步发展的过程，且与儿童逻辑思维的发展具有极大的相关性。他从认知角度，依据儿童道德推理能力的发展，将道德发展分为 4 个阶段，即前道德阶段、他律道德阶段、自律道德阶段和公正道德阶段。

（1）前道德阶段（2—5 岁）。在这个阶段，儿童受自我中心思维影响，对规则、规范还难以完全理解并自觉遵守。

（2）他律道德阶段（5—8 岁）。在这个阶段，儿童对成人制定的规则表现得绝对尊重和遵从，并将成人的评价和态度作为自身进行行为评价的标准。

（3）自律道德阶段（8—10 岁）。在这个阶段，儿童具有一定的规则意识，不再盲目遵从成人的权威，而是开始构建自己内在的判断标准，开始自主地用自己的道德认识去判断，而且会从行为动机的角度去判断，更关注公平。

（4）公正道德阶段（10—12 岁）。在这个阶段，儿童开始能从客观、利他的角度对行为进行评价，而不是单纯依赖规则，更能从关心、同情的角度进行评价，更加关注公平、公正。

皮亚杰的道德发展阶段理论揭示出，道德的发展是连续的，对不同年龄阶段的儿童，要依据他们道德发展的特点和水平来进行教育。[①]

技术策略

在独生子女家庭中，父母是孩子情感和行为的主要引导者。通过言传身教和日常实践，父母可以帮助孩子从小培养分享精神、感恩意识和同理心。重要的是，父母应主动为孩子创造实践机会，让孩子在实际行动中体会这些美德。

父母可以为孩子创造分享的机会。例如，邀请朋友到家里玩耍，在尊重孩子意愿的前提下，鼓励孩子主动邀请同伴分享自己的玩具或零食，帮助孩子从小培养愿意分享的习惯。父母可以主动与孩子进行情感交流，讨论他人的情感与行为。例如，在看完一部电影或读完一本书后，和孩子一起讨论剧中人物的情感和行为，引导孩子从多个角度理解人物的动机。父母可以通过角色扮演，让孩子模拟不同角色的情境，体验

① 李一凡. 家庭教育概论[M]. 北京：国家开放大学出版社，2025.

他人的感受。例如，父母可以和孩子一起玩“医生—病人”或“老师—学生”等角色游戏，让孩子在模拟过程中学会理解他人的处境。父母可以多鼓励孩子参与集体活动。例如，班级集体合作、志愿者工作或家庭聚会等。在这些活动中，孩子不仅能学会如何与他人合作，还能学会照顾他人的需求与感受，逐步培养同理心。

案例 2：非暴力沟通

案例描述

晴晴是一名 11 岁的小学生。她的爸爸和妈妈都来自独生子女家庭，深知教育的重要性，也秉持着“知识改变命运”的信念。他们一直认为，只有通过不断的努力、取得出色的成绩，才能在社会中脱颖而出。因此，读小学的晴晴从小就承载着祖辈和父辈两代人的关注和期待。

对爸爸而言，成绩意味着未来的职业和社会地位，这种压力往往直接投射到晴晴身上。每当晴晴的学习进度稍有滞后，爸爸就会感到极度焦虑。妈妈也希望自己的女儿在人生的起跑线上领先一步，因此每当晴晴的成绩出现波动，她就会心生不安，焦虑地给晴晴加压。

独生子女的晴晴从小就背负着比同龄人更多的期望与责任。每当成绩不理想时，她便会感到深深的内疚和压力。爸爸和妈妈并没有意识到，他们对成绩的过度关注正在无形中加重晴晴的心理负担。

有一天放学后，晴晴已经在书桌前坐了三个小时，作业似乎永远写不完。随着夜幕降临，妈妈走进了晴晴的房间，看着她那杂乱的书桌和堆积如山的作业，眉头紧皱，心中不禁升起焦虑感。“怎么还没写完作业？你这次考试很重要的，连复习的时间都没有了。你为什么天天写作业这么慢？”妈妈忍不住大声问道。

“烦死了，不用你每次都那么说，我已经在抓紧写了。”晴晴语气中带着明显的不耐烦，她的手指在桌面上敲了敲，目光紧盯着作业本，不想与妈妈对话。

妈妈的心中一阵不满，心想：“这孩子怎么这么不争气！这也不行那也不行，为什么总是这样拖拖拉拉！以后可怎么办啊！”于是，她忍不住皱着眉头继续说道：“抓紧，你看这都几点了，你就这么对待你的作业吗？”

“总是骂我，就从来不听我说什么，你就不能理解我一下吗？”晴晴生气地说道。

“我理解你，但是你要是不认真对待你的作业，考试怎么能考得好？”妈妈还是自顾自地说着。

晴晴没等妈妈说完，就生气地出去了。她感到自己的努力总是得不到父母的理解，每天拼尽全力地完成作业，但父母还是着急，看她哪里都不顺眼。

生气的妈妈打电话给还在出差的爸爸，说：“我管不了你的女儿了，我只是想让她好好学习，她为什么就不能听我的。”

爸爸得知了妈妈和晴晴的争执。他心中一阵沉重，想到他们的焦虑来自对晴晴未来的担忧，但这种焦虑也让他们的沟通陷入了恶性循环。于是，爸爸深深叹了口气，对妈妈说道：“我知道你担心她，但你们这样吵来吵去是没有用的，你有没有试过先听听晴晴的想法呢？我们能不能先放下焦虑，尝试着用一种更温和的方式沟通？”

爸爸的话，让妈妈陷入了沉思。她想到，自己和孩子的谈话每次都变成争吵，孩子总是觉得自己在责怪她，或许真的需要改变沟通方式了。

爸爸继续说道：“我们之前不是讨论过‘非暴力沟通’吗？这种沟通方式可以帮助我们更好地理解彼此的感受，不是吗？”

妈妈心里一动，“非暴力沟通”是让她从自己的感受出发，而不是指责。妈妈觉得自己可以这样说，“我真的很担心你的学习，因为我希望你能有一个好未来。”这样，孩子或许可以明白自己是在关心她。同时，妈妈觉得自己需要学会倾听孩子的声音，了解孩子的感受，或许孩子也在承受着压力，只是一直没机会说出来。

于是，妈妈主动找到晴晴，先道歉道：“宝贝，我刚才太急了。妈妈和你说声对不起，我真的很担心你的学习，怕你学习跟不上，你可以和我说说你是怎么想的吗？我想多了解了解你的感受。”

晴晴听到这句话，愣了一下，似乎有些意外。“我……我知道你关心我，但你总是催我，其实我已经很努力地学习了。可是你一进来，都没有了解实情，就开始骂我，我真的很有压力。”

“谢谢你告诉我这些，我知道你压力很大，其实我也只是担心你，希望你在学习上表现得更好，但我不应该什么都没有了解清楚就批评你。爸爸刚才在电话里也说了，希望我们能换种沟通方式，在表达自己想法的同时，多听听对方的想法。”妈妈接着说道。

“以后记得多和爸爸妈妈沟通，让我们知道你的需求，这样才能更好地帮助到你哦。”妈妈笑着说。

“嗯，”晴晴仿佛受到鼓励一般，“妈妈，其实我现在学习压力很大，我需要一些休息时间，我们可以制定一个时间计划表吗？”

妈妈点点头：“好的，我们一起制定一个时间表吧。这样既有足够的时间学习，又能合理安排其他事务，大家都能高效地完成自己的事情。”

等爸爸回家后，一家三口坐在书桌前，开始共同制定时间计划表。在这个过程中，爸爸和妈妈发现，晴晴完成作业确实比其他孩子花费更多时间，而她并非不努力，只是学习方法和节奏与其他孩子不同。爸爸和妈妈开始接受晴晴的学习节奏，并给予她更多的时间与空间。

［案例改编自：国家开放大学首届新时代家庭教育优秀案例征集活动二等奖作品（浙江开放大学　戴晓婧）］

视频讲解

案例解读

家庭教育不仅是传授知识和技能的过程，更是父母与孩子共同成长、共同探索的旅程。在这一过程中，理解、尊重与合作是实现有效教育的关键。

一、通过非暴力沟通改善亲子关系

在有些家庭中，父母因为焦虑而不断施加压力，而孩子因为感受不到理解而产生抵触。通过引入非暴力沟通的方式，父母与孩子的沟通和关系都得到改善。非暴力沟通是一种强调通过观察、感受、需要和请求来表达自己，并且在沟通中避免指责、批评或过度要求的沟通方式。案例中的妈妈逐步从指责批评转变为采用非暴力沟通方式。

观察：妈妈首先意识到自己在以批评的方式介入晴晴的作业，未能客观地了解晴晴的实际情况。通过爸爸的提醒，妈妈开始反思自己是否对晴晴的努力和情况做了充分的了解。

感受：在妈妈与晴晴的沟通中，她表达了自己对晴晴学习情况的担忧和焦虑，但没有指责晴晴，而是开诚布公地说明自己内心的感受："我真的很担心你的学习，怕你学习跟不上。"

需要：妈妈通过沟通让晴晴理解她的焦虑源于对未来的担忧，并且明确表达了自己希望晴晴能有一个好的未来，这种表述让晴晴理解到，妈妈的焦虑并非针对她个人进行指责，而是出于对她成长的关注。

请求：妈妈发出了请求，"你可以和我说说你是怎么想的吗？我想多了解了解你的感受。"这种提问不仅展示了妈妈的关心，也给了晴晴表达自己需求和感受的空间。

这种沟通方式让晴晴不再感受到父母的指责，而是感受到父母的理解，意识到我们是一起面对问题，并希望共同找到解决办法，在父母开始尝试站在孩子的角度考虑问题后，亲子关系也变得更加和谐。

二、应对独生子女家庭中的期望与压力

在独生子女家庭中，父母常常将所有的期望寄托在唯一的孩子身上，"知识改变命运"成为许多家长教育的核心信条。案例中的爸爸和妈妈也深受这种观念的影响，他们将对晴晴未来的期望与自己家族的历史、社会地位和未来生存压力紧密关联。

这种期望往往表现为对孩子成绩的过度关注和施加较大压力。尽管父母的初衷是希望孩子能够凭借优异的成绩拥有更好的未来，但长期的成绩压力可能导致孩子产生强烈的内疚感和焦虑，甚至可能影响孩子的心理健康和对学习的兴趣。案例中晴晴因为成绩不理想而感到内疚，背后正是父母对她的期望转化为了一种无法承受的负担。

在这种情况下，父母的焦虑与孩子的心理负担相互交织，最终形成恶性循环。父母无法有效表达自己的关切，孩子也无法将内心的困惑和压力传达给父母。通过非暴

力沟通，父母可以逐渐意识到，孩子的学习成绩固然重要，但孩子的情感需求和心理健康同样不可忽视。非暴力沟通提供了一种途径，帮助父母放下“成绩至上”的思维方式，从而为孩子营造一个更加开放、包容且充满理解的家庭氛围。

三、父母共同合作，开展家庭教育

在家庭教育中，父母的合作至关重要。父母间的合作不仅有助于家庭教育的统一性，还能够增强父母之间的理解和信任。夫妻之间的良好沟通能为孩子提供一个稳定、健康的成长环境。如果父母能够站在对方的角度考虑问题，尊重彼此的意见，并在教育孩子的问题上达成共识，就能够有效避免家庭教育中的“战线”拉锯，减少因教育理念不同产生的矛盾。

案例中的爸爸和妈妈在遇到问题时，能够通过沟通、互相支持达成共识，并共同寻找适合晴晴的教育方法。爸爸、妈妈和晴晴共同制定了时间计划表，在这种家庭活动中，父母不仅帮助晴晴减轻了学习压力，还增强了家庭成员之间的情感联系。晴晴也在这一过程中学会了表达自己的需求，得到了父母更多的理解与支持。

理论链接

亲子沟通（parent-child communication）是指父母与子女通过信息、观点、情感或态度的交流，以达到增强情感联系或解决问题等目的的过程。良好的亲子沟通是个体素质（人际交往能力）与社会支持（来自父母的情感支持和工具性支持）的集中反映，对青少年的心理发展极为关键。[①]

技术策略

在当代家庭中，父母的焦虑是非常常见且正常的情绪。焦虑是一种正常的情绪反应，但如果过度焦虑，就会影响到父母与孩子的关系，甚至影响到健康。家长需要避免在孩子面前展现过度的焦虑情绪，尽量营造一个轻松、愉快的家庭氛围，让孩子感受到被理解和支持。父母可以通过一些自我调节的方法来减轻焦虑情绪。例如，父母可以安排每周的运动时间，如散步、跑步、瑜伽等，释放日常积累的压力。还可以定期进行情绪检查，正视自己的焦虑情绪并学会表达出来，而不是将压力无意识地传递给孩子。另外，父母要合理设定对孩子的期待，避免提出过高或不切实际的要求。要充分考虑孩子的兴趣、能力和发展的实际情况，设定具体且现实的目标，鼓励孩子注重过程而非仅仅关注结果。同时，要了解孩子的兴趣和潜能，培养孩子多元化的能力，与孩子共同制定合理的学习计划。

① 王玉龙，苏慧娟. 青少年抑郁与自伤关系的追踪研究：亲子沟通的调节作用[J]. 心理科学，2022，45（5）：1243-1250.

反思演练

1. 在独生子女家庭中，父母通常会将更多的关注和资源集中在孩子身上。你认为这种教育方式在促进孩子个性和全面发展方面有何优势与不足？请结合你对独生子女家庭的理解，分析过度关注对孩子独立性、社交能力的影响。

2. 独生子女可能面临孤独感或过度依赖父母的情况，你会如何通过家庭教育来培养孩子的独立性与合作精神？请帮助家长设计一个促进孩子独立和社交的活动方案。

任务二 多孩家庭的教育策略

任务描述

多孩家庭的家长需要在有限的时间和资源中，平衡每个孩子的个性需求与成长发展。家长不仅要关注孩子之间的互动关系，促进兄弟姐妹之间的合作与关爱，还要根据每个孩子的兴趣和特点因材施教，帮助他们发现和发展自己的优势。同时，家长要注重培养孩子的自律性、责任感和共享精神，教导他们在家庭生活中分担责任、互相支持。通过营造和谐的家庭氛围和建立良好的沟通机制，家长可以帮助多孩家庭中的每个孩子在爱与尊重中茁壮成长。**阅读以下家庭教育案例，思考多孩家庭应如何处理多孩之间的关系，促进孩子成长发展。**

任务活动

1. 分析案例中家长是如何处理多孩之间关系的。
2. 讨论多孩家庭中常见的家庭教育问题和解决方法。

案例 1：从“姐妹情仇”到“姐妹情深”

案例描述

姐姐小琳今年 4 岁半，妹妹小雪 1 岁半。小琳从出生到两岁多，几乎由妈妈全程照顾。妈妈产假结束后，小琳和妈妈的依赖关系非常深厚，虽然家里有爷爷奶奶的帮助，但妈妈是她世界的中心。小琳和妈妈在一起的时间最多，小琳非常依赖妈妈的陪伴，尤其是晚上。可当妹妹小雪出生后，一切发生了变化。妈妈开始分心照顾妹妹，小琳的生活节奏也随之被打乱。

小雪出生后，小琳变得越来越不安。妹妹的到来让小琳感觉父母的爱和关注被分割了，她对妹妹产生了明显的敌意。最初，小琳会大声说“打死妹妹”或者推开妹妹，她还会坚决地拒绝家人谈论与妹妹相关的话题，甚至对妹妹的任何行为都表现出强烈的不满。每当妹妹得到妈妈的关注时，小琳会显得特别失落，有时拒绝回家，害怕再见到妹妹和爷爷、妈妈的亲密互动。

妈妈意识到，妹妹的出生无疑打破了小琳熟悉的生活秩序，父母和爷爷奶奶的注意力转向了妹妹，小琳在这个过程中失去了安全感。她觉得自己被忽视了，心里充满了嫉妒与不安，这种情绪导致了她与妹妹之间产生敌对行为。

在观察到小琳情绪上的剧烈反应后，妈妈和爸爸决定要给小琳提供一个稳定的、充满安全感的环境，重塑她的安全感。妈妈尽可能保持小琳日常生活的规律和习惯。例如，穿衣顺序要按照妈妈一贯的做法，先穿袜子再穿裤子。由奶奶照顾时，如果先穿裤子再穿袜子导致小琳哭闹，那就尊重孩子的秩序感，脱掉重新按顺序穿一遍。妈妈依然保持每天晚上给小琳讲故事、陪她入睡的习惯，不会让妹妹的哭闹打断这段时光。即便妹妹有时需要妈妈照顾，妈妈也会温柔地向小琳解释："妹妹饿了，要不要我们喂饱她再一起读故事？不然她会一直哭，也影响我们讲故事。"这样的做法帮助小琳逐渐理解妹妹的需求，适应妹妹的存在，同时也能够让她感受到妈妈依然爱她，依然在乎她。

4 岁左右的小琳正处于秩序敏感期，尤其喜欢按照固定的顺序做事。因此，家里尽量避免改变她原本习惯的生活流程。在这段时期，家长避免让小琳的玩具与妹妹混合。例如，妈妈会明确告知妹妹："这个是姐姐的玩具，妹妹不能随便玩。"当妹妹表现出不满时，妈妈会耐心解释："妹妹可以问问姐姐，能不能让你玩或者你们一起玩？"同时，妈妈鼓励小琳在游戏中带领妹妹按照规则玩耍，逐渐培养小琳对妹妹的责任感。

为了避免小琳产生被忽视的感觉，爸爸妈妈非常注重公平对待两个孩子。在家庭教育中，父母会注意避免出现偏袒妹妹的现象。例如，当妹妹撕坏了小琳的画本，小琳发火推开妹妹时，爸爸妈妈会先平静地向姐姐解释："是妹妹不对，不该撕坏你的画本，但这是因为妹妹的肌肉控制能力还没有完全发育好，我们也理解她，好不好？"然后，妈妈再温和地提醒："姐姐，我知道画本被撕坏了你很生气，但推开妹妹的话她很容易受伤，我知道你也不是故意的，也不想伤害妹妹，下次我们用别的方式制止妹妹，可以吗？"家长并不以年龄大小来判断对错，而是根据每个孩子的行为来公正处理，确保两个孩子都能够感受到父母的公平与关爱。

此外，父母还通过一些实际的做法，让小琳感受到即便有了妹妹，她也可以实现自己的价值，这种价值既可以是物质上的，也可以是精神上的。例如，在为妹妹选购衣物时，妈妈会问小琳："你觉得妹妹穿哪件衣服好看？"并且会尽量根据小琳的意见来做决定，让她感觉到自己在家庭中同样重要。

为了化解小琳对妹妹的敌意，父母鼓励小琳在家里主动承担起姐姐的角色。例如，在家庭聚会时，妈妈会强调："姐姐真棒，今天带着妹妹一起玩，教她学跳舞。"家人也常常在亲友面前介绍小琳如何帮助妈妈照顾妹妹，给妹妹准备礼物的同时也给小琳准备礼物，让她感受到自己作为姐姐的重要性。

价值引领

通过赋予姐姐参与决策、引导她承担照顾妹妹的责任，激活其家庭中的角色价值感，彰显家庭教育对儿童社会化能力和责任担当的培养作用。

随着时间的推移，小琳逐渐意识到，妹妹的出生并不是对她的威胁，而是一个值得珍惜的伙伴。在妈妈的引导下，她开始慢慢放下对妹妹的敌意。经过一段时间的耐心引导和细心照料，小琳和妹妹的关系逐渐改善。小琳不再表现出强烈的敌意，而是开始主动关心妹妹。小琳在放学后看到妹妹时，甚至会牵着妹妹的手去玩，教妹妹跳舞，与妹妹分享自己喜欢的玩具等等。小琳和妹妹之间建立了更加亲密的姐妹关系，家庭气氛也变得更加轻松愉快。

妈妈和爸爸看到这种变化时非常欣慰，他们的坚持和耐心得到了回报。虽然小琳和妹妹之间还时有小冲突，但整体上她们的互动已趋于和谐，家里的亲情也日益加深。

［案例改编自：国家开放大学首届新时代家庭教育优秀案例征集活动二等奖作品（福建开放大学　李金艳）］

视频讲解

案例解读

在多孩家庭中，大宝在二胎出生后有可能经历情感波动，家长可以通过平衡孩子的情感需求、避免偏袒，以及积极的家庭互动，促进亲子关系的健康发展。

一、重塑大宝的安全感

对年纪较大的孩子来说，二胎的出生常常意味着父母的关注被分散，生活秩序被打乱，以及自身在家庭中的地位发生变化。大宝有可能表现出强烈的嫉妒和敌意，比如对弟弟妹妹的排斥、不愿共享父母的爱，以及对家中变化感到情绪不安。父母要善于觉察大宝的情绪变化。在本案例中，父母对姐姐小琳情绪问题的处理方式是重建她的安全感。父母没有简单地要求小琳接受妹妹，而是从她的情感需求出发，逐步帮助她适应新的家庭成员。父母保持生活习惯和规律性，特别是在妈妈照顾妹妹的同时，仍然保留与小琳的亲密互动，这一做法直接回应了小琳因妹妹出生而产生的不安全感。

重塑安全感的核心在于让小琳重新相信父母的爱不会因为妹妹的到来而减少，而是会以另一种形式体现。妈妈在给小琳讲故事时的耐心解释，帮助小琳理解妹妹的需求，同时不强迫她放弃自己的需求。类似这种做法有助于缓解小琳的焦虑，增强她对父母之爱的信任。

二、根据孩子发展阶段开展针对性的家庭教育

4 岁左右的孩子通常处于秩序敏感期，对生活中的规律、顺序和日常流程表现出较强的依赖性。在本案例中，姐姐小琳对于自己的生活秩序（如玩具的拥有权、穿衣的顺序）有明确的要求，父母没有强行改变她的习惯，而是通过合理的引导来帮助她适应妹妹的存在。父母明确告知妹妹不可以随意玩姐姐的玩具，并鼓励小琳带领妹妹学习规则，这样不仅满足了小琳对秩序的需求，也让她在互动中承担了姐姐的责任，增强了她的自信与归属感。秩序感的满足能够让孩子产生安全感和控制感，而这种控制感又能帮助孩子面对生活中的变化。通过引导小琳成为规则的执行者，她在潜意识中感受到自己在家庭中的重要性，从而逐步消除了对妹妹的敌意。

三、公平对待，避免偏袒

在家庭教育中，父母的公平对待至关重要。在本案例中，父母在处理小琳和妹妹之间的冲突时，避免出现偏袒行为，而是根据事件的实际情况来进行公正的处理。特别是面对妹妹撕坏小琳画本的情况，父母没有指责小琳，而是考虑到妹妹的成长阶段，向小琳解释妹妹的行为是因为还没有完全掌握肌肉控制能力。与此同时，父母也引导小琳以更温和的方式处理妹妹的行为，而不是简单地推开妹妹来解决问题。

这一做法有助于避免家庭内部出现“竞争”局面，减少孩子对父母不公平对待而产生的负面感受。如果父母无视姐姐的情感需求，一味偏向妹妹，姐姐可能会产生被忽视、被排斥的感受，甚至可能加剧她对妹妹的敌意。因此，父母的公平和公正不仅是针对事件本身，更是对孩子心理需求的敏感回应。

四、鼓励姐姐角色的构建与积极参与

父母让小琳在家庭活动中主动担任姐姐的角色，有效地激发了她的责任感和自豪感。家人和亲友在提到小琳时，会强调她在照顾妹妹以及与妹妹互动中的积极表现，鼓励她将妹妹视为伙伴而非竞争对手。父母还通过给小琳准备礼物等方式，让她不会因为妹妹的出生而感到自己被忽视。

这种方法的核心在于通过积极反馈和认同，帮助孩子实现从被动接受到主动参与的角色转变。小琳逐渐理解到，自己不仅是父母的宝贝，也是妹妹的姐姐。通过参与照顾妹妹，小琳提升了自己的社会角色认同感，同时也逐步消除了对妹妹的敌意，促进了良好家庭关系的构建。

理论链接

蒙台梭利认为，儿童发展具有敏感期。正是这种敏感性，让儿童有强烈接触外部

世界的欲望。而在不同的敏感期，他们能轻松地掌握某一能力，对一切都充满着活力和激情。①根据对敏感期的研究，蒙台梭利提出了九大敏感期，它们分别是：语言敏感期（0—6 岁）、秩序敏感期（2—4 岁）、感官敏感期（0—6 岁）、对细微事物感兴趣的敏感期（1.5—4 岁）、动作敏感期（0—6 岁）、社会规范敏感期（2.5—6 岁）、书写敏感期（3.5—4.5 岁）、阅读敏感期（4.5—5.5 岁）、文化敏感期（6—9 岁）。

技术策略

大宝可能因为二胎的出生而感到父母的关注被分散，从而产生不安或被忽视的情绪，家长可以尽可能维持大宝原有的生活节奏。即使有了二胎，父母也要给大宝足够的独立空间和陪伴时间。父母可以定期安排和大宝的独处时间，让大宝感受到自己依然是家庭中的重要成员。当大宝和二胎发生冲突时，父母要了解冲突的具体原因，避免单纯依据年龄大小来判断对错。父母不要偏袒任何一个孩子，特别是在给予物质或情感上的关注时。鼓励大宝在适当的时候帮忙照顾弟弟妹妹，当大宝在照顾时，父母要及时表扬并肯定大宝的努力。父母要理解并尊重大宝的情绪波动，不仅要关注弟弟妹妹的需求，也要时常关注大宝的需求。大宝可能因为不理解自己的情绪而产生敌意，父母可以鼓励大宝用言语表达情感，并适时给予情感上的支持。

案例 2：大宝当榜样

案例描述

我有两个宝贝，一个是 11 岁 2 个月的姐姐小欣，另一个是 2 岁 4 个月的妹妹小娜。在小欣的成长过程中，曾由我的母亲（也就是孩子们的姥姥）悉心照料，直到她 10 个月大时，我才亲自接手照顾她，陪伴她成长直至她进入小学一年级。在这个过程中，我对小欣的教育倾注了很多心力，但渐渐地，我发现她在行为方面出现了一些问题。她做事缺乏持续性，学习时容易分心，物品也经常没有整理好，衣服乱丢。尽管我尽了很大的努力去教育她，但这些问题依然困扰着我。

而妹妹小娜的出生，给我们家带来了新的变化。为了更好地照顾她，我决定辞去工作，全身心地投入她的生活中。幸运的是，小娜在生活习惯和能力发展方面表现得相当优秀，许多事情做得比我预期的要好。但随着她接近 2 岁，我开始注意到她性格的一些变化。她变得越来越易怒和急躁，一旦事情没有按照她的意愿发展，便会大声哭闹。以前，她特别喜欢和小伙伴们一起玩耍，大家相处得非常融洽，但现在她却常常抢夺玩具，对其他孩子的劝说毫不在意，似乎变得更加护食和霸道。

这些变化让我感到困惑和焦虑。直到有一天，我在家里听到小娜模仿我催促姐姐写作业时的语气，我才恍然大悟：原来，我与小欣之间的相处方式，早已潜移默化地

① 蒙台梭利. 童年的秘密[M]. 爱立方，编译. 北京：北京理工大学出版社，2015.

影响到了妹妹的性格和行为。

这一刻，我意识到自己之前忽略了一个重要的事实：我们作为父母或长辈，言传身教的力量是无形且深远的。原本以为自己对小欣的教育没有造成过大的影响，但现在看来，我与小欣之间的很多互动以及我的语气、态度，都在不知不觉中传递给了妹妹，尤其是她模仿我的行为时，已经不自觉地吸收了这些“信息”。

面对这种情况，我进行了深刻反思，并意识到必须做出改变。我决定在教育过程中更加注重自己的言行举止，并且调整与小欣的互动方式。于是，我与姐姐商量了这个计划，决定让她成为妹妹的榜样。我相信，如果借助姐姐的影响力，不仅能够帮助妹妹培养自理能力，还能增强姐姐的责任感。

从那天开始，每当妹妹不愿意收拾玩具或者不喜欢刷牙时，姐姐小欣总是主动地走到妹妹身边，拉着她一起行动。我也在一旁默默鼓励，夸奖姐姐的表现，同时也对妹妹的每一个小进步给予肯定。这种积极的氛围逐渐渗透到整个家庭，让我们变成一个团结一致、互帮互助的小团队。

渐渐地，妹妹小娜也开始变得更主动了。她不再是那个需要提醒才会做事情的小女孩，而是学会了自己收拾玩具、清理碗筷。有时候，她甚至会主动跟姐姐一起锻炼身体、一起学习。每当她取得这些小小的进步，我都会不遗余力地夸奖她，让她感受到成长的喜悦和成就感。

在这段时间里，我也在不断地反思和调整自己。我意识到，要想让孩子们真正改变，自己必须以身作则，时刻保持耐心和冷静。因此，我把“自我控制”当作每天必须面对的课题。每当我情绪激动时，我会提醒自己冷静下来，尽量以平和的心态处理问题。而在这些时候，姐姐小欣也成了我的情绪监督员。她会提醒我保持冷静，在我情绪稍显失控时，轻轻地提醒我：“妈妈，你要冷静一下！”

我渐渐发现，姐姐在帮助我控制情绪的同时，责任感也在不知不觉中增强了。她开始更加注重自己的言行举止，因为她意识到，作为妹妹的榜样，她的每一个行为都会深深影响到妹妹。她不再是那个爱偷懒的小女孩，而是变得更加自律、更加努力。

随着时间的推移，我欣喜地发现，妹妹也发生了变化。她恢复了乖巧、自立的性格，逐渐懂得了自己动手做事的意义。而姐姐小欣也在这一过程中得到了成长，不仅更加有责任感，也变得更加自律，学习也比以前更加认真了。

通过这段时间的共同努力，我们三个人在家庭中扮演了不同的角色，在无形中形成了相互帮助、相互监督的良好氛围。我们相互激励、共同进步，建立了深厚的亲情纽带，为家庭营造了温馨和谐的氛围。

［案例改编自：国家开放大学首届新时代家庭教育优秀案例征集活动二等奖作品（大连开放大学　王磊）］

视频讲解

案例解读

多孩家庭面临的教育挑战之一是父母往往无法以相同的方式教育每个孩子，因为每个孩子都有独特的性格、需求与发展阶段。因此，家长需要针对不同孩子的特点开展个性化的家庭教育。

一、榜样教育在多孩家庭中的重要性

在多孩家庭中，孩子之间常常通过模仿来学习社会规范与家庭规则。因此，父母不仅要注重自己的言行举止，更要为孩子们营造一个积极的榜样氛围。这种榜样效应，不仅会影响每个孩子的成长，还会通过兄弟姐妹之间的互动来促进整个家庭教育的和谐发展。母亲发现姐姐小欣与妹妹小娜的性格差异，特别是在行为规范和情绪管理方面表现得尤为突出。通过观察，母亲意识到自己与小欣的互动方式已经在不知不觉中影响到妹妹。这一发现促使母亲调整教育策略，采用榜样教育的方式。让姐姐小欣成为妹妹小娜的榜样，母亲不仅能够让小娜更积极地参与家务，逐渐培养小娜的自立能力，还能够通过正面引导的方式改变小娜的行为。姐姐在帮助妹妹时，展示了责任感、自律性和积极行动，而母亲则通过正向鼓励与言传身教，加强了这种良性循环。

二、父母自我反思与情绪管理的作用

父母的情绪管理和行为示范在孩子的成长过程中起着至关重要的作用。母亲认识到，自己的情绪和语气不仅影响了姐姐小欣，也潜移默化地传递给了妹妹小娜。她认识到教育不仅仅是教导孩子做什么，更是通过自己的行为和情绪管理为孩子们树立榜样。于是，母亲邀请姐姐小欣成为自己的情绪监督员。在帮助妈妈控制情绪的同时，小欣也变得更加自律和成熟。通过这种互相支持和监督，姐妹俩都能在日常生活中学到情绪管理和责任担当。父母情绪的冷静、理性和积极鼓励，不仅能够为孩子们树立榜样，还能够营造一种健康的教育环境，让孩子们在潜移默化中学会如何处理问题。

三、多孩家庭中的角色互补

多孩家庭具有一个独特优势：兄弟姐妹之间通过互动和相互监督，可以形成一种双向的学习和成长机制。姐姐小欣通过引导妹妹小娜做事，促使自己变得更加自觉、自律。而妹妹小娜通过模仿姐姐的行为，也逐渐养成了更好的行为习惯与生活态度。兄弟姐妹之间不仅仅是亲密的关系网络，也可能成为彼此教育与成长的“互补性角色”。姐姐小欣作为妹妹小娜的榜样，承担了引导、鼓励和监督妹妹的责任。这种榜样作用

并非单向的，姐姐的自律和责任感也促使她对自己有了更高的要求，从而在个人成长过程中不断进步。

这种角色的互补和相互监督，不仅是多孩家庭的一个独特优势，还能为父母减轻教育压力。在多孩家庭中，父母可以通过增加孩子之间的良性互动，充分发挥榜样教育的作用，帮助孩子们在相互陪伴和支持中成长。

四、家庭氛围与亲情纽带的建设

温馨和谐的家庭氛围并非一蹴而就，而是通过母亲的自我反思、榜样教育和积极的家庭互动逐渐形成的。借助榜样教育，姐妹俩在家务、情绪管理和学习上的共同努力，不仅改善了她们自身的行为，还加深了母女三人之间的亲情纽带。

在多孩家庭中，父母和孩子之间的互动需要更加细致和耐心。父母的教育方式不仅要关注孩子个体的需求，还要促进兄弟姐妹之间的和谐共处和相互支持。这种和谐的家庭氛围，不仅能够帮助孩子更好地成长，还能够让家庭成员之间建立更深厚的情感联系，形成良性互动的家庭教育模式。

理论链接

同胞关系是指两个或两个以上同胞从意识到对方存在的那一刻起，通过身体、言语或非言语的方式分享与彼此有关的知识、态度和情感等方面的互动。同胞关系涉及温暖与冲突两个方面。同胞温暖是同胞间的积极方面，如支持与陪伴等，而同胞冲突是同胞间的消极方面，如争吵与打架等。同胞关系作为一种持久的亲密关系，为儿童的社会、情感以及认知等方面的发展提供了重要的借鉴意义。家庭系统理论认为，同胞关系是家庭系统中一个重要的组成部分，会受其他家庭子系统的作用与影响。儿童在亲子关系建立的情感与行为模式会溢出到孩子的同胞关系中，积极的亲子关系正向预测同胞温暖、负向预测同胞冲突。①

技术策略

在多孩家庭中，父母在家庭教育中应当有意识地鼓励兄弟姐妹之间开展合作，而不是竞争。父母可以设计一些需要兄弟姐妹共同完成的任务，比如一起做家务、一起完成某个手工任务或一项家庭作业。父母不仅要奖励个人表现好的孩子，更要奖励那些能够帮助他人、一起合作的孩子，尤其是在完成任务时展示出关心和帮助他人的行为。另外，在孩子们表现出差异时，父母不要轻易对孩子进行比较。尊重和关注孩子的性格、兴趣、能力差异，提供个性化的支持。

---

① 刘田田，李燕，李有嘉，等. 父母协同教养与学前儿童社会行为的关系：亲子关系和同胞关系的链式中介作用[J]. 心理发展与教育，2021，37（5）：638-647.

尽管父母可以鼓励孩子们共同参与活动，但也要为每个孩子提供单独的陪伴时间。这种一对一的互动不仅能够增强孩子与父母之间的情感纽带，也能让孩子们感受到父母的关注与爱，从而减少由于争夺父母关注而引发的冲突。

反思演练

1. 在多孩家庭中，父母通常需要平衡对多个孩子的关爱与教育，你认为应如何避免因偏爱某个孩子而影响家庭的和谐？请结合自己的家庭情况，分析如何在多孩家庭中公平对待每个孩子，满足他们的不同需求。

2. 在多孩家庭中，你认为父母应如何有效管理孩子的教育和家庭事务，避免家庭教育出现“精力分散”现象？请分析父母如何通过合理的时间和精力分配，确保每个孩子在情感、学业和行为等方面的健康发展。

3. 在多孩家庭中，如何鼓励孩子之间进行合作与分享，尽量避免竞争和冲突？请设计一个适合多孩家庭的亲子活动，以促进兄弟姐妹间的互动和增进感情，并讨论其预期效果。

任务三　隔代家庭的教育策略

任务描述

在隔代家庭中，祖父母与孙辈共同生活，家庭教育呈现出独特的模式，也面临诸多挑战。祖父母通常拥有丰富的生活经验和宽厚的情感支持，这对孩子的成长具有积极的影响。然而，由于代际差异，祖辈与父辈在教育理念、育儿方式和生活节奏可能存在差异，这就要求父母和祖父母之间建立良好的沟通与合作。父母应与祖父母密切配合，尊重长辈的经验，同时引导他们理解现代教育观念，确保孩子在多方位的关怀和支持中健康成长。**阅读以下家庭教育案例，思考隔代家庭中的家庭教育策略。**

任务活动

1. 分析案例中的家庭是如何化解隔代教育冲突的。

2. 讨论隔代教育的特点、优势、潜在问题及应对策略。

案例1：爱的接力

案例描述

林女士和丈夫赵先生经营着一家小型餐馆，每天忙碌的工作让他们难以顾及孩子小宇的成长。为了给家庭创造更好的生活条件，他们决定将孩子交由爷爷奶奶照顾，这样既可以确保孩子的日常生活得到充分的照料，也能让自己专注于工作。

小宇从三岁起便由爷爷奶奶抚养。祖父母有着丰富的育儿经验，对孩子的照料无微不至，但他们的育儿方式却有待改进。例如，每次吃饭时，祖父母总是强调小宇要多吃饭，认为“能吃是福”，甚至会劝他吃到肚子不舒服才算吃饱。在孩子犯错时，祖父母习惯用严厉的语言批评，缺乏与孩子沟通的耐心。随着小宇渐渐长大，林女士发现孩子变得越来越沉默，性格也从活泼变成了内向，和同龄小朋友的交往也减少了，在遇到困难时会显得胆小、缺乏信心。

经过观察，林女士和丈夫发现，由于他们专注于工作，导致家庭教育的任务自然落在了祖父母身上。虽然他们非常感激父母在孩子成长过程中的辛勤付出，但也意识到，某些教育方式可能会影响孩子的情感发展和心理健康。于是，他们决定平衡好工作和生活，承担起教育孩子的主要责任。

一天晚上，林女士夫妇和父母召开了一次家庭会议，讨论小宇的教育情况。

“爸妈，首先我要感谢你们这段时间对小宇的照顾。你们一直为家里付出了很多，真的是我们最坚实的后盾。”林女士温柔地开口，“但是，我们也发现，最近小宇似乎有些不太开心，可能是因为我们对他的教育方法有所不同，所以我想和你们分享一下我们的一些想法。”

赵先生接着说道：“我们注意到，小宇在吃饭时会感到有压力，甚至排斥吃饭，饭后总是说自己不舒服。我觉得这是因为有时候他吃得太多了。小孩子要合理饮食，能保证营养就好，没必要让他吃到撑。”

爷爷奶奶一开始听到这些话，显得有些不高兴。“能吃是福，我们那时候都吃不饱饭，多给孩子吃东西他才长得快啊！”

“是的，没错，你们当年经历过苦日子，知道食物的可贵。但现代研究发现，吃太多对孩子身体是负担，我们给他足够的食物就行，过量反而伤害身体。”妈妈温柔地解释道。

“原来是这样，那我们知道了，以后哪做得不太好，你记得提醒我们。”爷爷奶奶说。

“好的，谢谢爸妈，真的感谢你们对小宇的悉心照顾。你们的经验是我们无法比拟的，但是我们也希望大家能一起调整，找到更适合小宇的方式。”林女士说道。

接下来的几天，林女士夫妇与祖父母一起讨论了如何改善小宇目前胆小怯懦的状况。他们商议，家人尽量用温和的语言与小宇沟通，鼓励他表达自己的想法，在小宇取得进步时给予认可和肯定，避免孩子因为害怕犯错而不敢尝试。赵先生则主动承担起辅导孩子完成作业的责任，在生活中增加了亲子陪伴和互动的时间，确保小宇在学业和情感上都能得到足够的关注。

随着时间的推移，小宇又渐渐变得开朗起来。与此同时，林女士和丈夫也始终没有忽视祖父母的感受。他们知道，爷爷奶奶为孩子所付出的爱是无法用言语表达的，因此他们尽量尊重和关心父母的生活和心理需求。每当有空闲时间，林女士和丈夫都会带着孩子一起陪伴父母，陪父母去散步、看电影，或者在家一起做饭。每逢节假日，他们会精心安排全家出游，尽可能让父母感受到被尊重与关爱。

“爸妈，你们照顾小宇辛苦了，”赵先生常常在闲暇时对父母说，“我们有空就尽量多带孩子，让你们也放松一下，做些自己喜欢的事情。”

通过这一段时间的努力，林女士和丈夫不仅改善了家庭教育的方式，还在与父母的沟通中建立了更加和谐的关系。祖父母也逐渐意识到，自己虽然有育儿的经验，但时代在变，教育理念也需要与时俱进。每个家庭成员的角色定位逐渐清晰，互相尊重与包容成了家庭教育的重要基石。

价值引领

家庭在优化教育方式的同时注重反哺关怀祖辈，形成代际互敬互助的家庭文化，彰显家庭教育对中华民族传统家庭美德的时代传承。

案例解读

隔代养育并非单纯地将责任转移或由祖父母代替履行。父母和祖父母在教育中扮演着不同却互补的角色。只有通过有效的沟通、理解和协作，才能确保孩子在健康、幸福的环境中成长。在隔代家庭中，父母既需要承担起主要的教育责任，也需要尊重和关心祖父母的情感需求，做到尊重、关爱和合作，共同为孩子营造良好的成长环境。

一、隔代家庭的家庭教育所面临的挑战

林女士和赵先生因工作繁忙，将孩子的主要抚养责任交给了祖父母，这种隔代养育在许多家庭中较为常见。然而，随着时间的推移，他们发现由祖父母主导的育儿方式带来了一些问题，特别是在饮食和教育方面。祖父母常常受传统观念影响，强调“能吃是福”，强迫孩子吃饭，忽视了孩子在饮食中的自主性和节制意识，导致孩子对食物产生了排斥情绪。同时，祖父母在孩子犯错时采取严厉批评的方式，也让孩子缺乏自信，产生了自我怀疑和恐惧心理。这种教育理念的不一致，暴露了隔代养育中亲子教育的冲突。祖父母过于严格的教育方式已不再适应现代社会对孩子情感关怀和行为引

导的需求，更多的沟通、尊重与鼓励已成为教育的必要方式。

二、明确角色定位与分工合作

在隔代家庭中，虽然祖父母为孩子提供了稳定的生活环境和情感支持，但这并不能取代父母在教育中的核心作用。父母应承担起主要的教育责任，而祖父母则更多地扮演辅助和支持的角色。在与祖父母的沟通中，林女士用温和的语气表达了对父母辛勤付出的感谢，同时也指出了一些教育方式需要改进的地方，尤其是在饮食和引导孩子成长的方式上。通过召开有效的家庭会议并进行深入讨论，林女士和赵先生传达了他们对孩子成长的看法，强调了温和沟通、鼓励尝试和正面肯定的重要性。随着教育方式的调整，小宇逐渐变得开朗和自信。这一过程表明，家庭教育中的角色分工应根据孩子的成长需求灵活调整，父母和祖父母应共同合作，确保孩子的情感和行为健康发展。

三、尊重与关心祖辈的情感需求

隔代养育不仅涉及父母与祖父母之间的教育合作，还需要妥善处理父母对祖父母的尊重和关心。林女士和赵先生深知，祖父母不仅是孩子的照料者和教育者，他们自身也有生活需求和情感需求。如果忽视这一点，可能会导致祖父母感到疲惫或心理负担加重，从而影响家庭关系。因此，他们在将孩子的抚养责任交给祖父母后，始终没有忽视对祖父母的关心与回馈。在空闲时间，他们会带孩子与祖父母一起散步、看电影、做饭，节假日还安排全家出游，帮助祖父母放松身心。赵先生也经常向父母表达感谢，并主动承担更多育儿责任，确保祖父母有时间做自己喜欢的事情。这种互相体谅和尊重，不仅提升了祖父母的幸福感，也促进了家庭关系的和谐，为孩子健康成长营造了良好的环境。

理论链接

社会角色理论认为，每个人都是群居动物，个体的生活一定是依托群体而存在的，就像是戏剧舞台上的演员必须按照剧本要求扮演着不同的角色，个体的行为也必然受到群体社会生活的规范和制约。随着年龄的不断增长以及社会参与方式的变化调整，个体所扮演的社会角色也在不断变化。当个体在社会生活中承担多项角色责任与单一角色责任时，角色之间与单一角色内部容易发生矛盾、对立和抵触，从而引起个体内部心理冲突，最终妨碍个体角色扮演的正常进行。

对于参与隔代抚养的老年人而言，从“退出工作岗位”到“回归家庭照料”，原有角色的消退与新角色的适应，多种角色扮演之间的冲突无疑会增加老年人在社会与家庭角色转换过程中的难度。研究发现，老年人面临的隔代抚养与社会参与角色转换矛盾，具体表现为期望冲突、能力冲突、时间冲突与行为冲突四个方面，由此给老年人身心健康带来了消极影响，同时也影响着家庭关系与社会和谐稳定。为此，要强化理念指引，摒弃隔代抚养剥削论或义务论，肯定老年人隔代抚养的社会价值，正视老年人社会参与的基本诉求；强化政策保障，确保家庭照料能力的整体提升，扩宽老年人社会参与的平台与机会，促进老年人更好地实现社会融入；强化社会服务供给，减轻老年人隔代抚养照料压力，让老年人学习休闲与抚养孙辈互不耽误；强化家庭支持，明确隔代抚养各主体的责任与义务，促进家庭成员互动与代际和谐。①

技术策略

父母可以定期表达对祖辈辛勤付出的感激之情，及时给予情感支持，让祖辈感受到自己在家庭中的重要性和价值。父母可以通过语言和行动（如定期表示感谢、送小礼物、做家务等）来让祖辈感受到被尊重和被关心。

在日常生活中，父母应主动承担更多的育儿责任，尤其是涉及孩子教育、心理发展等方面的任务。父母可以根据工作安排，尽量腾出时间与孩子相处，分担祖辈的照料压力。例如，在周末或假期，父母应尽量腾出时间带孩子外出、辅导功课或进行亲子活动。

父母在与祖辈沟通时，应尽量避免强硬批评，而是采用温和的方式表达自己对孩子教育的看法。例如，父母可以用“我们觉得这样做可能更适合孩子的成长”这样的语言，而不是直接指出祖辈的错误。与此同时，祖辈应学会尊重并接受父母在育儿上的主导地位，并在自己的角色范围内提供支持和帮助。即便存在不同意见，也应以尊重的态度与父母讨论，而不是强行干预。

案例 2：我到底听谁的？

案例描述

泉泉是一个 4 岁的小男孩，活泼、聪明，他和爸爸妈妈、爷爷奶奶住在一起。由于爸爸妈妈工作繁忙，泉泉大部分时间都是由爷爷奶奶照顾，父母只有下班后和周末才能陪伴他。随着泉泉渐渐长大，家庭成员在教育方法和育儿观念上的分歧开始显现，尤其是父母与爷爷奶奶之间，在如何教育泉泉的方式上产生了不少冲突。有时候泉泉会迷茫，不知道听谁的；有时候他也会在爸爸妈妈和爷爷奶奶之间“钻空子”，做对自己有利的事。

有一天，泉泉在幼儿园和小明发生了冲突。事情起因很简单，小明抱着一本绘本，不愿意借给泉泉看。泉泉不满，直接推倒了小明，并打了他几下，小明哭了。老师了解情况后，严肃地告诫泉泉，不能通过暴力来解决问题。回到家里，妈妈听到老师的

① 李连友，李磊，万叶. 积极老龄化视角下老年人隔代抚养与社会参与的角色冲突及调适：基于社会角色理论的分析[J]. 行政管理改革，2021（5）：71-78.

反馈后，忍不住问泉泉："你今天是不是把一个小朋友推倒了？"

泉泉一脸无辜地回答："他不让我看书。"

妈妈语气有些严肃："你可以和小朋友好好说，不要推倒人，也不能打人。你不能老这样。"

然而，奶奶在旁边听到后却说："他和你抢，你就应该和他抢。太老实就会受欺负！"

奶奶的这番话让妈妈非常无奈。妈妈强调要用理智和沟通解决冲突，而奶奶则觉得"抢"是对抗他人不公平行为的一种方式。

一个周末的午后，泉泉喊着："我渴了！我渴了！我的杯子呢？"爷爷听到后立刻跑过去，拿起杯子递给泉泉。妈妈走进来，看见这一幕，不高兴地说："泉泉，妈妈不是和你说过，自己的杯子自己拿吗？你要学会自己的事情自己做。"爸爸也附和道："对啊，自己的事情自己做。"

然而，爷爷和奶奶却都没有停下手中的动作。爷爷满脸宠溺地说："孩子还小，爷爷给泉泉拿，爷爷喜欢给泉泉拿杯子。"奶奶也说道："没事，孩子还小，来，奶奶给你拿。"

爸爸妈妈有些无奈地对视了一眼，虽然知道爷爷奶奶是出于对泉泉的爱，但这种过度的照顾却使泉泉没有机会培养独立性。

这些冲突和不理解并没有止步于此。一天，妈妈回家时，看见泉泉正在吃零食，便皱起了眉头："泉泉，妈妈不是说过不能吃零食吗？这些零食不健康，要少吃。"

泉泉低头小声回答："奶奶给我买的。"

妈妈转向奶奶，语气有些生气："妈，我不是和你说过了，不要给泉泉吃那么多零食吗？"

奶奶有些不高兴："我没给他吃那么多啊，刚才去超市，他闹着想吃，我就给他买了一袋。"

妈妈有些不耐烦："这些零食里都是添加剂，不能吃这么多。能不买就不买，能不吃就不吃。"

奶奶却觉得这没什么大不了："哪那么多讲究，吃一点没事，外面的小孩儿都吃呢，别这么紧张。"

妈妈的语气变得更急了："现在是现在，之前是之前！你能不能让他在饭前少吃点零食？"

妈妈说完，心情有些低落，直接对泉泉说："赶紧放下零食，去洗手吃饭！"

但奶奶和泉泉似乎都没有把妈妈的话当回事儿，继续自己的行为。

妈妈看到家里的情况，伤心地和爸爸哭诉。爸爸看着妈妈的眼泪，反思自己确实应该主动站出来，做好和爷爷奶奶的沟通工作。于是，晚些时候，爸爸找到了爷爷奶奶，他感谢他们对泉泉的照顾，但也提出了自己的想法："爸妈，泉泉长大了，活泼了，也更加有个性了，照顾他真的很辛苦，我知道你们非常爱他，所以总是照顾得很细致。我最近发现一个问题，泉泉的独立性还不强，很多事情总是希望我们来做，这让我有些担心。你们这么照顾他，是希望他能过得好，但我觉得，过度照顾可能会让他形成依赖，无法自己面对生活中的问题，尤其是以后上小学，自己做事情的能力就很关键了。”

爷爷奶奶听后，面面相觑。爷爷叹了口气：“以前工作忙，没时间照顾你，现在有时间了，当然希望能尽量做得更好。”

爸爸理解地点了点头：“我知道你们都是为了他好。但我希望大家能让泉泉从小开始就学会自己做事情，哪怕是小事。这样他将来才能更好地适应学校生活，也更独立。”

爷爷奶奶沉默了片刻，最终，爷爷点了点头：“这倒也是，但我们改起来确实不容易。”

爸爸笑了笑，鼓励道：“我们都一起努力，互相提醒，让泉泉在爱中成长，也能培养他自立自强的品质。”

另一个晚上，妈妈也找奶奶进行了一次深刻的对话。奶奶心情有些沉重地对妈妈说：“小枫，我这样说你可能不太高兴，有时候我觉得我在照顾孩子的事情上发表自己的看法时，你似乎有些反感。”

妈妈沉默了一会儿，最终说道：“妈，说实话，有时候的确会有点不高兴。我觉得你在育儿上好像总是把我们当小孩子看，总是给我们‘指点’，让我觉得我什么都不懂。”

奶奶听后，心里一阵不安：“我没有那个意思，我只是觉得我有经验，怕你们做得不够好，所以才这么说。”

妈妈稍微放松了一点，解释道：“我知道你是为了我们好，但有时你的语气让我觉得像是在命令我，我一听到命令就特别想反驳。”

奶奶这时也恍然大悟：“原来如此，我以后会注意语气，不再那么急躁了。那你能不能也采纳一些我的建议呢？我有时候也和别的老人交流育儿经验。”

妈妈点了点头：“当然可以，我也会努力放下心中的抵触情绪，咱们两个人都调整一下，各自说出自己的想法后一起商量。毕竟大家都是为了孩子好。”

在经过一番沟通和理解后，爸爸妈妈、爷爷奶奶在教育理念上达成了共识。虽然对于如何教育泉泉，家庭成员之间仍有一些差异，但他们都明白，所有的争执和分歧背后，都是对泉泉未来发展的关心和爱。通过相互理解、共同努力，他们在为泉泉营造一个健康、快乐的成长环境的同时，也让自己在爱与沟通中不断成长。

案例解读

在隔代家庭中，父母和爷爷奶奶虽然都对孩子有深厚的爱意，但他们的教育理念、方法以及期望值有所不同，很容易造成家庭教育的不一致，甚至引发代际冲突。

一、理解隔代家庭的代际差异

在隔代家庭中，父母和爷爷奶奶之间的教育理念差异主要源于两个方面：一是育儿观念差异，二是对“爱的表达”方式的理解不同。爷爷奶奶秉持传统的育儿观念，认为“爱是保护和满足”，因此他们通过过度照顾和宠爱来表达对孩子的爱；而父母则倾向于现代教育理念，认为“爱是让孩子独立”，更注重培养孩子的自主性和责任感。这种代际差异导致了父母与爷爷奶奶在教育方式上的冲突，且彼此难以理解对方的做法。长期的过度照顾使泉泉在独立性、情感依赖和冲突处理能力上的培养滞后，缺乏自我管理和有效的冲突解决能力。例如，每当泉泉喊渴时，爷爷奶奶迅速为他拿杯子，未能给予他自主思考和行动的机会；在面对与小明的冲突时，泉泉选择了暴力反应，而非通过沟通解决问题。这些现象表明，爷爷奶奶的溺爱行为不仅阻碍了泉泉独立性的发展，也使他在情感管理和冲突解决方面存在较大问题。因此，隔代家庭应充分认识到代际差异，理解不同育儿观念的背后动机，并意识到过度溺爱的潜在不良后果。只有在相互理解的基础上，才能避免溺爱行为，帮助孩子在爱与独立中健康成长。

二、加强代际沟通与合作

父母和爷爷奶奶之间的教育冲突主要源于缺乏有效的沟通。父母和爷爷奶奶在教育方式上的对立，使得泉泉在两种不同教育观念的夹缝中成长，这不利于孩子的全面发展。然而，父母通过与爷爷奶奶的积极沟通，逐步达成共识，强调共同育儿的重要性，并且表达了对长辈爱和关心的感激。这种有效的沟通不仅帮助家庭成员理解了彼此的立场，也促进了育儿方式的调整和家庭成员间的合作。最终，大家明确了共同的育儿目标——培养孩子的独立性、自信心和责任感。加强代际沟通和合作，不仅有助于解决冲突，也能够形成合力，促进孩子的健康成长。

三、构建良好家庭关系

在隔代家庭中，构建良好的家庭关系更加重要。父母和祖辈应当区分各自的角色，父母负责孩子的教育、心理发展和长远规划，而祖辈则可以承担更多的日常照料和情感陪伴。通过合理分工，可以有效避免育儿责任的重叠与冲突，确保家庭成员之间的职责更加清晰，从而提高合作度。同时，家庭成员之间的尊重和包容不可或缺。父母需要理解并包容爷爷奶奶在育儿方式上的不完美，尊重他们的关爱与付出；而爷爷奶奶也应尊重父母对孩子教育的选择，包容年轻父母的育儿方法。通过相互理解和支持，家庭成员能够减少冲突，增强凝聚力，从而为孩子营造一个和谐、稳定的成长环境，提升家庭关系的质量。

理论链接

美国人类学家米德从文化传递的角度，将人类社会由古及今的文化分为三种基本形式：前喻文化、并喻文化和后喻文化。前喻文化是指晚辈主要向长辈学习；并喻文化是指晚辈和长辈的学习都发生在同辈人之间；而后喻文化则是指长辈反过来向晚辈学习。[①]

① 周晓虹. 文化反哺：变迁社会中的亲子传承[J]. 社会学研究，2000（2）：51-66.

周晓虹将知识文化由年轻一代传递给他们生活在世的前辈的过程，称为“文化反哺”。[①]研究发现，文化反哺有可能成为缓和亲子冲突、改革家庭结构的难得机遇。在子代对亲代日益频繁的文化反哺过程中，施教与受教角色的互换非但没有对家庭产生破坏性的影响，反而富有建设性地改造了被“三纲五常”固化、异化的亲子关系。文化反哺程度越深的家庭，亲子双方所感知到的亲子关系越和谐，而且父母也越能够尊重子女。[②]

技术策略

在隔代家庭中，父母可以通过以下方式进行有效沟通：

1. 明确表达育儿理念：父母可以清晰地向祖辈表达自己的育儿目标和理念，特别是在孩子的独立性、责任感等方面的培养，帮助祖辈理解自己的教育方向。

2. 共同商讨育儿方案：父母可以与祖辈一起讨论并达成共识，制定合理的育儿方案和规则，确保在孩子教育上形成统一的意见和行动。

3. 尊重祖辈的经验与情感需求：父母需要理解和尊重祖辈的经验与情感需求，避免将他们的经验完全否定，让祖辈感受到自己在家庭中的价值感。

4. 合理分工，避免角色冲突：父母应和祖辈商定家庭成员的职责分工，明确谁负责孩子的学业辅导和纪律管理，谁负责孩子的日常照料和情感陪伴等，避免责任的重叠和冲突。

5. 鼓励正面的反馈与适时的提醒：父母应对祖辈的付出给予充分的肯定和正面反馈，同时在必要时温和地提醒祖辈一些不符合现代育儿理念的做法，避免直接批评指责。

6. 保持沟通的灵活性与开放性：父母应保持沟通的开放性和灵活性，表达倾听祖辈意见的意愿，并根据实际情况进行调整。

反思演练

1. 在隔代家庭中，祖父母作为教育者通常对孩子的影响较大。你认为祖父母的教育方式与父母的教育方式有何不同？这种差异可能会对孩子的性格、行为以及价值观产生怎样的影响？

2. 在隔代家庭中，祖父母的生活经验丰富，但可能存在与现代教育理念不一致的地方。你认为家长应如何通过良好的沟通与引导，让祖父母的教育方式更加符合现代教育需求？请结合你的实际情况进行分析。

---

① 周晓虹. 试论当代中国青年文化的反哺意义[J]. 青年研究，1988（11）：22–26.

② 周裕琼. 数字代沟与文化反哺：对家庭内“静悄悄的革命”的量化考察[J]. 现代传播（中国传媒大学学报），2014，36（2）：117–123.

3. 在隔代家庭中，如果孩子容易受到祖父母的溺爱或放纵，你会如何引导祖父母共同参与家庭教育，形成统一的教育方针？请设计一项措施，以促进祖父母和父母在教育中的沟通与合作。

任务四　单亲家庭的教育策略

任务描述

单亲家庭的家长通常需要同时承担经济、情感和教育上的多重压力，这对孩子的成长与心理发展产生深远影响。然而，单亲家庭也可以为孩子提供更多的独立性和亲密的亲子关系。家长应注重给予孩子情感支持与心理疏导，帮助他们建立健康的自我认知和积极的生活态度。与此同时，家长还应合理规划时间和资源，保证孩子在学业、人际关系及生活技能等方面的全面发展。通过有效的沟通与支持，单亲家庭可以为孩子营造一个充满爱与关怀的成长环境，帮助他们克服困境，健康、独立地成长。**阅读以下家庭教育案例，思考如何通过家庭支持帮助单亲家庭的孩子积极成长。**

任务活动

1. 分析案例中家长的陪伴对单亲家庭孩子成长的意义。
2. 讨论单亲家庭中家长开展家庭教育的策略。

案例 1：给予孩子双重的爱

案例描述

小林是一个性格比较内向的孩子，他总是安静地坐在教室里，成绩优异，是老师眼中的乖孩子。然而，在他十岁那年，一切发生了剧变。小林的父母因感情不和而选择了离婚，这一决定改变了小林的生活轨迹。

离婚初期，小林并没有表现出明显的情绪波动。但随着时间的推移，他越来越沉默寡言，频繁迟到，不再像以前那样在课堂上专注学习，成绩也有所下滑，以前温和乖巧的个性变得愈加倔强且易怒。最近，老师跟他的母亲李女士反映，小林开始把玩具带到学校，在课堂上玩得不亦乐乎。这个变化令李女士感到心惊，她意识到，离婚给孩子带来了自己意想不到的伤害。

李女士是一个坚强的单亲妈妈，为了给孩子提供更好的生活条件，她离婚后把全部精力都放在了事业上。小林平时由姥姥照顾，忙于工作的李女士陪伴小林的时间越来越少。直到有一天，她无意间看到了小林的日记本，才知道他一直因为父母的离婚深感痛苦，觉得自己是被父母遗弃的人。他写道："是不是因为我以前不乖，爸爸妈妈才总吵架，现在他们都不要我了。"这些话让李女士痛苦万分，她开始反思自己，并决定做出改变。

李女士发现，尽管自己为家庭提供了物质保障，但忽略了小林情感上的需求。忙碌的工作和日常琐事让她疏于对孩子的陪伴，也没有给予小林足够的心理安慰。她意识到，单亲家庭的孩子，尤其是处于家庭变故中的孩子，内心是极为脆弱的，他们需要更多的关爱和安全感。

为了弥补这些缺失，李女士决定调整自己的生活方式，重新审视与小林的关系。她开始从忙碌的工作中抽出时间，主动关心小林的情感世界。每天晚餐后，李女士都会腾出时间与小林一起聊天，问他今天在学校的情况，是否有不开心的事。她放下手机，专心陪伴孩子，用心倾听他的感受。

"妈妈，爸爸虽然不在家了，但我还是想要他陪我玩……"有一次，小林突然开口，说出心底的话。李女士愣了一下，随即轻轻地拥抱了他，说："小林，爸爸虽然不住在我们家，但他还是爱你的。他只是换了一个地方生活，周末我带你去见他好不好？我们都会一直陪着你的。"

与此同时，李女士也决定弥补小林缺失的父爱。她联系了小林的父亲，提议能以平和的方式，让小林的父亲定期来看望小林。她和前夫商定，为了给孩子营造更好的成长环境，双方决定在孩子面前放下成见，多说对方的好话。在一次周末的探视中，小林的父亲带着他一起去了公园，陪他玩了很久。虽然父母的关系依旧没有修复，但至少在孩子的眼中，父母的爱并没有因为离婚而消失。

李女士还在生活中改进了自己的教养方式。一方面，她发掘儿子的闪光点，用积极的心态评价孩子的学习与生活。在看到孩子主动做家务或者帮助别人的时候，李女士会真诚地赞美孩子。平时，她也经常和孩子谈心，让小林感受到母爱的温暖和细腻。另一方面，她调整了以前的"亏欠感"，不再对小林的不合理要求一味妥协，而是给孩子设定规则和约束，逐渐树立起自己的权威。另外，她还让小林去做一些力所能及的事情，带着小林一起完成家庭事务，让他参与到家庭决策中。这不仅增强了孩子的责任感，也让他感受到自己在家庭中的重要性。

价值引领

母亲通过情感陪伴，帮助孩子与父亲建立联系及规则引导，在单亲家庭中为孩子重建安全感，体现了家庭教育对个体心理韧性与责任意识的塑造作用。

为了丰富小林的生活，李女士还为孩子创造了更多人际交往的机会，鼓励小林多交朋友。她有意识地带小林参加一些集体活动，如家庭聚会和集体运动等，鼓励他与其他孩子建立友谊。

随着时间的推移，小林渐渐恢复了以往的活力。他开始与同学们建立起更深厚的友谊，课堂上也重新燃起了学习的热情。虽然他偶尔还是会想念父亲，但他逐渐学会了接受和适应家庭的新变化。在李女士的陪伴和关爱下，小林的内心慢慢充实起来，他开始感受到母亲那份深沉的爱，也意识到自己并不孤单。

案例解读

单亲家庭中的孩子虽然面临更多的挑战，但只要父母能够认真审视自身的教育方式，给予孩子双重的爱与关怀，孩子的内心世界同样能够得到滋养，从而健康、积极地成长。

一、通过家庭教育缓解家庭变故的影响

家庭变故，特别是父母离婚，通常会对孩子产生深远的心理影响。小林的变化反映了单亲家庭孩子在情感上的困境和心理波动。父母离婚后，孩子通常会感受到强烈的情感缺失，产生孤独、无助甚至自责的情绪，内心的不安全感显著增加。小林通过日记表达了自己被遗弃的感受，认为自己是父母离婚的根源，这使得他变得沉默、倔强，甚至自卑。在这种情感困境中，家庭教育的作用显得至关重要，尤其是父母的情感支持。

李女士意识到，尽管她为小林提供了物质保障，却忽视了孩子情感上的需求。为了弥补这一缺失，她主动与小林沟通，给予他情感上的关怀。在与孩子的对话中，她鼓励小林表达内心的感受，并及时安慰他。当小林表现出对父母离婚的焦虑时，李女士告诉他："爸爸虽然不住在我们家，但他还是爱你的。"这一简单却温暖的话语有效缓解了小林的内心焦虑，让他明白父母的爱并没有因为离婚而消失。通过这种情感支持，李女士帮助小林逐渐走出了自责和不安的情绪，恢复了内心的平衡，逐步克服了家庭变故带来的负面影响。

二、父母的角色重建

李女士起初把大部分精力放在了为家庭提供物质保障上，而忽视了对孩子情感上的关怀。李女士并非故意忽视孩子的情感需求，而是生活的压力和自身无法疏导情感所致。单亲家庭的父母往往面临这样的困境，他们既要承担经济压力，又要承担情感上的重担，这容易使他们忽视孩子的心理需求。

李女士的转变值得称赞。当她发现小林的痛苦时，她迅速做出调整，重新审视与孩子的关系，采取了积极的措施。她不仅主动与小林沟通，倾听孩子内心的声音，而且开始对孩子进行情感上的安抚和引导。通过与孩子的对话，李女士向小林传递了"你不孤单"的信息，尤其在提到父亲时，她用温和且坚定的话语告诉孩子，父母的爱并没有因为离婚而消失，这种态度显著减少了孩子的自责和情感上的疏离感。

同时，李女士认识到自己在父母角色上肩负着双重责任。作为单亲母亲，除了给予孩子母爱的温柔外，还需要在某些方面充当父亲角色。她没有让“亏欠感”主导自己的教育方式，而是通过树立权威、设定规则来弥补孩子缺失的父爱。在逐渐树立起来的母亲权威下，小林感受到了另一种爱——父亲式的严厉和权威。父母的爱不再是单一维度的，而是从两个方面共同构建了孩子的成长环境。

三、积极改善孩子的人际关系

为了帮助小林走出因父母离婚带来的情感困境，李女士采取了一系列积极措施，尤其是在改善孩子的人际关系方面。首先，她鼓励小林多参与集体活动，带他参加家庭聚会、同学聚会和集体运动等，为他提供了与同龄人互动的机会，帮助他逐渐克服孤僻的性格，建立起健康的友谊。同时，李女士主动与前夫沟通，约定定期安排父子见面，让小林能与父亲保持联系，感受到父母依然关心和爱护他。这一举措不仅帮助小林恢复了与父亲的亲密关系，也让他在情感上获得了更多的支持和稳定。在父母的共同努力下，小林在逐渐适应家庭变故的过程中，不仅在人际交往中变得更加开朗，还找回了学习的动力和自信心，最终走出了孤独和自卑的阴影，恢复了内心的平衡。

理论链接

弗洛姆认为，成熟的爱是在保存人的完整性、人的个性条件下的融合。爱是人的一种主动能力。爱的主动性特征可以被描述为：爱主要是给予，而不是接受。爱的基本要素包括关心、责任、尊重和认识。关心是对我们所爱的生命和人或物成长的主动关注。责任是对另一个人表达的或未表达的需要的反应。尊重意味着能够按照其本来面目看待某人，能够意识到他的独特个性。认识是发生在超越对自身的关心并且在另一个人中看到他自己的时候。①

技术策略

在单亲家庭中，尽管父母已经分开，但他们依然可以在孩子的教育和情感支持上保持合作。教育理念和生活规则要尽量保持一致。父母应确保在孩子面前不发生过多的争执，避免让孩子感受到家庭的不稳定。父母可以商定每周或每月的固定时间，让孩子分别与父亲和母亲相处，轮流陪伴孩子的学习、生活和成长，确保孩子感受到来自双方的关爱与支持。

如果只有一方父母在身边，单亲父母可以让孩子与祖父母、亲戚、朋友或社区的成人建立紧密关系，特别是孩子缺少父亲或母亲的陪伴时，可以找亲戚中的叔叔、阿姨或朋友充当“角色榜样”，通过他们传递父母未能给予的关爱与支持。

---

① 弗洛姆. 为自己的人[M]. 孙依依，译. 北京：生活 • 读书 • 新知三联书店，1988.

案例2：积极应对，健康成长

案例描述

王女士是一名35岁的单亲妈妈，离婚已有两年。在孩子小浩年幼时，她和前夫经历了长时间的争执，最终因为性格不合而分开。离婚后，王女士独自照顾8岁的儿子小浩。她是一名中学教师，平时工作繁忙，但她始终坚信自己能够为孩子提供一个温暖且健康的成长环境。

离婚初期，小浩在情感上受到了巨大的冲击，常常沉默寡言，成绩也开始下滑。在课堂上，他不再像以前那样主动回答问题，而是经常低头不语。有一次，王女士发现小浩将一张合照撕成了两半，撕开的两边分别是他和妈妈、他和爸爸的照片。王女士心疼不已，她知道，自己必须采取措施，帮助孩子走出这段情感低谷。

王女士知道，刚刚经历离婚的自己需要尽快走出来，只有保持积极乐观的心态，才能帮助小浩恢复信心。于是，她决定与小浩进行一次深入的谈话。那天晚上，王女士没有像往常一样匆匆忙忙地去做家务，而是坐下来，耐心地陪小浩吃晚餐，努力营造轻松愉快的氛围。

"浩浩，今天在学校怎么样？"王女士试探性地问道。

小浩低头沉默了一会儿，忽然抬头，眼神中闪过一丝迷茫，问道："妈妈，爸爸是不是不爱我了？"

王女士一愣，心里一阵酸楚。她知道，自己不应该让孩子在心里压抑这些问题。于是，她放下了筷子，语气温和地对他说："浩浩，爸爸妈妈虽然分开了，但你要相信，无论发生什么，我们都爱你，爸爸也一直爱着你。只是有时候大人之间会有些难以解决的问题，所以我们只能分开，但我们都会继续关心你、支持你。"

这番话让小浩沉默了很久，他低头摆弄着手里的勺子。"我知道，你们之前总吵架，我特别害怕。"

王女士深深叹了口气，轻轻地拍了拍小浩的肩膀，说："浩浩，对不起，过去我和爸爸之间的争吵伤害到你了。但对成年人来说，分开是一种解决办法。不过我们对你的爱是不会变的，你永远都有爸爸妈妈在身边。"小浩听后，似懂非懂地点了点头。

在单亲家庭中，孩子往往会因为缺乏另一方的陪伴而感到孤单，甚至产生过度依赖照顾者的倾向。在这个阶段，王女士并没有让小浩过度依赖自己，而是努力帮助他培养独立性。她为小浩制定了一些合理的规则，比如固定的作息时间、学习时间和活动时间，确保他有足够的时间独立思考和完成任务。

与此同时，王女士也鼓励小浩和其他孩子建立健康的友谊，增强他的社交能力。她主动安排小浩参加学校的兴趣小组和课外活动，让他结识了许多志同道合的朋友。在朋友们的帮助下，小浩逐渐摆脱了孤独感，变得更加自信和开朗。

随着年龄的增长，小浩渐渐进入了青春期，情感和心理上的波动也愈加明显。有时，他会因为父母离异而感到自卑，尤其是与同学发生矛盾或受到委屈时，常常把自身情况与家庭情况联系起来，认为自己不如其他孩子幸运。

王女士深知，如果不及时给予孩子心理疏导，孩子可能会滋生消极的情绪，影响其心理发展。于是，她开始更加关注小浩的情感变化。每当小浩遇到困难或情感低落时，王女士总是耐心倾听，并且尽可能帮助他分析问题，提出解决方案。

有一次，小浩因为同学的嘲笑而情绪低落，王女士温柔地劝解道："浩浩，你要知道，父母的分开并不是你的错，你是一个独特的个体，你有自己的价值，不需要和别人比较。你要学会接纳自己，勇敢地去面对所有的挑战。"

在王女士的引导下，小浩渐渐树立起自信心，面对困难时不再退缩，而是努力去克服。在生活和学习中，他逐渐表现出坚定的毅力和坚持不懈的精神。

为了弥补父亲角色的缺位，王女士积极与亲戚朋友保持联系，邀请一些具有积极榜样作用的男性长辈陪伴小浩。小浩的舅舅一有时间就会带着小浩去公园跑步、打篮球。小浩非常喜欢和舅舅一起度过的这些时光，舅舅耐心的陪伴和指导也让小浩在缺失父爱的环境中得到了弥补。

两年过去了，小浩渐渐从父母离婚带来的阴影中走了出来，他变得更加自信、坚韧，也更加独立。而王女士则始终坚持着教育的责任，尽力在单亲家庭的环境中为孩子创造良好的成长条件。她通过积极的心态、健康的亲子关系、有效的心理疏导以及社会支持，成功地为小浩提供了爱与支持。王女士深知，单亲家庭并非意味着教育的失败，而是家庭成员共同努力、相互支持、积极面对挑战的机会。在她的引领下，小浩不仅恢复了心理健康，还在学业和生活中展现出了更强的动力和潜力。

案例解读

单亲家庭并不是孩子发展的障碍，而是家长和孩子共同成长的机会。尽管面临诸多挑战，但父母的积极心态、有效的教育策略以及及时的心理疏导，都能为孩子的健康成长提供坚实的保障。

一、单亲家庭教育面临的挑战

单亲家庭教育面临的主要挑战包括情感创伤与心理困扰、依赖性与独立性培养的平衡，以及心理支持和情感关怀的缺失。首先，离婚导致的家庭结构变化，尤其是某一父母角色的缺失，往往会给孩子带来情感创伤。特别是在孩子年幼时，父母的争执和分离会对孩子的心理发展产生深远影响。孩子可能会感到孤独、焦虑，甚至怀疑自己是家庭变故的根源，这种情感困扰如果没有得到及时的心理疏导，容易引发自卑、依赖和社交障碍等问题。其次，由于缺乏父母中的某一角色，孩子容易过度依赖照顾者，从而缺乏独立性。这就要求家长在保障孩子安全感的同时，积极培养孩子的独立性，帮助他们逐步克服孤独感，并提升自我管理能力。最后，单亲家庭的孩子在面对社会压力时，尤其是与同龄人比较时，可能会感到家庭缺失带来的差距。因此，及时的心理疏导和情感支持显得尤为重要，帮助孩子建立自信心，让孩子明白父母分开并不是他们的错，从而减轻外界负面评价对其心理的影响。面对这些挑战，家长需要展现出更多的耐心和智慧，为孩子提供温暖且有力的支持。

二、情感沟通与心理疏导

在单亲家庭中，孩子通常会承受更多的情感困扰和心理压力。因此，家庭教育不仅应关注学业成绩，还应重视孩子的情感需求和心理发展。王女士深知这一点，尤其注重与小浩进行情感沟通。在小浩表现出困扰时，王女士没有急于给出结论或进行批评，而是以耐心倾听态度、温和的语气，引导孩子表达内心的感受。例如，在面对小浩提出“父母是否仍然爱他”的疑问时，她理性且温暖地回应，强调父母虽然分开了，但对他的爱从未改变。王女士通过这种情感支持与心理疏导，有效缓解了小浩的情感困扰，帮助他恢复了自信和积极的心态。这种情感共鸣和心理疏导不仅加强了亲子关系，也为小浩的健康成长提供了心理保障。

三、培养孩子的独立性

在单亲家庭中，孩子因缺乏另一方父母的陪伴，容易产生过度依赖的心理。为避免溺爱，家长需要通过设立合理的规则和提供适当的引导，帮助孩子培养独立性。王女士通过为小浩安排固定的作息时间、制定学习计划，让他学会管理时间，独立完成作业并参加课外活动。通过这些措施，小浩不仅增强了自律性，也在没有父亲陪伴的情况下学会了独立。家长应避免过度保护，鼓励孩子面对生活中的小挑战并尝试自己解决问题，这有助于孩子克服情感依赖，提升自信与独立性。这种独立性培养方式既能防止溺爱，也为孩子在未来面对更大的社会挑战时奠定了坚实的基础。

四、建立社会支持系统

在单亲家庭中，孩子的成长不仅仅依赖于单一的父母角色，建立广泛的社会支持系统对于弥补家庭结构上的缺陷至关重要。王女士积极为小浩提供与他人互动的机会，鼓励他参与学校的兴趣小组和课外活动，帮助他拓宽社交圈子、提升自信心，并与同龄人建立健康的友谊。与此同时，王女士借助亲戚朋友的支持，为小浩提供情感上的补充。尤其是小浩的舅舅，作为男性榜样陪伴在小浩身边，填补了父亲缺席的空白。这种外部支持系统不仅弥补了父亲角色的不足，也为小浩提供了多维度的关爱与指导，帮助他在情感上更加健康、全面地发展。单亲家庭的家长应认识到，广泛的社会支持系统能够为孩子的成长提供重要的情感和实践支持，促进其全面发展，而不仅仅依赖母亲一方的独立支撑。

理论链接

研究发现，婚姻的破裂导致了父母和孩子生活中一系列重大的改变。当不断出现的挑战与新形成的关系、新的家庭角色和过程相关时，绝大多数成人和儿童都经历了巨大的应激。部分家庭在适应方面会持续存在问题，但绝大多数家庭是有弹性的，可以走向新的生活。离婚后家庭的弹性取决于父母和孩子是否能建立亲密的、建设性的和相互的支持关系。①

技术策略

在单亲家庭中，保持积极的心态对于家长来说至关重要。单亲家庭的家长大多面临着经济、情感和教育的多重压力，因此，家长需要学会管理自己的情绪，给自己设定合理的期望，避免过度施加压力，接纳并欣赏自己为家庭付出的努力。同时，找到健康的方式来宣泄情绪，比如运动、写日记、与朋友交流等，避免把负面情绪带到孩子面前。家长要学会从日常细节中发现乐观的力量，多关注生活中的积极方面，无论是孩子的进步，还是家庭生活中的小小幸福。此外，家长要接纳自己的不足，并对自己所做的努力给予肯定，避免过度自责或抱怨。家长还可以合理分配时间，给自己留出休息和放松的空间，鼓励自己在忙碌的育儿过程中保留一部分个人兴趣爱好。

反思演练

1. 在单亲家庭中，父母通常需要承担多重压力，这可能会导致情感与教育资源分配不均衡。你认为单亲家庭在教育过程中面临的主要挑战有哪些？请结合自己的观察，分析单亲家庭如何有效应对这些挑战。

2. 单亲家庭中的父母可能面临情感孤独、经济压力等问题，这些问题是否会影响到他们教育孩子的方式？请结合单亲家庭的特点，探讨如何通过社会支持、亲子关系等途径缓解这些压力，从而保障孩子的健康成长。

3. 在单亲家庭中，如何在有限的时间和资源下，平衡工作与育儿，保证孩子的身心健康与全面发展？假设你是一位家庭教育指导师，请为单亲家庭的父母设计一份切实可行的家庭教育计划，帮助单亲家庭更好地实现孩子的成长目标。

① 沃希. 正常家庭过程：多元性与复杂性：第 4 版[M]. 刘翠莲，等译. 上海：上海三联书店，2013.

任务五　重组家庭的教育策略

任务描述

在重组家庭中，家庭教育面临着复杂的情感和角色整合问题。父母再婚或分居后的新家庭结构通常涉及继父母、继子女以及异父母家庭成员的互动，这对孩子的适应能力和心理发展提出了更高的要求。家长需要在新的家庭环境中为孩子提供情感支持，帮助他们逐步适应不同的家庭成员和角色关系。同时，建立健康的亲子沟通机制，尊重孩子的情感需求，帮助他们处理复杂的家庭关系，是重组家庭教育取得成功的关键。通过营造积极的家庭氛围、保持良好的沟通与理解，重组家庭可以为孩子创造一个充满爱与支持的成长空间，帮助他们克服困难，培养积极的生活态度和社会适应能力。**阅读以下家庭教育案例，思考重组家庭中常见的家庭教育问题，探讨如何通过沟通与包容建立和谐的家庭关系。**

任务活动

1. 分析案例中的家长是如何有效建立重组家庭的亲子关系的。
2. 讨论重组家庭开展家庭教育的常见挑战及解决策略。
3. 探讨如何通过沟通与包容化解家庭成员间的隔阂。

案例 1：接纳新家庭

案例描述

晨晨的父母在他 11 岁的时候离婚了，晨晨跟着爸爸生活。不久后，爸爸遇到了一位带着 9 岁小女孩的单亲妈妈——王阿姨，两人组建了新的家庭。于是，晨晨就和爸爸、继母、继妹一起生活。但是，爸爸和妈妈的关系并未彻底断开，两人为了晨晨的抚养问题，时常保持联系。与此同时，晨晨也和妈妈保持着定期见面。爸爸再婚后他对生活充满了不安，尤其是面对继母和继妹，他在新家总是觉得很孤单。

妈妈在与晨晨的交流中发现，晨晨对爸爸的新家庭充满抗拒。继母和继妹的存在让晨晨感到不自在和排斥。晨晨经常提到："爸爸和继母对我冷冷的，继母总是要我做这个做那个，我不喜欢她。"

经过和晨晨爸爸的沟通，妈妈知道晨晨的继母也是位善良的女人，她对晨晨的管教是希望孩子更好。但妈妈也知道，孩子的情感需求是复杂的，尤其是当孩子面临父母离异和再婚后，往往会感到不安全、不被理解和被忽视。于是，她联系了晨晨的爸爸，几乎不见面的两人决定一起给晨晨进行心理疏导，帮助晨晨建立更积极的认知方式。

一次，在晨晨和妈妈见面的时候，晨晨表达了对爸爸再婚的不满："妈妈，为什么爸爸不要和你在一起？我不喜欢那个阿姨和妹妹。"妈妈心里一阵刺痛，但她知道此时自己需要保持冷静，不能将内心的负面情绪传递给孩子。

"晨晨，我知道你心里很难过，爸爸再婚了，你刚认识阿姨和妹妹，不喜欢她们也很正常。但是爸爸和妈妈因为一些问题解决不了，所以选择了分开，分开后的我们现在过得更好了，所以你应该为爸爸妈妈高兴，对不对？"妈妈温柔地说道，"但妈妈要告诉你，即使爸爸和妈妈分开了，我们都很爱你，我们永远都是你的爸爸和妈妈。"

听到这些话，晨晨担忧的情绪稍微得到了缓解。

"晨晨，你能告诉我，你为什么不喜欢阿姨和妹妹吗？"妈妈接着问道。

"因为阿姨总是叫我早点起床吃饭，我太困了想多睡会儿。那个妹妹总是黏着我，问我这问我那，我好烦。"晨晨回答道。

"我明白了，这么说阿姨还是挺关心你的，早上做好饭想让你吃饱了再去上学，对不对？妹妹看来也很喜欢你，总是想找你。"妈妈笑着说。

晨晨转念一想，事实确实如此。

"儿子，我知道你不愿意接受她们，这很正常，家里还有我呢，你心里有想法随时可以和爸爸说。阿姨和妹妹跟我说过，她们都很喜欢你，你多和她们相处，怎么样？"爸爸对晨晨说道。

爸爸妈妈的态度都让晨晨感到温暖和安慰，他渐渐理解到，父母的再婚并不是对他爱的消失，而是新生活的开始。父母的积极心态，逐渐影响了晨晨，晨晨不再对新家庭那么抗拒了。

回到家后，继母也没有强迫晨晨立刻接受她们，而是通过平常的互动和关心，让孩子感受到家庭的温暖和彼此的包容。当晨晨在爸爸的鼓励下，主动向继母表示感谢时，他说："谢谢妈妈。"

价值引领

通过父母与继母的协同努力，营造包容和谐的家庭氛围，帮助孩子逐步接纳新成员。继母以关心而非强制的方式与孩子展开互动，父亲则通过给予情感支持和进行理性引导，促进家庭成员间的理解与融合，在构建和谐家庭关系的过程中，促进孩子树立感恩友善的价值观。

经过一段时间的适应，晨晨慢慢开始接受这个新的家庭。

案例解读

在重组家庭中，家庭教育的核心在于关注儿童的情感需求，为其提供安全感和温暖，并且通过积极的互动帮助孩子适应家庭结构的变化。

一、促进而非强迫孩子接纳新家庭

在重组家庭中，孩子的情感需求复杂且深刻。尤其是在经历父母离异和再婚后，孩子常常会感到不安和孤独，特别是面对继父母和继兄弟姐妹等新家庭成员。晨晨的案例很好地体现了这一点，他虽然知道父母依然爱他，但对新的家庭结构感到不适应。家长应避免强迫孩子立刻接受新家庭成员，而是通过耐心、理解和积极的引导，帮助孩子逐渐适应和接纳新环境。父母需要给予孩子足够的时间和空间，尊重孩子的情感反应，同时通过沟通消除孩子的焦虑，为其建立情感安全感。例如，晨晨的父母温柔地引导他理解继母和继妹的关爱，逐步消除了他的抵触情绪。在重组家庭中，父母的积极心态、理性处理与原配偶的关系以及共同努力帮助孩子适应新生活，是促进孩子接纳新家庭的关键。

二、通过积极心态感染孩子

晨晨的父母在面对离婚和再婚时，展现了积极乐观的心态。尤其是在情感支持和沟通上，他们共同传递给晨晨的信息是：无论家庭发生什么变化，父母对他的爱始终不变。晨晨的妈妈通过细腻的情感支持，让他明白："爸爸和妈妈因为一些问题分开了，但这并不代表我们不爱你，我们永远是你的爸爸和妈妈。"这种情感的传递不仅帮助晨晨理解了父母分开的原因，还让他感受到无论父母的关系如何变化，自己依然是父母心中最重要的人。与此同时，晨晨的父母也没有在他面前表现出对彼此新生活的不满，而是以积极的态度告诉晨晨，父母的离婚和再婚是为了追求各自的幸福，且这种变化并不会影响他们对晨晨的关爱。父母展现出的乐观心态，让晨晨渐渐感受到新生活并非威胁，而是充满了可能性，从而减轻了他对新家庭的排斥和不安，帮助他更开放地接纳这个新的家庭结构。

三、理性处理与原配偶的关系

尽管晨晨的父母已经离婚，但他们依然保持适度的、理性的沟通，共同关注晨晨的成长。通过适度的、有边界的沟通，父母能够及时了解晨晨的情感需求，并采取一致的教育策略来帮助他适应新家庭。父母没有因个人恩怨将负面情绪传递给孩子，而是通过合作为晨晨提供了情感支持，这不仅让晨晨感受到父母始终如一的关爱，也帮助他理解父母之间的关系，逐步放下内心的负担。晨晨的妈妈表现得尤为出色，她没有在晨晨面前批评或指责父亲的再婚，而是耐心倾听并帮助晨晨理解父母各自选择新生活的原因，让他意识到自己仍然被父母深爱着。晨晨的父母在和谐的氛围中共同育儿，这为晨晨提供了一个稳定的情感支撑。理性处理与原配偶的关系，避免负面情绪的传递，使晨晨能够在新的家庭关系中保持稳定的情绪，减少了他对再婚家庭的抗拒，同时也为他建立了健康的情感认知。

理论链接

研究发现，继父母与继子女之间的关系十分显著地影响着全体家庭成员对于家庭的满意程度。重组家庭不要对继父母与继子女之间能迅速相亲相爱抱有期望，以防止幻想破灭所带来的挫败感和伤害。再婚家庭成员创建新的家庭仪式或传统，有助于培育家庭认同感。鼓励家庭成员进行创造性思维，并且重新考虑相关的家庭规则，有助于家庭成员更灵活地接受新的家庭仪式。通过亲生父母、孩子与继父母的创造性思维，逐步形成所有家庭成员共享的生活习惯或仪式，能够帮助“局内人”与“局外人”消除对于其身份的不适应感。[①]

技术策略

在重组家庭中，父母可以根据孩子的理解能力，坦诚地与孩子沟通，向孩子解释家庭变化的原因和新家庭的组成情况。父母可以主动询问孩子的感受，并鼓励孩子表达他们的忧虑、恐惧或不适感。父母要确保孩子明白：父母的爱不会改变，虽然家庭形式发生了变化，但对孩子的关爱依然如故；父母的离婚或再婚并不是孩子的错，家庭的变化是成年人之间的决定。

孩子经历父母离婚后常常会感到不安全、不被理解，此时父母要特别注重给予孩子情感支持。父母的态度要一致，尤其是在孩子面前，要表现出情感上的稳定和一致性。父母可以通过与孩子的互动和陪伴来表达对孩子的爱和关心，要避免任何情感上的冷漠或忽视，让孩子感受到他始终是被爱护和重视的。

孩子对于新家庭的适应可能会经历一个过程，父母要尊重孩子的感受，理解孩子可能需要一定的时间来接纳新的家庭成员。父母要避免给孩子施加过大的压力，要给予他们一定的空间和时间去适应新生活。在孩子出现情绪波动时，父母应表现出耐心和理解，帮助孩子平稳过渡。

案例 2：融入新生活

案例描述

小凯是一个 10 岁的男孩，他的父母在他 6 岁那年离婚了。后来，妈妈遇到了叔叔，两人组成了新的家庭，叔叔还带着姐姐小萌。于是小凯和妈妈、继父、继姐一起生活。

起初，小凯对新家庭有很大的抗拒，他觉得自己原本熟悉的生活被打乱了。继父

① 沃希. 正常家庭过程：多元性与复杂性：第 4 版[M]. 刘翠莲，等译. 上海：上海三联书店，2013.

虽然对小凯很好，时常为他买喜欢的玩具，但小凯始终觉得“爸爸”这个称呼对于他来说很陌生，他无法立即接受继父。继姐小萌12岁，成绩优异，经常受到夸奖。小凯觉得她抢占了妈妈的注意力和爱，于是常常不自觉地和小萌发生争执，不愿意与她共享任何资源，甚至在看到小萌接近妈妈时，心中会涌起一种莫名的嫉妒。

看到小凯的反应，妈妈和继父能理解小凯的抵触情绪，但同时他们决定采取一些措施，帮助小凯更好地适应新家庭的环境，并逐步增强家庭的凝聚力。

妈妈和继父都非常尊重小凯的感受，给他时间适应。妈妈并没有强迫小凯立刻接受继父和继姐，而是给予他更多的关心，让他感受到安全感的同时，逐步消除抵触情绪。继父在与小凯的相处过程中也尽量避免过度干预，没有急于树立父亲的威严。继父知道，小凯有自己的亲生父亲，他不能去取代那个位置，而应该通过自己独特的方式，逐步与小凯建立起亲密关系。例如，继父没有强迫小凯叫他“爸爸”，而是以朋友的身份接触小凯，尊重小凯的节奏，给予小凯空间，通过陪伴、玩乐和关心，让小凯感受到他的真心。

经过一段时间的相处，小凯对继父和继姐没有那么排斥了，有时候也会主动和他们聊天，不再只是被动接受。于是，为了进一步增强家庭的凝聚力，妈妈提议全家人一起去户外露营。在快乐的家庭聚会中，小凯和继父、继姐的关系逐步亲密起来。除了全家人共同参与的活动外，妈妈或者继父都会有意识地创造与两个孩子独处的时间和空间，让孩子能够安全、主动地表达自己内心的感受和想法。渐渐地，小凯对新家庭有了归属感。

在日常生活中，父母始终对小凯和小萌一视同仁，从不偏袒任何一方。无论是学习，还是家庭事务，他们都尽量做到公平对待，避免出现因偏爱某一方而引发的嫉妒和矛盾。在做家庭决策时，父母会让孩子们参与讨论，共同决定家庭的安排和规则，从而让他们感受到自己在家庭中的责任感。他们还鼓励两个孩子之间互相帮助，姐姐小萌会给弟弟辅导学习，而弟弟小凯则会陪姐姐完成体育课的投篮作业。无论是小凯还是小萌，他们都感到自己在新家庭中受到了重视和关爱。

价值引领

父母通过公平对待孩子以及采用参与式决策的方式，增强孩子的归属感与责任感，鼓励孩子之间互助合作，共同参与家庭事务，让孩子体会“责任共担”的价值观。

随着时间的推移，小凯和继父、继姐的关系越来越好。他渐渐地理解了重组家庭并不意味着抛弃原有的亲情，而是多一个人、多一份爱，让家庭变得更加丰富和温暖。

案例解读

重组家庭中的父母不仅要关注家庭的日常运作，还要在情感层面积极营造充满爱的氛围，尊重每个孩子的独特感受和成长轨迹。只有这样，家庭才能成为每个成员心灵的避风港，真正实现和谐共生。

一、尊重孩子的情感需求

在重组家庭中，孩子常常面临身份认同的困惑和情感上的不安全感，尤其是对继父母的接纳问题。小凯的抵触情绪源于父母离异带来的不稳定性和对新家庭的陌生感。继父和继姐的加入打破了原有的家庭结构，这对小凯来说是一个巨大的挑战。他并非反感继父、继姐本身，而是难以接受他们在自己生活中所扮演的新角色。妈妈和继父尊重小凯的感受，给予他充分的时间和空间去适应新家庭的变化，没有强迫他立刻接受继父和继姐。继父没有急于扮演父亲的角色，而是以朋友的身份接近小凯，避免给他带来过多的心理负担。这种尊重孩子情感节奏的做法传递了一个重要的信息：无论家庭发生何种变化，父母依然关注并尊重孩子的情感需求，愿意陪伴他逐步适应新生活，从而为继父与小凯之间奠定了信任的基础。

二、增强家庭凝聚力

继父在与小凯相处的过程中意识到，自己不能立即取代小凯生父的位置，而是应通过平等、自然的方式与小凯建立关系。这种避免过早表现父权的做法有利于缓解孩子的抗拒情绪。通过陪伴、关心和共同活动，继父逐步赢得了小凯的信任。他尊重小凯的独立性和情感节奏，既不急于干涉，避免了角色冲突，又建立了健康的父子关系。同时，为了进一步增强家庭凝聚力，父母组织了户外露营等共同活动，为每个家庭成员提供了一个放松和增进感情的机会，也帮助小凯更轻松地融入家庭。在自然、愉快的家庭互动中，家庭成员之间的关系更加紧密，小凯渐渐感受到继父并非威胁，而是一个可以依赖的人。这些共同活动增强了家庭成员间的亲密感，帮助小凯更好地适应新家庭并建立起情感联系。

三、公平对待孩子

在重组家庭中，处理继子女与亲生子女之间的关系至关重要，避免偏袒是确保家庭和谐的关键。小凯对继姐小萌的嫉妒心理源于他感觉自己在家庭中被忽视，尤其是在妈妈表扬小萌时，他觉得自己的存在被轻视。为了解决这一问题，妈妈和继父在处理两个孩子的关系时，始终坚持公平的原则，确保在学习和日常生活中对小凯和小萌一视同仁。这种公平的态度有效消除了小凯的嫉妒情绪，帮助他们建立了相互尊重和支持的关系。父母还鼓励孩子们互相帮助，进一步促进了他们的合作与亲密。小凯和小萌在共同完成家庭任务和学习的过程中，逐渐减少了竞争心理，形成了更为和谐的姐弟关系。这种互助合作的氛围不仅加深了家庭成员之间的情感，也增强了家庭的稳定性。

理论链接

与初婚伴侣相比，再婚与继子女家庭在家庭生活的调适过程中可能面对更多冲突和更大挑战。这可能是因为在重组家庭中关系更为复杂，家庭成员的共享经历有限，以及相关局外人（如前任配偶和未同住的父母）的存在。家庭凝聚力水平较低，决策时配偶间相互制衡，以及在财政和孩子问题上双方各行其是，这些现象可能是家庭内频发的冲突所致。冲突常见于以下几种情况：与非同住的父母的关系处理问题，它可以蔓延到母子之间及继父与继子之间的冲突；父母对继子女和继父母对子女的教养问题，尤其是在有继女的家庭里；家庭组成之初家规与边界的设定问题。在重组家庭中，更为开放的沟通和更具弹性的家庭系统被认为更有利于继子女家庭的良好发展。①

技术策略

家庭传统和仪式感能够增强家庭的归属感和团结感。在重组家庭中，父母可以每周或每月安排一次家庭日，一起开展一些大家喜欢的活动，或者共同商定节日庆祝的方式。父母应创造和孩子之间的独处时间，让孩子能够自由表达自己的感受和想法。尤其是在孩子感到困惑、愤怒或嫉妒时，父母应耐心倾听，并给予真诚的情感支持。另外，父母之间关系的稳定性对家庭凝聚力至关重要。重组家庭中的父母应通过相互支持、尊重与理解，维护好夫妻关系，这不仅能为家庭提供情感支持，也有助于孩子感受到家庭的安全感和稳定性。父母在生活中要积极沟通，共同努力解决问题，避免让孩子感受到家庭可能再度分裂的威胁。

反思演练

1. 在重组家庭中，孩子可能会面临融入继父母或继兄弟姐妹的问题。你认为父母应如何平衡新家庭成员与原家庭成员之间的关系，以促进家庭和谐？请结合你的看法，分析重组家庭中亲子关系可能面临的挑战。

2. 在重组家庭中，继父母和继子女之间的关系可能比较复杂，如何避免冲突、增进理解与信任？你认为家长应如何通过家庭教育让孩子适应新家庭结构，避免孩子产生排斥心理和负担？请结合你的观点和经验，提出具体的亲职指导策略。

3. 如果你是一位家庭教育指导师，你会如何帮助孩子与继父母、继兄弟姐妹建立健康的关系？请帮助家长设计一系列亲子活动，让孩子在这个新家庭结构中找到归属

① 沃希. 正常家庭过程：多元性与复杂性：第4版[M]. 刘翠莲，等译. 上海：上海三联书店，2013.

感，并增进彼此间的情感。

学习回顾

本模块探讨了不同家庭结构下的家庭教育实践，旨在为开展亲职指导提供策略和方法。在独生子女家庭中，家长在关注孩子个性发展的同时，要避免过度宠溺，注重培养孩子的独立性与责任感。在多孩家庭中，家长需要在有限的资源和时间内，尽可能确保每个孩子都能得到足够的关注与支持。对于隔代家庭，父母要加强与祖父母在教育方式上的协同与沟通，避免教育冲突。单亲家庭需要关注家长自身的情感支持，提升教育技巧，帮助孩子健康成长。重组家庭需要着重加强继父母与孩子之间的关系构建，注重家庭成员间的信任与理解。

模块六

特殊关爱

在我们身边，生活着一些特殊的儿童群体，他们因家庭背景、生活环境或自身特点不同，面临着诸多不同于普通儿童的挑战，亟需家庭、学校和社会给予特别的关注与支持。留守儿童因父母长期外出务工，缺乏日常陪伴与亲情关怀；流动儿童随父母迁移，面临环境适应困难与教育资源不均衡的问题；特殊儿童则因身心存在差异，需要个性化教育方案。

本模块我们将聚焦这些特殊儿童，探讨如何突破传统家庭教育模式，注重个性化教育的实施，充分利用家庭、学校、社会三方的协同合作，为孩子们提供全方位的支持与关爱，从而助力他们健康成长。

学习目标

素养目标

- 关爱弱势群体，增强社会责任感与教育公平意识。
- 在关爱实践中传承助人为乐、守望相助的优良传统。

知识目标

- 描述留守儿童、流动儿童和特殊儿童的教育特点与心理需求。
- 归纳针对特殊儿童家庭教育的支持策略与资源利用方式。

能力目标

- 设计支持留守儿童、流动儿童及特殊儿童家庭教育的个性化方案。
- 协调家庭、学校、社会资源，提供综合性教育支持。

任务一　关爱留守儿童的家庭教育

任务描述

在当今社会，随着城市化进程的加速，越来越多的父母为了生计背井离乡，前往城市打工，他们的孩子便成了留守儿童。这些孩子在成长过程中，由于父母的陪伴缺失、家庭居住结构不完整以及家庭教育的缺位，他们在心理、学习和生活等诸多方面面临着极大挑战。家长可以通过媒介化抚育以及家庭、学校、社会三方合作等方式，弥补家庭教育的缺失，给予留守儿童特殊的关爱与支持，帮助他们健康成长。**阅读以下家庭教育案例，思考如何通过家庭教育加强情感联系与心理支持。**

任务活动

1. 分析案例中的家长是如何解决留守儿童面临的家庭教育问题的。
2. 讨论如何增强留守儿童与父母之间的沟通和情感支持。

案例1：爸爸的“云陪伴”

案例描述

在我国广袤的农村，有一个亟待关注的特殊群体——留守儿童。本案例的小主人公9岁的小宇就是其中之一。小宇的妈妈在他5岁的时候就生病去世了，爸爸胡刚为了改善家庭的经济状况，不得不背井离乡，前往城市务工，把小宇留在老家，由年迈的祖父母代为照看。尽管爸爸心中万般不舍，但生活的重担让他别无选择。

为了不错过儿子的成长，不让儿子感到孤独，每周一次的定时视频通话，就成了胡刚父子之间传递亲情、分享生活的纽带，也是两人最期待的时刻。胡刚特意在手机上设置了提醒，确保自己无论多忙，都能准时出现在视频的另一端。视频通话成为父子俩最愉快的亲子时光。

一次，小宇学校布置了一项手工作业——制作一份主题为“我的梦想”的手抄报。在视频电话里，胡刚耐心地指导小宇如何构思版面、挑选色彩、搭配文字。他一边讲解，一边在纸上示范，小宇听得很认真，还不时地提出自己的想法。他们一起讨论梦想的内容，小宇兴奋地告诉爸爸：“我将来想要成为一名科学家！”胡刚趁机鼓励道：“你的梦想真是太棒了！成为一名科学家，那就需要你不断地探索未知的领域，解决各种难题。这可不是一件容易的事，但爸爸相信你一定能做到。每一个伟大的科学家都是从一个小小的梦想开始的。只要你勇敢追求，不断努力学习，总有一天，你的梦想会实现。爸爸支持你!”小宇听后坚定地点了点头。在父子俩的共同努力下，一份充满创意和童趣的手抄报诞生了。小宇拿着自己的作品，满脸自豪地向屏幕另一端的父亲展示。

小宇的数学成绩一直不太理想，这成了胡刚心中的一块心病。他知道，数学是一门基础学科，对孩子的未来发展至关重要。于是，他常常利用视频通话的时间，为小宇进行远程辅导。每次辅导前，胡刚都会提前准备好相关的数学题目和解题步骤。通话时，他会耐心地引导小宇思考、解答题目。每当小宇遇到难题时，胡刚也会一遍又一遍地耐心讲解，用通俗易懂的语言将复杂的数学概念化繁为简。他还会在微信群里向数学老师请教一些辅导的方法，寻求更专业的建议。在胡刚的悉心辅导下，小宇的数学成绩逐渐有了起色。

又到了周末视频通话的时间，这次胡刚发现小宇在视频里心情低落，显得有些沮丧。他耐心地询问儿子发生了什么事情。原来小宇在学校里因为一件小事与同学发生了争执，心里很不舒服。胡刚听后，没有责备小宇，而是耐心地倾听，理解他的感受。然后，他用自己的经历告诉小宇，人与人之间难免会有摩擦和误会，重要的是要学会宽容和理解。他还鼓励小宇主动与同学和解，用真诚和善良去赢得友谊。在胡刚的耐心开导下，小宇的心情逐渐好转，他也学会了如何正确处理人际关系中的矛盾和冲突。

尽管每周定时视频通话加深了胡刚与儿子的联系，但他仍渴望更紧密的陪伴。一次偶然的机会，胡刚发现了一种新型的智能摄像头，这种摄像头具有实时传输画面与双向语音对讲功能，他认为这是与儿子时刻保持联系的好方法，于是，他立刻买了回来。通过手机APP，胡刚仿佛瞬间回到了家中，与儿子近在咫尺。摄像头不仅让他能随时查看儿子的生活状况，还能在儿子玩耍、学习时与他聊天，分享点滴。这种跨时空的交流，让父子间的亲情纽带愈发牢固。每当小宇想念父亲，便会跑到摄像头前与胡刚分享自己的喜怒哀乐，而胡刚也总是耐心倾听，给予他关爱与鼓励。摄像头的陪伴，让小宇不再孤独，时刻感受到父亲的关怀与支持。

案例解读

留守儿童因父母外出务工而面临家庭教育的缺失，这一现状对儿童的全面发展构成了严峻挑战。家庭教育不仅是知识的传授，更是情感的交流、价值观的塑造和行为的引导。远程媒介，如电话、视频通话等，作为现代通信技术的产物，为外出务工的父母与留守儿童之间搭建了一座沟通的桥梁，有效弥补了家庭教育的不足。

一、云陪伴，搭建弥补情感缺失的桥梁

留守儿童在成长过程中，由于父母长期不在身边，往往容易产生孤独感、不安全感和被遗弃感，这些负面情绪严重影响他们的心理健康。案例中的爸爸胡刚虽然身处外地，但通过每周定时进行的视频通话以及智能摄像头的实时互动，成功消除了地理距离带来的隔阂。这种“云陪伴”不仅让儿子小宇感受到父亲的关心，还为他提供了

安全感，缓解了他的孤独感和焦虑情绪。

二、远程辅导，学习支持的有力补充

留守儿童由于缺乏父母的直接监督和指导，学习上往往面临诸多困难，容易出现学习动力不足、成绩不理想等问题。为了弥补这一不足，父母可以借助远程媒介，积极参与孩子的学习，为孩子进行远程学习辅导。这不仅体现了父母在孩子学习过程中的重要角色，而且为孩子的学业发展提供了有力支持。案例中，胡刚与儿子共同完成作业的经历，不仅增进了父子之间的默契，也让小宇感受到了父亲的支持与陪伴。同时，父母要多与学校老师配合，及时了解孩子在校的表现和学习需求，共同制定适合孩子的学习计划。通过这种紧密的家校合作，父母可以更好地发挥监督和辅导的作用，为留守儿童的学业发展提供更加全面的支持。

三、共同成长，守护梦想与兴趣

爱的表达对象缺位被认为是留守儿童自卑、孤僻等退缩心理的根源。留守儿童在成长过程中常常缺乏父母的关注和支持，这可能导致他们在自我认知和目标设定方面陷入迷茫。案例中，爸爸胡刚通过肯定小宇的梦想，并鼓励他勇敢去追求，这种积极的反馈机制帮助小宇树立了自信心，让他有了明确的目标感。父母对孩子梦想和兴趣的支持，是塑造孩子积极向上心态的关键因素，也为孩子的长远发展奠定了坚实基础。对于留守儿童而言，这种支持尤为重要，因为它有效补偿了他们在情感和心理方面的缺失，有助于他们更稳健地成长和发展。

四、宽容与理解，人际关系的智慧

留守儿童在与同伴的交往过程中，由于缺乏父母的即时引导，更容易产生矛盾和冲突，且难以自行找到有效的解决办法。在处理小宇与同学的争执时，胡刚采用了分享个人经历的方式，而非简单地进行责备说教，以此引导小宇学会宽容和理解他人。这种家庭教育方式使小宇学会了如何妥善处理人际关系中的矛盾冲突，培养了他的同理心和宽容品质。父母在孩子遇到人际关系问题时给予的正确引导，是帮助孩子建立健康社交关系的关键环节，也为孩子未来的人际交往提供了重要智慧。

胡刚通过“云陪伴”，成功地为小宇提供了情感支持、学习辅导和心理关怀，消除了地理距离带来的隔阂。这种远程陪伴不仅增进了父子间的情感联系，还为小宇的健康成长提供了全方位的支持。本案例展示了现代科技在改善留守儿童生活方面的重要作用，同时也提醒我们，无论父母身处何地，都可以通过积极的家庭教育方式，为孩子的成长提供坚实的后盾。对于留守儿童这一特殊群体而言，父母的“云陪伴”不仅是情感上的慰藉，更是他们健康成长的重要保障。

理论链接

深度媒介化（deep mediatization）理论强调，在数字时代，媒介已成为社会运作的基础设施，深刻影响社会结构和个体实践。该理论指出，媒介不仅传递信息，还通过其逻辑和规则重构社会关系、文化认同和行为模式。在远程抚育方面，深度媒介化理论揭示了媒介技术如何使父母在地理距离遥远的情况下，通过数字媒介如视频通话、社交媒体等，对子女进行远程抚育和生活照料。媒介技术能够为分隔两地的家庭成员提供情感上的支持，在巩固家庭关系、实现家庭团结上作用明显。[①] 这种媒介化抚育方式不仅消除了因地理距离造成的情感隔阂，还在一定程度上促进了留守儿童的认知发展、学习成绩、心理健康和社会适应能力，体现了媒介在远程抚育中的积极作用。

技术策略

留守儿童的家长应通过媒介化抚育方式，积极与孩子保持亲密联系，定期利用视频通话、社交媒体等工具与孩子交流，关注并了解他们的生活和学习情况。同时，家长要向孩子传递正面信息和价值观，鼓励他们树立积极向上的人生态度；指导孩子合理使用媒介资源，教会他们辨别信息真伪，避免沉迷其中；尽可能与孩子共同参与线上学习、游戏等活动。这不仅能增进亲子关系，还能让家长更积极地参与孩子的成长过程，为他们的身心健康和全面发展提供有力支持。

案例 2：其实你并不孤独

案例描述

婉婉今年 12 岁，正读小学六年级。父母为了生计，常年在外务工，留下她和爷爷奶奶相依为命。婉婉是个懂事的孩子，平时会主动帮爷爷奶奶分担家务，扫地、洗碗、洗衣服，样样都能干。但她与父母相处的时间较少，对父母的态度有些敷衍，有时甚至会顶撞父母。

“婉婉啊，你爸妈又打电话来了，说他们很想你。”奶奶一边擦着桌子，一边对婉婉说。婉婉只是淡淡地“哦”了一声，便继续低头写作业。其实，婉婉心里很想念父母，但她总觉得父母对她的关心不够，每次通电话，父母都只是匆匆几句问候，就挂断了。

婉婉以前的学习成绩不错，不过最近两年开始出现偏科现象。数学老师经常反映她上课爱打瞌睡，对学习缺乏兴趣，家庭作业还经常完不成。在学校里，婉婉也变得越来越内向，很少参加班级活动。有一次，班上几个调皮的男生嘲笑她“没有父母管

① 胡春阳，毛荻秋. 看不见的父母与理想化的亲情：农村留守儿童亲子沟通与关系维护研究[J]. 新闻大学，2019（6）：57–70+123.

教”，婉婉一气之下，竟然和他们动起了手。幸好老师及时发现并制止，才没酿成大祸，但婉婉与同学的关系也变得紧张起来。

班主任给婉婉的父母打了几次电话，希望他们能多和婉婉沟通。婉婉的父母在电话里满是担忧，却也无可奈何，迫于生计无法陪在孩子身边，只能依靠电话口头沟通和教育。他们对婉婉的学习情况感到无能为力，并请求老师多给予关心和帮助。

看到婉婉这样的情况，作为社工的我心里很不是滋味，希望可以给予婉婉一些帮助。为了赢得婉婉的信任，我经常去她家看望她、关心她，陪她聊天，特别留意她的情绪变化。渐渐地，婉婉开始主动与我说话，经常会跟我分享她在学校和家里发生的一些事。

一天下午放学后，我又去找婉婉。“你最近怎么总是不开心呢？是不是有什么心事？”我边走边问。

婉婉低着头，沉默了一会儿，才小声说：“我其实挺想念爸爸妈妈的，但他们总是那么忙，每年只有过年才能回家住几天，一点儿也不关心我。”

我摸了摸婉婉的头，安慰她说：“婉婉，爸爸妈妈其实是很爱你的，他们辛苦赚钱就是为了给你提供更好的生活条件。只是他们现在不能陪在你身边，但你可以通过电话或者微信跟他们多聊聊啊。”

为了帮助婉婉改善与父母的关系，我主动联系了婉婉的父母。我告诉婉婉的父母，婉婉非常想念他们，她很需要他们，给孩子创造优质生活条件只是一方面，孩子的成长更重要的是长期陪伴和关爱。我建议他们为婉婉录制一段上班过程的视频，以及想对女儿说的心里话。当婉婉看到视频中父母辛苦工作的身影，听到他们充满爱意的话语时，眼泪止不住地流了下来。“原来爸爸妈妈在外面工作这么辛苦。”婉婉喃喃自语道。

我还利用节假日，带着婉婉前往福利院看望残障儿童和孤儿，让她明白自己其实很幸福，有健康的身体和父母的关心支持。

接下来，我跟婉婉一起分析了她偏科的原因，建议她多与数学老师沟通交流，把自己在学习中遇到的困惑跟老师谈谈。通过交流，老师了解到婉婉学习中存在的一些问题，并很耐心地为她一一讲解。后来，老师还为她制定了个性化的学习计划，先从简单的题目开始，每天完成几道基础题。在这期间，我还教给她一些学习技巧，比如如何做笔记、如何整理错题等。经过一段时间的练习，婉婉逐渐克服了对数学的恐惧，开始主动尝试更难的题目。

我主动与婉婉的班主任约谈，建议班主任定期开展心理班会，鼓励活泼外向的同学帮助婉婉参与班级活动，进一步提升她的人际交往能力。

价值引领

家庭、学校、社会协同育人，共同促进孩子的人格发展。

经过长达半年的个案介入，婉婉和父母的关系得到了改善，她的学习兴趣也被激发了出来。据学校老师和同学反映，婉婉不仅性格变得活泼外向了，学习成绩相比之前也有了很大提高。

案例解读

儿童健康成长最理想的家庭居住模式是父母均在家的核心家庭。在养育子女过程中，父母时间和精力的投入是儿童能力发展的关键。父母一方或双方外出打工，会导致农村留守儿童认知能力滞后、心理健康问题凸显、社会适应能力下降、学习成绩落后、不良行为频发等发展困境。目前，留守儿童的教育问题已经成为一个社会问题。为了留守儿童能够更好地成长，需要家庭、学校和社会的共同努力，只有通过多方合作，才能为留守儿童提供更全面的支持和保障。

一、家庭层面：强化亲子关系与情感支持

父母是孩子成长过程中最重要的支持者。尽管外出务工是许多家庭出于经济考虑做出的选择，但父母应意识到情感陪伴对孩子成长的重要性。父母可以通过定期电话、视频通话等方式与孩子保持密切联系，了解他们的学习、生活和心理状态，分享生活点滴，增强亲子互动。父母可以提前规划与孩子的沟通内容，避免只是简单的问候，而是要真正倾听孩子的想法和感受；还可以与孩子共同制定家庭规则和目标，让孩子感受到自己在家庭中的重要性。案例中，婉婉的父母通过录制视频的方式，让婉婉直观感受到他们的辛苦和爱意。这种方式不仅消除了她对父母情感的误解，也增强了父母与孩子之间的情感联系。

二、学校层面：提供个性化教育与心理关怀

学校应关注留守儿童的学习需求和心理状态，为他们提供个性化的学习辅导。例如，建立学习小组，安排成绩较好的学生与留守儿童结对帮扶，帮助他们在学习上取得进步。以婉婉为例，社工与她老师的合作，为她制定个性化的学习计划。通过从简单题目入手，帮助婉婉逐步建立学习信心，同时教授她学习技巧，帮助她克服对数学的恐惧。这种个性化的辅导不仅解决了婉婉的学习问题，还提升了她的自我效能感。此外，学校还应加强心理健康教育和社交能力的培养。例如，定期开展心理健康课程和讲座，帮助他们认识和管理自己的情绪；组织丰富多彩的课外活动，鼓励他们在活动中结交朋友，增强自信；设立心理咨询室，配备专业的心理咨询师，为留守儿童提供一对一的心理辅导。

三、社会层面：构建完善的支持网络

构建完善的支持网络对于解决留守儿童问题至关重要。案例中，社工通过入户探访和面谈，扮演陪伴者和聆听者的角色，关注婉婉的情绪状态和真实想法。这种陪伴

和倾听让婉婉感受到被关注和理解，两人逐渐建立起信任关系。同时，社工还积极整合外部资源。例如，联系社区志愿者和公益组织，为婉婉提供更多的支持和帮助。这种多方合作的模式，不仅弥补了家庭和学校支持的不足，还为婉婉提供了更全面的成长环境。

理论链接

生态系统理论是由美国心理学家布朗芬布伦纳提出的一种理解个体发展与环境相互作用的理论框架。该理论强调个体发展的多层面性和动态性，认为个体行为和心理发展是环境与个体相互作用的结果。生态系统理论关注人与环境的互动，强调人类行为与社会系统各要素之间在环境中的相互作用，并且重视这种相互作用对人的影响。① 该理论将教育的视角从家庭拓展到了学校、邻里和社会等更为广泛的空间，认为家庭、学校、邻里等社会环境都是人发展过程中的一部分。各种不同层次、性质的环境相互交织在一起，构成一个既具有中心，又向四处扩散的网络式的生态环境，包含微系统、中系统、外系统和宏系统，这些系统层层嵌套，共同塑造个体的行为和发展。

技术策略

家庭、学校和社会的多方协作，构建一个全方位的支持系统，能够有效改善留守儿童的教育和心理状况，促进他们的全面发展。

在家庭层面，父母可以通过视频通话、语音消息等多种方式与孩子保持频繁沟通，关注孩子的成长。同时，学校和社区可以为留守儿童的临时监护人（如祖父母）提供家庭教育指导，帮助他们更好地理解孩子的心理需求，提升教育能力。此外，父母可以通过自身行为为孩子树立榜样，传递积极向上的价值观，让孩子感受到家庭的温暖和支持。

在学校层面，学校应开设心理健康课程，配备专业的心理健康教师，定期开展心理辅导活动，帮助留守儿童应对心理困扰。同时，学校应定期与留守儿童的父母和临时监护人沟通，反馈孩子的学习和心理状况，共同关注孩子的成长。教师应该关注留守儿童的学习进度和困难，提供个性化的学习指导，帮助他们提升学业成绩。此外，学校还可以通过举办文体活动、主题班会等形式，增强留守儿童的社交能力和自信心，营造友爱互助的校园氛围。

在社会层面，社区可以整合各类资源，通过组织课后辅导、兴趣班、参观实践等活动，为留守儿童提供更多的学习和成长机会。

① 师海玲，范燕宁. 社会生态系统理论阐释下的人类行为与社会环境：2004 查尔斯 • 扎斯特罗关于人类行为与社会环境的新探讨[J]. 首都师范大学学报（社会科学版），2005（4）：94-97.

反思演练

1. 假设你是留守儿童的家长或者因为工作等原因长期不在孩子身边的家长，你认为如何在经济与情感之间找到平衡点？

2. 作为一名家长或者教育工作者，你认为留守儿童的父母与孩子联系的频率以多少为宜？为了提高沟通效果，请列出借助远程媒介沟通时需要注意的事项。

3. 请帮助留守儿童的家长与孩子共同制定一份合理的学习计划，其中包括具体的学习时间安排、学习困难的解决方法、课外阅读的时间和内容以及课外活动的形式和时间等。

4. 你所在的社区和学校能为留守儿童的教育提供哪些帮助？如何才能更好地利用现有的资源来帮助留守儿童学习和成长？

任务二　关注流动儿童的成长需求

任务描述

流动儿童如同一颗颗迁徙的种子，怀揣着对未来的憧憬与家庭的希望，扎根于新的土壤。作为城市中的特殊群体，流动儿童的家庭教育面临着诸多挑战。由于家庭的迁徙，孩子们需要适应新的环境、新的文化和新的生活方式。在这个过程中，家长不仅要为孩子提供稳定的生活和学习环境，更要给予他们足够的关爱和支持，培养他们的自信心和适应能力，帮助他们更好地融入新环境。**阅读以下家庭教育案例，思考家庭应如何支持孩子融入新环境并建立积极的社会关系。**

任务活动

1. 讨论流动儿童的适应特点及家庭教育策略。

2. 探讨如何通过家庭支持增强孩子的社会融入能力。

案例 1：口音带来的烦恼

案例描述

晓磊是一个聪明伶俐、活泼乐观的男孩，从小便随着做生意的父母从河南老家来到重庆读书，所以从他的外表、习惯等各方面来看，早已与本地孩子一样，看不出什么差别，唯有偶尔蹦出的方言，还残留着家乡的印记。刚踏入小学一年级的门槛，晓磊对新环境充满了好奇。然而，开学不久的一堂语文课上，他那夹杂着河南话和四川话的口音，引来了同学们的哄笑。老师及时制止了大家的嘲笑行为，并耐心地引导他学习普通话，晓磊也欣然接受。

但好景不长，两个月后的一次课外活动时，一个孩子模仿了晓磊的口音，这触动了他敏感的神经。冲动之下，他先动了手。教室里顿时乱作一团，同学们纷纷上前拉架，其中几个本地同学却趁机联合起来对付他。晓磊满心委屈，而事后又因为他先动手而受到了班主任老师的严厉批评，这更让他感到委屈。但事情并未平息，那位本地同学的父亲得知此事后，不问青红皂白，便在校门口对晓磊进行了一番“教育”，言语中透露出对外地人的偏见。晓磊既愤怒又困惑，他不明白为何自己外地人的身份会招来这些嘲笑和不公的对待。从此，晓磊与本地同学的隔阂日益加深。他变得沉默寡言，只喜欢与个别同学来往，对班级活动漠不关心，学习热情也大打折扣。

晓磊的父母非常爱他。爸爸虽忙于生计，对晓磊的关怀却从未减少，只要有时间就会叮咛他：“在这里读书不容易，你可要认真学，不然就送回河南老家去。在学校里要听老师的话，不要惹事，不要给同学和老师添麻烦。”而细心的妈妈很快察觉，这段时间晓磊回家后话越来越少了，以前那个活泼开朗、叽叽喳喳说个不停的小男孩，现在却总是沉默寡言，好像有什么心事憋在心里。妈妈猜想晓磊是在学校遇到了什么困扰。

于是，妈妈只要有时间就会跟晓磊聊天，告诉他无论遇到什么困难，都可以向妈妈倾诉。她也劝晓磊爸爸：“说教不等于关心，孩子正处于成长的关键期，要多听听孩子的心里话。”

除了与晓磊谈心，妈妈还主动联系了班主任，详细了解晓磊在学校的情况，并将自己观察到的问题告诉了老师。班主任表示会在学校多关注晓磊的情绪变化，鼓励他参与班级活动，引导同学们尊重和接纳他。就在那天放学后，班主任主动找晓磊聊了很长时间。她告诉晓磊，每个人都有自己独特的成长经历，来自不同的地方并不是什么问题，反而是一种宝贵的财富。老师还分享了自己小时候遇到困难时是如何克服的，鼓励晓磊要勇敢面对挫折，不要因为一时的不愉快就否定自己。

为了营造温馨和谐的家庭氛围，母亲精心策划了一系列家庭活动。周末时，她会带着晓磊去公园散步、去图书馆阅读，或者一起动手做晚餐。她希望通过这些活动，让晓磊感受到家的温暖和归属感。母亲还鼓励晓磊加入兴趣小组、参加社区活动，她为晓磊报名参加了一个普通话培训班，希望能帮助他提升自信。在培训班里，晓磊不仅学会了标准的普通话，还结识了一群兴趣相投的好朋友。

随着时间的推移，晓磊不再为自己的口音感到自卑，也不再在意自己外地人的身份。他积极参与班级活动，与同学们的交流日益增多，整个人变得更加开朗和自信。他明白了，无论身在何处，家人都是他最坚强的后盾。

案例解读

在当今社会，随着人口流动的加剧，流动儿童的教育问题日益凸显。他们面临着适应新环境、融入新文化的挑战，同时在学业、心理和社会交往等方面也承受着巨大压力。晓磊的案例作为流动儿童家庭教育的一个缩影，促使大家深入探讨流动儿童家庭教育的挑战与对策。

一、从学业压力到心理、社交支持

在流动儿童家庭中，父母往往因工作繁忙和生活压力，容易将注意力只集中在孩子的学业成绩上，而忽视了他们心理和情感的发展以及社交能力的培养。案例中，晓磊作为流动儿童，因口音问题受到嘲笑，遭遇打架事件后感到委屈，与本地同学产生隔阂。这些问题不仅影响了他的学业，更对他的心理健康和社交能力造成了冲击。晓磊妈妈意识到问题之后，开始调整教育方式，从单纯强调学业成绩转向提供心理支持和社交引导。她通过加强与晓磊的沟通，组织家庭活动和社交活动，促进晓磊与他人交流，逐步改善了他的社交状况。这一转变凸显了流动儿童家庭教育中，从关注学业压力转向提供心理、社交支持的必要性。

二、营造包容理解的家庭和社会环境

流动儿童在新环境中往往面临文化、语言和生活习惯上的差异，容易感到孤独和排斥。案例中，妈妈深知要帮助晓磊融入新环境，就必须营造一个包容与理解的环境。在家里，她通过安排家庭活动、增加亲子互动，让晓磊感受到家的温暖和支持。在学校，她积极与班主任沟通，寻求老师的理解和帮助，共同为晓磊营造一个包容的学习环境。此外，母亲还鼓励晓磊参加普通话培训班，提高他的语言能力，增加他与同龄人交流的机会。这些努力不仅帮助晓磊克服了语言障碍，更让他感受到了来自家庭和社会的关爱与接纳，为他融入新环境奠定了坚实的基础。

三、强化亲子互动与社交实践

对于流动儿童而言，亲子互动和社交实践是提升自信与归属感的重要途径。案例中，母亲通过开展亲子互动活动，比如共同阅读、户外活动等，不仅增强了与晓磊之间的情感联系，还让他感受到了被关注和爱护。同时，母亲鼓励晓磊参与各种社交活动，比如加入兴趣小组、参加社区活动等。这些活动不仅丰富了他的课余生活，还让他在与同伴的互动中找到了归属感和成就感。通过这些实践，晓磊逐渐克服了自卑心理，提升了自信心，也学会了如何与他人建立良好的人际关系。

理论链接

社会融合理论是研究不同群体在社会中相互适应、整合的过程与机制的理论。其

起源可追溯至19世纪法国社会学家涂尔干在《自杀论》中提出的“社会整合”概念。该理论主要分为三个层次：宏观层面的社会整合理论，强调社会整体的协调与团结；中观层面的族群融合模式，如“熔炉论”“同化论”和“多元文化论”，关注外来群体与当地居民的关系；微观层面的心理建构，聚焦个体的社会认同与接纳。此外，社会融合理论还涉及社会排斥、社会分化等基础理论，强调通过政策干预促进社会包容。国内学者对流动人口社会融合的界定大致可分为三种：一是“双向适应”说，认为社会融合是不同个体、群体、文化互相配合、互相适应的过程；二是“单向融入”说，认为社会融合是新移民在居住、就业、价值观念和生活方式等各方面融入城市社会的过程；三是“差异消退”说，把社会融合理解为流动人口和流入地居民在社会经济地位上差异不断缩小的过程。①

随着时代的发展，社会融合理论逐渐发展成为解释个体或群体如何适应和融入新社会环境的重要理论框架。它强调个体或群体在融入新环境时，需要经历文化适应、身份认同、社会关系网络重建等多个阶段，最终实现与主流社会的深度融合。

技术策略

流动儿童可能因频繁搬家、转学、文化差异和语言障碍，与父母相处的时间减少，同时在新环境中容易感到孤独、无助。家长应多陪伴孩子，参与他们的学习和生活，通过一起阅读、做游戏、进行户外活动等方式增进亲子关系，弥补因流动带来的情感缺失。同时，家长还应耐心倾听孩子的心声，理解他们的困惑和烦恼，关注他们的情绪变化，及时疏导他们的心理问题。当孩子遇到困难时，家长应给予积极支持和引导，帮助他们找到解决问题的方法。

家长应主动与学校老师保持密切沟通，定期了解孩子在学校的学习和生活情况，并特别强调流动儿童的特殊性，比如他们可能面临的语言障碍、文化差异等，请求老师给予更多的关注和帮助。在孩子遇到困难或出现特殊状况时，家长应及时向老师反映，共同商讨解决方案。

家长要多鼓励孩子参与学校或社区的集体活动，比如运动会、文艺汇演、志愿服务等，通过这些丰富多彩的活动，促进孩子融入新环境，帮助他们结交新朋友，培养团队合作意识，增强社会归属感，提高社交能力和适应能力。

案例2：一朵流动的小花

案例描述

10岁的小颖是江西人，今年随着父母来到我们学校所在的城市打工，9月开学她成了我班的一名插班生。班级里举行素质检测，小颖的语文和英语成绩还不错，经常

① 刘红升，靳小怡. 流动儿童的社会融合：概念测量、群体差异和影响因素[J]. 兰州学刊，2019（2）：132-144.

能考“良好”，但是数学成绩却常常不及格。数学老师反映：“这孩子基础太差，上数学课时总是皱着眉头，一副无精打采的样子，问她什么地方不懂，她也不吱声。”

作为班主任，帮助小颖解决学习困难是我责无旁贷的工作。在一次班级素质检测后，我特意将她叫到办公室，试图了解她内心的想法。小颖低着头，双手不停地揉搓着衣角，小声说：“老师，我觉得自己很笨，学不会数学。”眼泪就顺着脸颊流了下来。

为了更深入地了解小颖，我开始利用课余时间与她交谈。一次放学后，我们在校园里散步，小颖向我敞开了心扉。她告诉我，以前在家乡的学校，她的成绩还不错，但自从转学到这里，一切都变了。复杂的数学公式和题目让她感到无所适从，她也努力过，但每次看到不理想的成绩，她觉得自己是真的学不好了。

听着小颖的讲述，我心疼不已。我知道，要帮助她走出困境，首先要帮她克服对学习的恐惧，建立正确的自我认知。于是，我开始在课堂上给予小颖更多的关注，鼓励她参与课堂讨论，给她展示自己成果的机会。放学后，我经常会留下她，用轻松的方式帮她补习。我们从最基础的知识点开始，一步步建立她的学习信心。我还特意找了一些有趣的数学题目给她做，鼓励她多思考、多尝试。

为了让小颖感受到更多的关爱和支持，我来到小颖的家进行家访。我看到了她简陋的居住环境，也感受到了她父母对她的殷切期望。虽然工作繁忙，但他们仍然表示愿意为孩子的成长付出更多。我与他们深入交谈，告诉他们小颖目前的心理状态和学习困境，希望他们每天能够抽出一点时间，哪怕只是十分钟，陪小颖聊聊天，了解她的想法和遇到的困难。他们听后深受触动，表示愿意尝试改变。

第一周，小颖的母亲提前下班，和孩子一起坐在书桌前。小颖兴奋地向我汇报：“老师，妈妈和我一起做了数学题，我还教她怎么用手机查资料呢！”我看到小颖眼中的光芒，那是久违的自信和快乐。从那以后，小颖的父母逐渐找到了平衡工作与家庭的方法。他们开始更加重视与孩子的交流，哪怕是通过电话，也会在晚餐时询问小颖一天的学习和生活的情况。

价值引领

班主任通过家访与家长进行沟通，引导父母参与孩子的学习与生活，帮助孩子克服学习困难与心理障碍。这一过程体现了家校协同在流动儿童学业提升与心理健康教育中的重要作用，彰显了家校共育理念的重要价值。

后来，我又建议小颖的父母利用周末时间，带小颖去图书馆或公园，让学习成为一种家庭活动。这样不仅能增进亲子关系，还能拓宽小颖的视野。小颖的父母欣然接受了我的建议。他们开始带着小颖去图书馆借书、看书，一起讨论书中的故事和道理。有时候，他们还会一起去公园散步、玩耍，享受难得的亲子时光。

小颖在学习上的进步显而易见。她不仅作业完成得越来越及时，还开始主动举手回答问题。她的眼神里不再是充满迷茫和躲闪，而是充满自信和坚定。在一次班级演讲比赛中，小颖勇敢地站上了讲台。虽然她很紧张，但还是坚持讲完了自己的故事。当她走下讲台时，全班响起了热烈的掌声。

随着时间的推移，小颖的变化越来越明显。她开始主动与各科老师交流学习上的困难，积极寻求帮助。她的学习成绩也有了显著的提升，尤其是数学，她已经能够跟上课堂节奏，甚至开始主动挑战一些难题。她的自信心也逐渐增强，开始积极参与班级的各项活动，与同学们建立了深厚的友谊。

一年的时间很快就过去了，在临近新学期开学的前几天，小颖妈妈给我发了一条短信："陈老师，您好！因为我们工作的变动，这个学期小颖不在您这里上学了。我们全家都非常谢谢您对她的教育和帮助！"开学后不久的教师节，我收到了小颖的一条短信："爸爸妈妈在哪儿，我就跟到哪儿；幸福在哪儿，我就盛开在哪儿。谢谢陈老师！您的学生小颖。"小颖就像一朵流动的幸福的花儿，有爸爸妈妈的呵护，有学校大家庭的帮助，有老师同学的关心，这些爱让她在成长的旅途中不再孤单，能够勇敢地追寻属于自己的光芒！

案例解读

流动儿童通常面临着环境适应、教育资源不均衡、家庭经济压力大等诸多问题，这些因素可能会对他们的学习和心理发展产生较大影响。因此，在教育过程中，要从情感、心理、学业等多方面给予他们全面且细致的关注和引导。

一、提升自我效能感

流动儿童由于生活环境的改变和家庭经济压力，往往容易产生焦虑、自卑、孤独等心理问题。情感关怀与心理疏导是帮助他们建立正确自我认知、克服心理障碍的重要手段。教师通过倾听、理解和支持，能够帮助他们缓解心理压力，增强心理韧性。案例中的小颖在刚转学到城市学校时，由于数学基础差，加上对新环境的不适应，她产生了严重的自卑和无助感。班主任倾听她的内心想法，鼓励小颖参与课堂讨论，给她展示成果的机会，帮助她建立正确的自我认知，逐步培养自我效能感，让小颖从"我觉得我很笨"转变为"我可以做到"。这种心理转变是她后续学习进步的重要动力。

二、个性化的关注与辅导

流动儿童在学习上往往存在个体差异，他们可能因为教育背景不同、学习基础薄弱，需要个性化的教育支持。个性化关注与辅导能够根据学生的具体情况，提供有针对性的教学，帮助他们克服学习困难，提升学习能力。小颖的数学基础薄弱，班主任根据她的实际情况，利用课余时间从最基础的知识点开始，一步步帮助她建立学习信心。这种个性化辅导不仅关注了小颖的学习进度，还通过有趣的数学题目激发了她的学习兴趣，让她在轻松的氛围中提升了数学能力。

三、创设积极的学习环境

流动儿童的学习环境往往较为复杂，家庭经济条件有限，学习资源匮乏。创设积极的学习环境，能够为他们提供更优质的学习条件，增强他们的学习动力。班主任通过多种方式为小颖创设积极的学习环境。在班级中，给予她更多的关注和鼓励，让她感受到自己被重视；在家庭中，通过家访与家长进行深入沟通，引导家长参与孩子的学习和生活，为小颖营造了温馨的家庭学习氛围。这种积极的学习环境，让小颖在学习上不再感到孤单和压力，而是充满信心和动力。

四、注重家校合作

流动儿童的家庭教育往往存在不足，家长可能由于工作繁忙或教育理念欠缺，难以有效支持孩子的学习。家校合作能够弥补家庭教育的不足，形成教育合力，共同促进孩子的成长。班主任通过家访与家长进行深入沟通，让家长了解小颖的心理状态和学习困境，并提出具体的建议。家长的积极行动与努力改进，也为小颖提供了坚实的依靠。正是这种家校合力，让小颖在学习上取得了显著的进步，也让她在心理上变得更加自信和开朗。

理论链接

自我效能感是积极心理学中的一个重要研究内容，班杜拉把它定义为个体在特殊的情境中对自己是否能够完成特定任务或实现既定目标的一种主观判断和预测。[①]这种判断和预测会影响个体的行为选择、努力程度、坚持性和情绪反应。具体而言，自我效能感的形成主要受到以下四个因素的影响：

1. 成功经验（直接经验）：个体通过亲身经历的成功，会增强对自己能力的信心。例如，当一个人成功完成某项任务时，他会更相信自己在未来也能完成类似任务。

2. 替代经验（间接经验）：观察他人的成功经验也能增强个体的自我效能感。如果个体看到与自己相似的人成功完成某项任务，他们会认为自己也有可能做到。

3. 言语劝说（社会说服）：来自他人（如老师、家长、朋友）的鼓励和肯定可以增强个体的自我效能感。积极的言语支持能够让个体相信自己有能力完成任务。

4. 情绪唤醒（生理和情绪状态）：个体的情绪状态和生理反应也会影响自我效能感。积极的情绪状态和良好的生理状态可以增强个体的信心，而焦虑或紧张则可能削弱自我效能感。

---

① 张鼎昆，方俐洛，凌文辁. 自我效能感的理论及研究现状[J]. 心理学动态，1999（1）：39-43+11.

技术策略

家长要给予孩子足够的关爱和鼓励，让孩子感受到自己的价值和重要性。家长应尽可能抽出时间与孩子交流，无论是通过电话、视频还是面对面，都要让孩子感受到家的温暖和支持，从而了解他们在学校的学习和生活点滴。

家长要积极参与孩子的学习过程，配合学校为孩子创设积极的学习环境。例如，与孩子共同制定学习计划、完成作业、阅读讨论，或者带孩子去图书馆、公园等地，拓宽孩子的视野，增进亲子关系。

家长还需与学校保持密切联系，及时了解孩子在校的表现，与老师共同商讨解决学习困难的方法，听取老师提供的教育建议，支持学校举办的各类教育活动，鼓励孩子积极参与。

反思演练

1. 假设你是流动儿童的家长，你会如何定期与学校老师联系，以了解孩子在学校的状况？在与老师沟通的过程中，你最关注哪些方面的问题？请思考如何与老师一起促进孩子的发展。

2. 孩子跟随父母离开老家来到新的环境生活和学习，他们会面临很多的不适应。请列出你认为孩子最不适应的一个方面，并为此设计具体的改善策略。

3. 在创设积极的学习环境方面，你已经为孩子做了哪些事情或者打算为孩子做些什么？

4. 请走访你所在的社区，了解目前社区能为孩子的教育提供哪些帮助。思考在家庭教育中如何充分利用好社区现有的资源。

任务三 支持特殊儿童的家庭教育

任务描述

特殊儿童因身体或心理等方面的独特差异，更需要家庭、学校和社会给予关注和支持。作为特殊儿童的家长，应接纳孩子身上的每一个特点，用耐心和爱心陪伴他们茁壮成长。在教育方法的选择上，需要因材施教，针对孩子的具体情况制定个性化的教育方案，或者在专业人士的指导下，开展科学、精准且针对性强的干预训练。**阅读以下家庭教育案例，思考特殊儿童在家庭教育中的需求，找到支持孩子成长的有效方法。**

任务活动

1. 分析案例中特殊儿童的教育需求以及家庭支持策略。
2. 讨论因材施教在特殊儿童家庭教育中的重要性。

案例 1：爱与科学同行

案例描述

君君快 3 岁了，是个活泼开朗的小男孩，每天都精力充沛，充满无尽的好奇心。然而，谁也不会想到，他曾经被焦虑障碍所困扰。那段时间，君君的变化让家人们忧心忡忡。幸亏，他们及时找到了科学的指导方法，在大家的共同努力下，君君逐渐走出了焦虑的阴影，重新找回了属于他的那份纯真和快乐。

在君君 22 个月大的时候，他因打预防针产生不良反应，开始发烧且持续高烧不退，并发生惊厥，于是住院检查。为了排查病因，在医院陆续做了血液化验、心电图、脑部 CT、腰部穿刺等多项检查，每天还要输液治疗。这些检查和治疗给君君带来了身体和心理上的诸多不适。另外，君君平时由祖父母照看，住院期间祖父母因重感冒被隔离，换由父母照顾。于是，医疗过程的惊吓，加上环境和照护人员的变更，使得君君心理压力倍增，表现出明显的焦虑障碍症状。他越来越胆小，易受到惊吓，严重时甚至需要父母整夜抱着并不停走动才能入睡；睡眠质量差，睡着后大量出汗，持续夜啼、尖叫，无法叫醒；白天则过度依恋父母，不肯下地活动，不愿意探索和游戏；生活行为出现倒退，爱哭闹，有时还会出现继发性遗尿行为，同时伴随着深深的愧疚感，甚至会打自己的头。

看着君君日渐消瘦的脸庞和那双充满恐惧的眼睛，家人们心急如焚。他们四处求医，但都收效甚微。君君妈妈查阅了育儿和心理方面的相关资料，意识到这样盲目地尝试并不是最好的办法，必须找到科学的方法来解决君君的问题。于是，他们找到了研究儿童焦虑障碍家庭教育干预方法的王老师，希望她能为君君提供帮助。

在王老师的指导下，君君的家人们开始主动学习有关焦虑障碍的知识，了解焦虑障碍的表现、成因和治疗方法。同时，他们也努力调整自己的心态和情绪，尽量在君君面前保持平静和乐观，避免将自己的焦虑情绪传递给君君。

接下来，王老师建议君君的父母将君君带回家中观察和调养，只在需要输液时短暂去医院一会儿。回到熟悉的环境中，君君看到了自己心爱的玩具，脸上露出了喜悦的笑容。同时，祖父母身体已恢复健康，君君又重回他们的怀抱。因为稳定的安全依恋是儿童发展的保护性因素，在祖父母的精心照料下，君君的心理创伤逐渐得到了修复。

王老师还引导家庭成员通过多种方式来鼓励君君转换焦虑心态，重新建立信任和自信。例如，家长尝试与君君进行角色扮演、画画等低焦虑刺激情境下的互动游戏，让他能够在一个轻松愉快的氛围中表达自己的内心感受；通过讲故事、谈话进行放松训练，转移他的注意力；通过户外活动等方式加强身体锻炼，提高他的身体抵抗力；通过游戏的方式满足他的心理需求，增加他的快乐体验。

然而，教育干预的过程并非一帆风顺。在长达半年的治疗过程中，君君的焦虑症状时好时坏，对家庭成员的生活造成了不小的冲击。由于行为倒退和心理退缩，君君原本已报名的托班教育不得不取消，只能继续居家保育。夜啼的情况严重影响了家庭成员的睡眠质量，让他们疲惫不堪。在此期间，家庭成员一度信心动摇。幸亏王老师及时与他们沟通，提醒他们要保持耐心和信心，尽量不要责备孩子的行为。她告诉君君的父母，家庭成员对儿童焦虑障碍的心理接受程度，会直接影响患儿的康复时间和质量。在王老师的引导下，君君的家庭成员逐渐调整了心态，对孩子的症状转变保持了更加积极的态度。

终于，在全家人的共同努力下，君君的焦虑障碍得到了明显的缓解。他开始能够自主地入睡，不再需要父母整夜抱着；白天也变得活泼开朗起来，愿意与小伙伴们一起玩耍和探索；生活行为也逐渐恢复正常，不再出现继发性遗尿行为。健康的成长离不开家人的爱和科学的养育方法，君君的变化让大家深刻体会到这一点，希望未来的育儿之路可以更加顺利。

案例解读

君君的案例是一个典型的儿童焦虑障碍干预案例。通过科学的指导和家庭的积极配合，君君最终走出了焦虑的阴影，重新找回了属于他的纯真和快乐。这个案例告诉我们，面对儿童的心理问题，家长应重视科学的干预方法，营造稳定温馨的家庭环境，调整自己的心态，并综合运用多种干预方式。只有这样，才能帮助孩子克服心理障碍，实现健康成长。

一、科学干预的重要性

科学的干预方法是应对儿童心理问题的关键。科学干预不仅能够精准定位问题的根源，还能提供针对性的解决方案，从而有效缓解儿童的心理障碍。在儿童焦虑障碍的治疗中，科学方法能够帮助家长更好地理解孩子的心理状态，避免因盲目尝试而延误治疗时机。本案例充分说明，面对儿童的心理问题，盲目尝试和焦虑无助是无法解决问题的。只有通过科学的方法和专业的指导，才能找到问题的根源并采取有效的干预措施。家长在面对孩子的心理问题时，应主动学习相关知识，寻求专业帮助，而不是依赖经验或直觉。在君君的治疗过程中，王老师的科学指导为家庭指明了方向，帮助他们逐步缓解了君君的焦虑症状。

二、家庭环境与心理支持的作用

心理学中的依恋理论指出，稳定且安全的家庭环境能够为儿童提供情感支持，增强其心理韧性。在儿童面临心理压力时，家庭的支持作用尤为重要，它能够帮助儿童建立安全感和信任感。君君在熟悉的环境中得到了心理上的安慰，祖父母的回归为他提供了稳定的安全依恋，这对他的康复起到了关键作用。这说明，家庭成员的陪伴和支持是儿童心理康复的重要保障。

三、家长心态的调整

家长的心态直接影响孩子的心理状态，家长的情绪管理能力在儿童心理康复过程中起着关键作用。积极乐观的家长能够为孩子营造更加健康的心理氛围，而焦虑不安的家长则可能将负面情绪传递给孩子，进一步加重孩子的心理负担。案例中，家庭成员一度因为君君的症状反复而信心动摇，但在王老师的引导下，他们逐渐调整心态，保持耐心和信心，这才为孩子的康复营造了良好的心理氛围。

四、多种干预方式的综合运用

综合运用多种干预方式，是指综合运用多种感官途径（如视觉、听觉、触觉）的干预方法。这种方法能够从不同角度满足儿童的心理需求，促进其心理康复。多样化的干预手段，不仅可以丰富儿童的生活，还能帮助他们更好地表达内心感受，增强自信心和安全感。王老师引导家庭成员通过角色扮演、画画、讲故事、户外活动等多种方式，帮助君君缓解焦虑情绪，促进其康复。

理论链接

依恋理论是由英国心理学家鲍尔比在20世纪50年代提出的心理学理论，旨在解释婴儿与照顾者（通常是母亲）之间的情感联系及其对个体后续发展的影响。鲍尔比认为，依恋是人类的一种本能行为，其核心在于婴儿对主要照顾者的亲近需求，这种需求源于生物学上的生存需求。婴儿所表现出的吮吸、依附、跟随、哭泣和微笑等都是有助于形成依恋的行为模式，以达成接近母亲的目标，让父母近距离保护自己。[①]

依恋理论的核心概念包括：

1. 依恋行为系统：婴儿在感到不安全或受到威胁时，会本能地寻求与照顾者的亲近，以获得安慰和保护。

2. 安全基地：照顾者为婴儿提供了一个“安全基地”，婴儿可以以此为基础去探索环境，并在需要时返回寻求支持。

3. 依恋风格：玛丽·安斯沃斯通过“陌生情境实验”进一步发展了依恋理论，识别出四种依恋风格：安全型、焦虑型、回避型和混乱型。这些依恋风格会影响个体在成年后的人际关系和心理健康。

依恋理论强调，早期的亲子关系对个体的情感发展和心理健康具有深远影响。安

---

① 鲍尔比. 依恋三部曲. 第一卷，依恋[M]. 汪智艳，王婷婷，译. 北京：世界图书出版有限公司北京分公司，2017.

全型依恋关系是一种积极的心理力量，影响着婴幼儿的全面发展以及成年后的生活质量；[①]而不安全的依恋关系可能导致个体在情感表达、人际关系建立以及应对压力时出现困难，甚至引发心理健康问题。

技术策略

当孩子遭遇焦虑障碍时，家长往往会感到无助和忧心。然而，作为孩子的第一任老师和最亲密的支持者，家长需要保持冷静，采取科学、有效的方法来帮助孩子渡过难关。

焦虑障碍是一种复杂的心理问题，需要科学的干预方法。家长应避免盲目尝试，及时咨询儿童心理医生或心理咨询师，寻求专业的建议和指导。同时，家长还应主动学习相关知识或者参加培训课程，学习科学的干预方法，掌握正确的心理疏导技巧，这将有助于在日常生活中更好地帮助孩子。

营造稳定且温馨的家庭环境也是帮助孩子康复的重要环节。一个稳定、温馨、充满爱的家庭环境能够为孩子提供安全感和归属感，帮助他们缓解焦虑情绪。家长应尽量维持孩子原有的生活作息，包括饮食、睡眠和活动时间，避免频繁更换照顾者或生活环境。多陪伴孩子，给予他们充分的关注和爱，保持积极乐观的态度，用温暖的语言和行动表达对孩子的理解和支持，为孩子的康复营造良好的心理氛围。

孩子的康复是一个渐进的、长期的过程，家长需要有足够的耐心。在这个过程中，家长需要密切关注孩子的每一个小进步，及时给予积极的反馈和鼓励，增强孩子的自信心和康复动力，让孩子感受到自己的努力得到了认可。

案例 2：别放弃，他只是与众不同

案例描述

9 月开学，我接任了四年级三班的班主任。上课第一天，当我刚要迈进教室门的时候，突然从里面蹿出来一个小男孩，跟我撞了个满怀。他什么也没说继续往外跑，一直跑到走廊的尽头才停下来，回头哈哈大笑。旁边的同学告诉我：“老师，他叫高宇鹏。整天捣乱，还会打人，我们都不跟他玩。”这时，上课铃声响了，学生们都快步走进教室，准备上课。刚才那个小男孩慢慢走到教室的窗边，把手伸到教室内拍打其他同学。“老师，高宇鹏的手上有口水！”被拍打的同学一边厌恶地说，一边用纸巾擦，其他同学都看着他们。我用眼睛盯着高宇鹏，但他不看我，我只好严厉地说：“高宇鹏同学，请回到你自己的座位上！”

他慢吞吞地走回座位，并用手扫了一下后面同学的书本，“啪”的一声，书掉到地

① 吴燕. 婴幼儿安全型依恋：理论内涵、积极作用与干预方案[J]. 杭州师范大学学报（社会科学版），2024，46（3）：90–100.

上。全班同学的目光又一次齐刷刷地看向他。我看着他，但他始终没有抬头看我。终于开始上课了，但是不到五分钟，坐在高宇鹏后面的同学就举手，气愤地说："老师，他用纸团打我！"旁边的同学说："老师，他拿我的笔。"我走过去，摸摸高宇鹏的头，说："高宇鹏，上课请不要打扰同学，可以吗？老师觉得你能做到的。"在整节课中，类似的事情又发生了好几次，只要我稍不关注他，他就又去拿同学的书或笔。虽然每次我都会提醒他，但效果甚微，他好像根本听不见。下课铃声一响，他迅速用手把后面同学的书扔到地上，然后冲出课室，跑得无影无踪了。

为了能更全面地了解高宇鹏的情况，我决定周末去他家进行一次家访。

家访时，只有高宇鹏的妈妈在家。我坐在客厅的沙发上，和她聊了起来。高宇鹏的妈妈显得有些焦虑，她叹了口气说："老师，高宇鹏这孩子，小时候就被诊断为小儿多动症，还吃了一段时间的药。不过，他吃了药之后总是说不舒服，我们就没坚持下去。"

我点了点头，表示理解，然后问："高宇鹏爸爸平时在家吗？"她摇了摇头，无奈地说："他工作太忙了，经常出差。即使在家，也很少和高宇鹏交流。他觉得高宇鹏就是调皮一点，爱玩一点，没什么大问题。"我沉默了一会儿，接着问："您一个人照顾高宇鹏，感觉怎么样？"高宇鹏妈妈又叹了口气，说："他就像颗不定时炸弹，不知道何时会爆发、闯祸，我总是感觉力不从心，常常被他气得晕头转向，但是也不知道该怎么办。"

就在这时，电话铃声响了。高宇鹏突然从自己的屋里窜了出来，一把抢过电话，对着电话大声喊了几句，就挂断了，然后躺在我对面的沙发上得意地大笑起来。高宇鹏妈妈冲过去对着他大声喊："你别再胡闹了，听见没有？"高宇鹏妈妈可能是气不过，还狠狠地打了他两下。高宇鹏立刻号啕大哭。他妈妈无奈地看着我，说："老师，您看，他每次都是这样，我实在没有办法啊，真不想管他了。"说着，她从柜子里拿出一包膨化食品，递给高宇鹏，哄他开心。

高宇鹏是一位多动症儿童，他需要特殊的关爱和积极的行为干预和矫正。但是，在家访中我发现他的父母并没有采取恰当的方式应对他的问题行为。高宇鹏的爸爸明显对高宇鹏疏于关心，他认为孩子只是调皮。高宇鹏妈妈对他的照顾比较多，但是她并不了解儿童多动症的相关知识。高宇鹏抢电话时，妈妈先是大声斥责，后又用膨化食品哄他，这不仅不利于孩子的健康，还可能强化孩子的不良行为。

家访之后，我查阅了很多关于多动症儿童教育的资料和书籍，也请教了相关的专家，打算采取一些措施来帮助高宇鹏缓解行为障碍。

我努力与高宇鹏的家长建立信任，通过真诚的交流，让他们了解多动症儿童的特点和行为训练方法。同时，我也主动与高宇鹏沟通，关心他的学习和生活。虽然一开始他总是闪烁其词，甚至沉默不语，但我没有放弃。经过两个月的努力，高宇鹏终于对我敞开心扉，愿意接受我的教育。

一次，高宇鹏又与同学发生冲突，被我批评后，他突然说："我有病！"我没有立刻回应，而是等到放学后，把他带到办公室耐心地听他倾诉。他告诉我，妈妈说他有多动症，还带他看过医生、吃过药。我给他讲了好莱坞黑人演员威尔·史密斯的故事，并安排他和父母周末一起观看电影《当幸福来敲门》。通过这种方式，我希望他明白，即使自身有缺陷，只要心中有信念，就一定能克服困难。

为了帮助高宇鹏更好地管理行为，我制定了“每日行为记录卡”，通过记录每天的行为表现引导他进行自我反思。一开始，目标不能定得太高，从日常可约束的行为来规范。记录卡由他自己填写，放学后我们一起分析当天的表现，并给予奖励。这个过程不仅能帮助他进行自我审视，还培养了他的价值判断能力。同时，我运用同伴调节程序，教他解决人际冲突。每次冲突发生后，我都会引导他表达自己的感受，并理解对方对自己的不满，让他学会与人和解。经过一段时间的训练，高宇鹏与同学发生冲突的情况减少了，同学们也慢慢接纳了他。

后来，高宇鹏的爸爸调换了工作岗位，开始抽出时间陪他跑步、做游戏，高宇鹏的妈妈也开始定期参加多动症儿童教育的培训活动，学会了一些实用的多动症儿童行为训练方法。高宇鹏的生活规律了，睡眠充足了，上课的精神状态也变好了，成绩也有所提高。我联系体育老师，安排他参加学校的跳绳队，让他有释放精力的渠道。同时，我也引导班上其他同学给予高宇鹏更多的理解，营造一个温馨的班集体环境。

通过学校教育与家庭教育的合力，高宇鹏逐渐变得自信、自律，融入了集体生活。这个过程让我深刻体会到，只要方法得当，多动症儿童也能在关爱与引导中茁壮成长。

案例解读

多动症是一种神经发育障碍，主要表现为注意力不集中、多动和冲动行为。根据DSM-IV的诊断标准，多动症儿童发病率为3%～9%，并有逐年上升的趋势[①]。中国注意力缺陷多动障碍儿童的发病率为6.3%，其中在小学阶段最为常见，且多在普通学校普通班级随班就读。[②]多动症儿童在上课过程中表现出许多特殊行为问题，如小动作特别多、注意力难以集中、擅自离开座位等，这给教师的教学和管理带来了巨大挑战。此外，多动症儿童的人际关系较差，常常难以被同学接纳。因此，多动症儿童的教育需要家校密切互动，只有多人、多方、全过程的联动，才能为他们营造良好的学习和生活氛围，真正让他们融入班级、家庭和社会。

一、科学认识多动症儿童

科学认识多动症儿童是教育的第一步。多动症主要表现为注意力不集中、多动和冲动行为。这些行为并非孩子故意为之，而是由于神经发育的特殊性。因此，教师和

① 刘曦. 多动倾向儿童干预训练的个案研究[D]. 昆明：云南师范大学，2016.

② 李福轮，谢晴牧，赵乾龙，等. 中国儿童注意缺陷多动障碍患病率的 Meta 分析[J]. 临床荟萃，2017，32（12）：1079-1083.

家长需要通过学习相关知识，了解孩子的行为背后的原因。家长可以通过阅读专业书籍、参加多动症相关的培训和讲座，了解多动症的成因、症状及干预方法，提升自身的教育能力。此外，学校还可以与高校展开合作，依托高校资源建立一个可靠的、开放的多动症儿童资讯科普平台，提供相关的信息手册和网上资源，以向家长传达早期迹象、相关病因等知识，帮助他们全面理解多动症的本质，减轻他们作为特殊儿童家长的心理负担。

二、给予足够的爱和包容

爱和包容是教育的核心，多动症儿童尤其需要家长和教师的耐心和理解。苏霍姆林斯基曾说：“教育技巧的全部奥秘就在于如何爱护学生。”多动症儿童由于行为上的特殊性，可能会受到误解和排斥，因此教师和家长需要给予他们更多的关爱和支持。案例中的教师主动与高宇鹏交流，关心他的学习和生活，在师生之间建立起稳固的依恋关系，为后续更好地开展教育活动奠定基础。多动症儿童还需要更多的积极反馈和鼓励。当他们在课堂上表现良好或是在社交中取得进步时，教师和家长都应及时给予肯定和奖励。此外，案例中的教师引导班级同学给予高宇鹏更多的理解和支持，为他营造了一个温馨、包容的班集体环境，也有助于他更好地融入集体生活。

三、实施个性化的干预指导

每个多动症儿童的特点和需求都不尽相同，因此教育方法也要因人而异。教师和家长应与儿童心理医生、康复治疗师等专业人士保持沟通，根据孩子的具体情况，制定个性化的教育目标和训练计划，对其行为进行科学的干预指导，逐步引导孩子克服困难，提升能力。例如，案例中教师耐心倾听高宇鹏的倾诉，并给予他帮助；通过心理辅导和情绪调节训练，并用威尔·史密斯的故事激励他，增强其自我效能感；引入“每日行为记录卡”，鼓励高宇鹏自我反思，通过奖励机制正面强化良好行为；设定短期目标（如课堂上减少干扰行为）和长期目标（如提高社交能力），并逐步实施；运用同伴调节程序，帮助高宇鹏学会表达和控制情绪；安排他参加跳绳队，提供释放精力的健康渠道。

四、多方合作营造良好的成长环境

多动症儿童的教育需要家长、教师和专业人士共同参与，多方合作为孩子提供全方位的支持。例如，家长和教师应保持密切沟通，定期交流孩子的表现和进步，共同制定和调整教育计划；教师可以邀请家长参与学校的教育活动，家长也可以向教师反馈孩子在家的表现；家长可以寻求专业机构的帮助，为孩子提供专业的评估和干预；学校可以邀请专业人士开展讲座或培训，提升教师和家长的专业能力；社区可以组织多动症儿童及其家长成立互助小组，提供交流和分享的平台，增强家长之间的支持和理解。

理论链接

同伴调节程序（peer mediation program）是一种基于社会学习理论和认知行为理论的教育干预方法。在国外，同伴调节的理念与实践源于社区调解。[①]该理论强调同伴关系对个体发展的重要性，认为通过积极的同伴互动，可以促进儿童的行为改变和社交能力提升。这种程序不仅提供了一种替代传统的纪律措施的方法，还教会学生重要的生活技能。在美国，同伴调节程序在防治校园欺凌方面取得了显著成效。在实际教学中，教师可运用同伴调节程序缓解多动症儿童的人际冲突，使他获取他人的认同，从而建立良好的人际关系。

技术策略

作为多动症儿童的家长，他们可以通过阅读专业书籍、参加培训课程或咨询专业人士，主动学习相关知识，加深对多动症的理解。为孩子设定规律的作息时间，营造轻松、和谐的家庭氛围，避免过多的争吵和压力，多花时间与孩子沟通，倾听他们的想法和感受，给予充分的理解和关爱。

鼓励孩子参加兴趣爱好活动，通过定时训练、任务分解等方法，帮助孩子提高专注力。当孩子表现出良好行为时，家长应及时给予积极的表扬和适当的奖励，以强化其积极表现；而当面对孩子的不良行为时，家长则需保持冷静与理智，明确制定合理的规则和界限，避免过度惩罚或溺爱，引导孩子正确调整行为。

纠正多动症儿童的不良行为需要时间和耐心，不能期望在短时间内看到显著效果。家长需要以积极、主动、耐心的态度参与其中。如果孩子的多动症状严重影响了他们的学习和生活，建议寻求专业医生或心理治疗师进行评估和治疗。

反思演练

1. 假设你是特殊儿童的家长，思考应该怎样咨询专业的老师或者医生，以及如何正确开展家庭教育。

2. 发现孩子身上的闪光点，及时给予表扬和奖励，并记录在专门的记录本上。

学习回顾

本模块围绕“特殊关爱”展开，聚焦留守儿童、流动儿童和特殊儿童这三类特殊群体，深入探讨了他们在成长过程中面临的独特挑战与需求。留守儿童因父母长期外

① 孙军. 高校学生同伴调解机制建立的意义、原则和程序[J]. 当代教育理论与实践，2019，11（3）：88-92.

出务工，缺乏亲情陪伴和日常监护，易出现情感孤独、心理问题及学业困难；流动儿童随父母迁徙城市，面临教育衔接、社会融入与文化适应等问题；特殊儿童则因生理或心理差异，在教育、康复以及社会支持方面需要更多关注与资源。本模块通过案例分析和理论阐述，强调了家庭、学校和社会在关爱特殊群体中的责任与作用，呼吁各方协同合作，为这些儿童提供更全面、更有针对性的支持与关爱，助力他们健康成长、融入社会。

模块七

家校社协同

在当今教育环境中，家校社协同已成为助力孩子全面成长的重要教育模式。家庭作为孩子成长的起点，为孩子奠定最初的价值观和行为模式；学校承担着系统化知识传授和人格塑造的核心任务；社会则凭借丰富的实践场景和多元文化体验，为孩子拓宽视野、培养社会适应能力提供广阔空间。家校社协同的意义在于通过有效的沟通、合作与资源优化配置，打破教育的孤立性，形成教育合力，为孩子构建全方位、多层次的教育支持体系。这种协同模式能够充分发挥各方优势，提升教育效果，帮助孩子在知识、能力和社会适应性等方面均衡发展，为他们的未来奠定坚实基础。

学习目标

素养目标

- 树立家校社协同育人的教育观，感悟“教联体”的重要性。
- 增强参与家校社协作的积极性，弘扬合作共赢的社会责任意识。

知识目标

- 描述家校共育和家社协作的核心理念与实践模式。
- 总结开展协同育人的主要策略和关键环节。

能力目标

- 设计家校共育活动方案，促进学校教育与家庭教育的有机结合。
- 拓展家社合作渠道，运用社会资源支持家庭教育。

任务一　家校共育的实践与应用

任务描述

家庭和学校都是培养孩子的重要场所，对孩子的健康成长至关重要。作为一名教师，不仅是教育者，还是合作者、沟通者和指导者，是连接家庭和学校、共同促进儿童全面发展的桥梁和纽带。家校合作能够有效整合家庭与学校的优势资源，共同促进孩子健康成长。**阅读以下家庭教育案例，思考如何构建高效的家校沟通机制，共同促进孩子健康成长。**

任务活动

1. 分析案例是如何体现通过家校共育促进孩子成长的。
2. 讨论如何提升家校共育的效果。

案例 1：家园共育，从“心”开始

案例描述

最近，我遇到了一位有些特别的妈妈。每天来接孩子时，她见到我的第一句话总是：“老师，喆喆今天有没有发脾气？”“今天有没有给你们惹麻烦？”“如果他惹事，你们该怎么收拾就怎么收拾。”对于这个在我印象中与妈妈口中完全不一样的孩子，我特别好奇，究竟是什么让妈妈如此焦虑。于是，我找了个合适的机会与喆喆妈妈进行了一次深入交流。她告诉我，在原来的幼儿园，喆喆几乎每天放学都会被老师“请”家长，一说他，他情绪就会失控，闹得老师也拿他没办法，这让家长非常头疼。

有一天，喆喆的妈妈因工作原因来得比较晚，于是喆喆就和班里的小朋友们一起玩耍。没一会儿，就传来了孩子们的吵闹声：“打起来了，打起来了！”我第一时间冲了出去。只见喆喆和一名叫睿睿的小朋友已经扭打到了一起，我赶紧把两个孩子拉开，询问发生了什么事情。睿睿抢先说：“喆喆打我。”而喆喆却怎么也不说话，情绪显得很激动，拼命想甩开我的手冲上前去。这时，旁边的小朋友告诉我说：“老师，是睿睿先抢了喆喆的玩具，还用沙子扬到了喆喆脸上，喆喆才还手的。”睿睿听了，羞愧地低下了头，但喆喆依旧不说话。这让我很疑惑，我便领着喆喆来到一间安静的教室，耐心地询问起来。

我紧紧握住他的手，不断地对他说：“相信肖老师一次好吗？你知道的，老师从来不会因为谁大谁小、谁先告状就判断谁对谁错。老师一定会弄清楚原因，绝对不会冤枉任何一个小朋友。就给我一次机会，告诉我刚才事情的经过好吗？”终于，他慢慢

平复了情绪。也许是因为那句“一定会弄清楚原因”，也许是因为那句“绝对不会冤枉任何一个小朋友”，也许……这个不善表达的孩子终于看到了被公平对待的希望。

于是，他开始和我讲述事情的经过。因为妈妈还没有来接，喆喆就拿着工具在院子的沙堆里玩沙。过了一会儿，睿睿也来了，他想要喆喆手里的挖沙工具。因为喆喆还没有玩完，就拒绝了睿睿的要求。没有要到工具的睿睿不甘心，就动手从喆喆的手里抢。由于两人相差两岁，睿睿的计划落空了。眼看工具拿不到，睿睿直接抓起沙堆里的沙子朝喆喆的脸上扬去。眼睛被迷住的喆喆瞬间火冒三丈，于是就有了开头的一幕，两个孩子扭打了起来。

我继续留下来和喆喆聊天，我问他：“为什么一开始会发那么大的脾气？”喆喆脱口而出：“因为他冤枉我！”“那为什么不解释呢？”“你们不会相信我的。”“为什么会觉得老师不会相信你呢？”“他比我小，他说我打了他，你们肯定会相信他的。”

这一刻，我终于明白了那个天天被老师“请”家长、情绪失控、管不了的孩子到底经历了什么。大部分人往往根据年龄大小、个头高矮、体格胖瘦以及谁更能说来判断对与错，好像忘记了我们是不是应该问问“事情到底是怎么发生的”。于是，这个不善言辞的孩子选择了用情绪失控来证明自己没错，而这种最不恰当的方式却成了他保护自己的“武器”。

我和喆喆复盘了事情发生的整个过程。我认真地对他说：“首先，老师不会轻易冤枉任何一个人，会给每个小朋友说话的机会，会弄清楚事情的起因，更会分清楚每个人在这件事情中的对错。今天，睿睿在没有经过你同意的情况下就来抢你的工具，没抢到之后还用沙子扬你，这是他的不对，所以他应该来向你道歉。老师不会因为他比你小，就把所有的错误都归结到你身上，更不会因此而批评你。但是，在睿睿做错的情况下，老师觉得你有比动手反击更好的解决方式，比如可以来找老师。你看，是不是我们一起努力还原了事情的真相呀？所以，下一次遇到问题的时候，你可以先不发脾气，选择再相信老师一次，看看老师是不是一个说话算数、不会冤枉小朋友的人。”

当事情接近尾声的时候，外面传来了喆喆妈妈的声音：“怎么了？怎么了？是不是又惹祸了？”原来，喆喆妈妈一进门就听到了孩子们说喆喆打架了，而她的第一反应就是“我儿子又惹事了”。我赶紧把喆喆留在教室，转身出去拦住了喆喆妈妈，把事情的经过告诉了她，和她谈了孩子为什么总是情绪失控。

在和喆喆沟通事情经过的过程中，我明显发现孩子并没有“利己思维”。他非常诚实地讲了被扬沙子后自己非常气愤，于是起身去反击，并没有一味地埋怨全是睿睿的错，和自己没有关系。所以我问喆喆妈妈：“每次你们教育孩子，他都会情绪失控吗？”“不会，他做错的时候就耷拉着脑袋不说话。”“那什么时候会失控呢？”“小朋友或者老师告状，他死犟着说不是他的错的时候。”“所以，就一定是他的错吗？你们真的有去了解过事情的经过吗？”

于是，我把我观察到的想法告诉了喆喆妈妈：“因为孩子不善言辞，受了委屈之后，觉得老师、小朋友不相信他，甚至连最亲近的爸爸妈妈都不愿意相信他，于是他选择用情绪失控来表明自己没错。”喆喆妈妈听着听着就哭了，因为她就是那个在她的原生家庭中被说成“情绪失控的人”，她也是一个不善言辞的人，明明不是自己的错反而被冤枉，于是选择用情绪失控来表明自己没错。

最后，妈妈没有一句斥责，满脸笑容地进了教室，喊着儿子回家吃饭。接下来的一段日子，我经常拉着喆喆聊天，在他不自信的时候给予鼓励和表扬。喆喆慢慢有了一些变化，开始主动与我分享身边的趣事，也越来越敢于表达自己。在聊到妈妈和弟弟的时候，脸上总是洋溢着开心的笑容。喆喆的妈妈也反馈说，经过一段时间与孩子的亲近和沟通，孩子越来越依赖和信任她了。每当放学时，看到喆喆满心期待地拉着妈妈的手离开幼儿园，我的心中也盈满了幸福。

［案例改编自：国家开放大学首届新时代家庭教育优秀案例征集活动一等奖作品（青岛开放大学　肖翠霞）］

视频讲解

案例解读

家长不尊重孩子、不信任孩子、冤枉孩子的行为会对孩子的身心健康和亲子关系造成严重的负面影响。家长应该深刻反思并积极改变，为孩子创造一个充满尊重和信任的家庭环境。

一、与幼儿进行有效沟通

有效沟通的关键在于建立信任和尊重。孩子是独立的个体，家长应真诚地对待他们，鼓励他们表达自己的观点，耐心倾听他们的需求和感受，尊重他们的意见，避免过度权威，让孩子感受到被理解和接纳，而不是单方面地要求孩子服从。在本案例中，喆喆妈妈听到孩子打架的消息后，没有耐心倾听孩子的解释，缺乏有效的沟通。如果喆喆妈妈能够耐心倾听，了解事情的经过，或许可以避免孩子陷入焦虑和情绪失控的状态。

二、做好自身的情绪管理

家长在面对孩子的问题时，应先调整好自己的情绪，保持冷静和理智。这不仅能帮助家长更客观地看待问题，还能避免将负面情绪传递给孩子。例如，当孩子犯错时，家长可以先深呼吸，平复情绪后再与孩子沟通，避免冲动行事。在本案例中，喆喆妈妈因为工作压力和焦虑，听到孩子打架的消息后，立刻紧张起来，甚至在没有了解真相的情况下就责备孩子。这种情绪管理不当的行为加剧了孩子的焦虑感和不安全感。如果喆喆妈妈能够先控制自己的情绪，理性地了解事情的经过，或许可以更好地安抚孩子，避免产生误解。

三、家园合作促进自身成长

家长应与教师保持密切联系，及时了解孩子在园的表现，共同关注孩子的成长。例如，积极参与幼儿园的活动，通过定期的家长会、家园联系手册等方式，了解孩子在园的学习和生活情况，与教师交流探讨孩子的进步和需要改进的地方。在本案例中，教师通过与喆喆妈妈的沟通，帮助她理解孩子的内心世界，避免了对孩子的误解。在家园合作中，家长可以借助教师的专业指导，学习先进的教育理念和方法，提升自身的教育素养，改进教育方式。

理论链接

情绪 ABC 理论由美国心理学家艾利斯提出，是认知行为疗法的重要理论基础。该理论认为激发事件 A（activating event）只是引发情绪和行为后果 C（consequence）的间接原因，而引起 C 的直接原因则是个体对激发事件 A 的认知和评价而产生的信念 B（belief），即人的消极情绪和行为障碍结果（C），不是由于某一激发事件（A）直接引发的，而是由于经受这一事件的个体对它不正确的认知和评价所产生的错误信念（B）所直接引起的。[①]例如，当一个人遇到挫折（A）时，如果他相信“我永远无法成功”（B），就会产生沮丧情绪（C）。但如果他相信“这只是暂时的困难，我可以从中学习”（B），则可能产生积极的情绪和行为（C）。因此，改变个体的不合理信念，可以帮助其更好地管理情绪和行为。

技术策略

当孩子情绪失控时，我们可以通过以下方法帮助他们更好地管理情绪：

1. 认知重构：帮助孩子认识到他们的想法可能是错误的，引导他们用更积极、更合理的方式看待问题。例如，当孩子觉得“老师和同学都不会相信我”时，家长和教师可以告诉他：“老师和同学会相信你的，只要你把事情说清楚。”

2. 情绪表达训练：教孩子学会用语言表达自己的感受，而不是通过情绪失控来表达。例如，可以教孩子说：“我很生气，因为睿睿抢了我的玩具。”让孩子知道，表达感受是被接纳的。

3. 情绪调节策略：引导孩子学习一些情绪调节的方法，如深呼吸、数数等，帮助他们在情绪激动时冷静下来。

4. 增强信任感：家长和教师要通过实际行动，让孩子感受到被信任和理解。例如，当孩子遇到问题时，家长和教师要耐心倾听，给予支持，让孩子知道他们的感受是被重视的。

---

① 边美琪. ABC 理论视角下个案工作介入农村残疾人抑郁情绪的实务研究[D]. 大连：大连海事大学，2023.

案例2：欢迎“回家”——家园携手共筑幼小衔接之路

案例描述

彬彬是中班的一名小男孩，自入园以来，他的变化令人瞩目。最初，他无论如何都不愿在集体面前开口说话，如今却能成为化解同伴纠纷的“调解员”；过去做手工时总是抹着眼泪对老师说“我不会”，现在却因捏出栩栩如生的橡皮泥恐龙被全班小朋友称为“巧手恐龙王”；曾经第一次上台表演时始终背对观众，后来却在故事大王比赛中成功晋级……这些点点滴滴的变化都说明孩子正在健康快乐地成长，我们老师也为他的进步感到欣慰。彬彬的妈妈也看在眼里，喜在心头，因此更加支持幼儿园的工作，经常主动参与班级助教活动，学期初还组织家长义工协助老师完成班级消毒工作。

然而，在五月的一个下午，我突然接到彬彬妈妈的电话：“张老师，我今天给彬彬报了幼小衔接班，这个班是限额招生的，如果被录取了，下学期我们就不能去您那里上大班了。”听到这个消息，我感到很困惑，连忙问：“您能跟我说说原因吗？”彬彬妈妈说：“正是因为非常感谢您对孩子的付出，我才在转园手续还没办妥之前先跟您打个招呼。其实我心里真的很舍不得班里的每一位老师，但那边承诺在一年内把小学一年级的所有课程都学完。我家老大之前就在那里上的幼小衔接班，他们确实教了相关课程，孩子上一年级时经常考第一，我们可省心了。”我问：“那您家老大现在上中学了，学习成绩还很优秀吧？”彬彬妈妈不好意思地笑了笑：“这孩子，越大越不听话了，后来成绩也就一般般，我们又给他报了辅导班。”我迟疑了一下，接着说：“您有没有想过问题可能不在于孩子越大越不听话、不努力学习，而是之前的教育理念和方法出了问题呢？您想想，如果大班就把一年级的课程全学完，一年级老师讲课时，孩子在干什么？听课？没必要，因为都会了。玩耍？也不敢，老师不允许。唯一的可能是人坐在座位上，心却飞到别处去了。这样时间长了，良好的倾听习惯和学习习惯根本得不到培养，这对以后的学习也是有害无利的。”彬彬妈妈沉思了一会儿，说：“张老师，您说得也有道理，那我们再重新考虑一下转园的事吧。”

为了让家长们了解幼小衔接阶段该如何准备，帮助孩子们尽快适应小学生活，并为未来的学习奠定良好基础，我精心组织了一次主题为“家园协同幼小衔接”的班会，与家长们共同讨论：大班这一年，我们到底该准备什么？

因为这个主题是中班家长都非常关注的问题，所以讨论得格外热烈。家长们既能发表自己的观点，又能在思维碰撞中产生好的点子。例如，小雅妈妈认为：“入学准备不仅是学科知识的学习，更是习惯的培养和能力的提升。我就比较注重培养孩子的阅读习惯和倾听习惯。知识储备总是有限的，而各种学习能力的提升才能保证孩子们今后的路越走越顺畅。”

接下来，我们通过线上线下多种方式，举办了关于幼小衔接的各类讲座，引导家长学习相关的内容，并鼓励他们在班级微信群里分享学习感悟。木木妈妈分享道：“通过今天的线上学习，我对自己的教育方式进行了深刻反思。今后，我会从只关注教孩子算数、认汉字，转向在生活和游戏中培养孩子的学习兴趣，因为兴趣才是学习的起点。”笑笑妈妈听了园长的线下讲座后写道：“原来最好的入学准备是以游戏为基本活动。例如，在积木建构游戏中，孩子们可以获得大量的数学和科学方面的知识经验；在户外活动结束后，通过绘画来回顾和表达自己的活动经验和感受，这其实就是发展他们的叙事能力。这些都成为日后他们进入小学展开符号化、概念化、学科化学习的经验原点和智慧支撑。而且，在这些案例中，我还发现孩子在游戏中更能展现好奇、专注、坚持、创新、勇敢、积极等品质，这些是孩子入学后必备的学习品质。”

我们还邀请了三位从我园毕业、现在就读一年级的学生家长来园分享经验。宇轩爸爸的话最朴实，也最打动人心：“我家孩子从来没报过什么课外班，一直在幼儿园快快乐乐地成长，上小学后学习也没掉队。从孩子上幼儿园开始，我最喜欢看孩子的评估手册，老师们会把孩子近期的进步以及还有哪些需要发展的空间写得清清楚楚，我看过之后都会根据老师的引导进行同步配合。其实，我们幼儿园的幼小衔接工作从小班就开始了，大家可以回忆一下，在小班老师们注重的是行为习惯的培养，到了中、大班则侧重学习方法和学习品质的提升。正是因为这些潜移默化的引领，小学老师经常夸宇轩倾听能力强、爱思考、学习积极主动。”

后来，我们主动与附近的小学取得联系，计划在孩子们进入大班后，定期组织大家去小学参观。实地参观，让孩子们对小学的校园环境、教学设施和学习氛围有一个初步的认识和了解，帮助他们提前熟悉新环境，缓解入学焦虑，为顺利过渡到小学生活做好充分准备。

八月，我再次接到彬彬妈妈的电话：“张老师，我们收到幼小衔接班的录取通知书了，我和彬彬爸爸商量了很久，最后决定不转园了，彬彬下学期还在咱们幼儿园上大班。”我开心地回应道：“欢迎‘回家’，请相信我们。”

案例解读

幼小衔接是幼儿教育与小学教育之间的过渡阶段。它是一个帮助学前儿童顺利过渡到小学的过程，其目标在于缓解学前儿童进入小学后的焦虑情绪和适应困难，帮助他们更好地适应新的学习环境和学习要求，进而实现儿童的连续性发展。

一、科学看待“幼小衔接”

当下，社会竞争加剧，家长过度焦虑，许多家长希望孩子在知识上尽早与小学接轨。一些幼儿园和校外培训机构为了迎合家长，提前教授小学知识，这种超前教育违背了儿童智力发展规律，对孩子的长远发展极为不利。许多家长过度关注知识学习，却忽视了孩子的兴趣和自主学习能力的培养，这种功利化的教育倾向不仅影响孩子的心理健康，也违背了全面发展的教育目标。案例中，幼儿园老师通过开展主题班会、组织线上线下家长培训以及邀请一年级家长进行经验分享等活动，引导家长树立科学的教育观念，让家长逐渐认识到，幼小衔接的核心在于培养孩子的学习兴趣、专注力和自主学习能力，而非单纯地进行知识灌输。

二、提升家长的参与度

在幼小衔接过程中，家长的作用至关重要，他们不仅是孩子的“引导者”和“陪伴者”，更是推动孩子顺利过渡的关键力量。家庭是儿童发展的重要场域，儿童在家庭中的生活实践更丰富、经验更完整。家长可以依托家庭生活经验的连续性，促进孩子学习经验的持续发展。家长要深入了解孩子的个性、天赋和心理需求，通过科学的引导和陪伴，为他们提供个性化的支持。例如，开展亲子阅读，激发孩子的阅读兴趣；组织手工活动，锻炼孩子的动手能力和创造力；进行户外探索，培养孩子的好奇心和探索精神。这些活动不仅能提升孩子的综合能力，还能增进亲子关系。

三、多方合作形成教育合力

幼小衔接是儿童成长的关键阶段，需要幼儿园、小学、家长和儿童的多方合作。案例中，幼儿园通过专题讲座和案例分享，向家长普及幼儿教育理念和方法，让家长了解如何培养孩子的学习兴趣和自主能力，帮助家长提升教育能力。小学也应积极参与衔接工作，与幼儿园建立紧密合作关系。通过教师互访、联合教研和共同制定教学计划等方式，实现教育理念和内容的无缝对接。小学通过举办“家长课堂”、编写指导手册等，为家长提供科学的家庭教育方法，降低家长的焦虑。家长作为教育的重要参与者，要关注孩子的心理变化，及时提供帮助。家庭、幼儿园和小学应各司其职，发挥优势，共同为孩子做好思想、生活、学习和社会交往等方面的准备，为儿童提供平稳的过渡，为其后续的学习与发展奠定基础。

理论链接

经验论是杜威教育哲学的核心，在杜威看来，生活和经验是教育的灵魂，教育就是儿童的生活、不断生长以及经验的改造或改组。这种改造或改组，既能增加经验的意义，又能提高指导后来经验进程的能力。[①]

主要包括：

1. 经验的内涵

杜威认为，经验是个体与外界环境相互作用的过程，既包含主动的因素（如尝试、实践），也包含被动的因素（如承受后果）。经验既是一个过程，也是一个结果，既是动词性的，也是名词性的。

---

① 杜威. 民主主义与教育[M]. 魏莉，译. 武汉：长江文艺出版社，2018.

2. 经验的交互作用原则

经验是由主客体交互作用产生的。杜威强调，任何经验都是个体与环境相互作用的结果，这种交互作用形成了具体的情境。这一原则表明，经验不是孤立的，而是与环境紧密相连的。

3. 经验的连续性原则

经验不是孤立的、静止的，而是连续的。当前的经验会吸纳过去经验的因素，并影响未来经验的方向。杜威认为，理性并非独立于经验之外，而是寓于经验之中，并在经验中不断修正和改造。

4. 经验的教育意义

杜威将经验哲学应用于教育，提出“教育即经验的改组与改造”“教育即生长”“教育即生活”等命题。他认为，教育应基于儿童的已有经验，通过不断改造和改组经验，促进儿童的全面发展。

技术策略

为了让孩子们更好地学会倾听，家长可以在家庭中开展倾听专项训练，为期 21 天。通过这个训练，可以帮助孩子养成良好的倾听习惯，提升专注力和学习效率。

第一周，让孩子学会在交流中保持礼貌，专注倾听他人讲话。当您和孩子说话时，引导孩子看着您的眼睛，耐心听完您的话，不插嘴。等您说完后，再让孩子表达自己的想法。例如，您可以和孩子约定：“宝贝，妈妈说话的时候，你要看着妈妈的眼睛哦，等妈妈说完，你再说，这样妈妈就能更好地听你说话啦！”

第二周，通过亲子阅读，让孩子集中注意力，学会倾听和理解故事内容。可以采用“开火车”的形式进行亲子阅读。您和孩子轮流读故事，这样孩子必须集中注意力听，才能顺利接上。同时，您可以随时提问一些简单问题，比如“故事里小兔子去哪了？”或者让孩子复述刚刚读过的内容，帮助孩子更好地理解和记忆。

第三周，通过“听数字拍小手”或者“听指令”等有趣的游戏，让孩子在轻松愉快的氛围中练习倾听。您可以根据孩子的表现，逐渐增加指令的难度，比如一开始游戏的指令是“左手摸右耳”，慢慢增加指令的复杂性，变成“先用左手摸右耳，再用右手摸左肩”。这样既能锻炼孩子的倾听能力，还能提升他们的身体协调能力。

反思演练

1. 作为一名家长或者教育工作者，你认为幼小衔接阶段教育的重点是什么？你孩子所在的幼儿园在这方面做了哪些努力？

2. 请写出你的孩子在幼小衔接阶段，生理和心理发展上的一些特点（包括运动、认知、情绪、语言和社会性等方面)，并针对具体特点设计一份个性化的指导方案。

3. 你孩子所在的学校在家校共育方面主要做了哪些工作，效果如何？下一步还有哪些方面需要改进或者提升？

任务二　拓展家社协作的途径

任务描述

家庭教育不应局限于家庭内部，而应积极与社会资源相结合。尤其是那些有特殊困难的家庭，更需要社会大家庭的积极帮扶与支持。拓展家社协作能为家庭教育提供重要补充，通过整合家庭与社会的资源，家长可以获取更丰富的教育理念和方法，同时，社会也能为儿童提供多样化的学习和成长机会。**阅读以下家庭教育案例，思考社区资源在家庭教育中的作用。**

任务活动

1. 讨论家庭是如何更好地利用社区资源的。
2. 分析家社协同促进教育资源整合的策略。

案例1:“爱心妈妈”的暖心故事

案例描述

看到县妇联举办的“少年儿童心向党，真情相伴护成长”活动正在招募“爱心妈妈”，我第一时间报了名，成为一名“爱心妈妈”志愿者。

14岁的郭宇成是我帮扶的对象。他的父亲在他很小的时候因意外去世，母亲患有癫痫，生活无法自理。这个家，几乎全靠他一个人撑着。每天天还没亮，他就起床为母亲准备早餐，然后匆匆赶去上学。放学后，他还要做家务、干农活，晚上则守在母亲身边，生怕她病情发作。生活的重担压得他喘不过气，但他从未抱怨过。我决定尽我所能去温暖他的心。

郭宇成喜欢画画，常常拿着铅笔在纸上涂涂画画，一画就是大半天。有一次，他把自己刚画完的一幅画拿给我看。我问他:“为什么不用彩笔涂上颜色呢？那样会更好看。”他低下头，小声说:“我没有彩笔。”听到这句话，我心里一阵酸楚。第二天，我悄悄为他准备了一盒彩笔，放在他的课桌上。当他看到那盒彩笔时，眼睛一下子亮了起来，激动地打开盒子，小心翼翼地抚摸着每一支笔。他抬起头，冲我露出一个灿烂的笑容。我希望这盒彩笔不仅能成为他绘画的工具，更能给予他追逐梦想的勇气。

除了在物质上帮助他，我还想教会他一些生活技能。有一次，我去他家看他，发现他正在厨房里手忙脚乱地准备午饭。锅里的菜有些糊了，灶台上也乱七八糟的。我走过去，轻声问他："宇成，平时都是你自己做饭吗？"他点点头，有些不好意思地说："嗯，妈妈身体不好，我得自己做饭。""那今天咱娘俩一起做顿饭吧，你也尝尝我的手艺。"他开心地点了点头。我挽起袖子，和他一起清理了灶台，然后手把手地教他如何切菜、如何控制火候、如何调味。他学得很认真，经过几次尝试，终于炒出了一盘色香味俱全的青菜。他兴奋地端给妈妈尝，妈妈虽然不能说话，但眼里满是欣慰。从那以后，每次我去看他，都会教他一些新的菜式。慢慢地，他不仅学会了做饭，还开始享受烹饪的乐趣。

在学习上，我也尽力给予他帮助。有一天晚上，我刚下班，就接到郭宇成的电话。他的声音有些焦急："陈妈妈，今天的数学课我没听懂，作业不会做，明天老师要检查，我该怎么办啊？"我忙安慰他："别着急，妈妈马上过来帮你。"

我急忙赶到他家，看到他正坐在桌前，眉头紧锁，面前的作业本上满是涂改的痕迹。我轻轻拍了拍他的肩膀，坐下来耐心地问他："是哪一部分没听懂？"他指了指课本上的一道几何题，说："这个证明题，我怎么也想不明白。"我仔细看了看题目，发现他卡在了辅助线的添加上。于是，我一边画图一边给他讲解，告诉他如何通过添加辅助线来找到解题的突破口。

他听得很认真，时不时点头。经过几次尝试，他终于自己解出了这道题。我鼓励他："你看，只要找到方法，难题也没那么可怕，对吧？"他点点头，信心满满地说："陈妈妈，我明白了！以后遇到不会的题，我就先冷静下来，一步一步分析。"

从那以后，郭宇成在学习上变得更加主动。每次遇到难题，他都会先自己思考，实在解决不了再打电话问我。他的数学成绩也逐渐提高了，老师还在班上表扬了他的进步。

除了学习和生活上的帮助，我更希望能填补他心中那份缺失的亲情。每次见面，我都会给他一个温暖的拥抱，告诉他："有什么心事都可以跟陈妈妈说。"渐渐地，他开始向我敞开心扉，分享他的喜怒哀乐。他告诉我，他最大的愿望就是能让妈妈好起来，过上幸福的生活。我轻轻抚摸着他的头，告诉他："只要你努力，一切都会好起来的。"

如今，郭宇成已经不再是那个孤独无助的孩子了。他变得更加自信、开朗，学习成绩也有了显著的进步。我希望我的陪伴和关爱，能够在他心里种下一颗温暖的种子，这颗种子会随着他的成长，生根发芽，开出美丽的花朵。

［案例改编自：国家开放大学首届新时代家庭教育优秀案例征集活动二等奖作品（长春开放大学　郑紫阳）］

视频讲解

案例解读

家庭是孩子成长的港湾，而社会则是孩子成长的广阔天地。当家庭功能受限时，社会的支持和帮助能够为孩子提供必要的补充。家社协同共育不仅能够解决孩子眼前的困难，更为他们的未来播下了希望的种子，为更多像郭宇成这样的孩子创造一个温暖、关爱的成长环境，助力他们健康成长。

一、家庭困境与社会支持的结合

郭宇成的家庭背景令人揪心：父亲早逝，母亲患病，家庭的重担落在这个年仅 14 岁的孩子身上。家庭的困境不仅体现在物质层面，更体现在情感和精神层面。然而，正是这种困境凸显了社会支持的重要性。县妇联组织的“爱心妈妈”活动，为郭宇成带来了新的希望和力量。社会支持的介入，弥补了家庭功能的缺失，为孩子的成长提供了必要的保障。

二、物质帮扶与精神关爱的融合

在帮扶过程中，“爱心妈妈”既关注郭宇成的物质需求，又重视他的精神世界。物质上的帮助，比如赠送彩笔，虽然看似一件简单的小事，但极大地激发了孩子的兴趣，为他追逐梦想提供了动力。而精神上的陪伴和关爱，比如耐心倾听、鼓励和拥抱，则为郭宇成营造了一个温暖的情感氛围，填补了他内心深处的孤独与无助。

三、生活技能与学习能力的提升

“爱心妈妈”不仅在生活上给予郭宇成帮助，还注重培养他的生活技能和学习能力。通过手把手教他做饭，郭宇成不仅学会了基本的生活技能，还从中获得了成就感和自信心。在学习上，“爱心妈妈”的耐心辅导帮助他克服了学习难题，提升了学习成绩。这种从生活到学习的全方位支持，不仅解决了孩子的实际问题，还培养了他的独立性和自主性，为他的未来发展奠定了坚实的基础。

四、情感陪伴与心理支持的重要性

郭宇成的内心世界需要被关注和呵护。在“爱心妈妈”的陪伴下，他逐渐敞开心扉，愿意分享自己的喜怒哀乐。这种情感的交流和心理的支持，对于孩子的心理健康至关重要。家庭的变故让郭宇成过早地承受了生活的重担，而“爱心妈妈”的温暖陪伴让他感受到了久违的亲情和关爱，帮助他树立了积极向上的生活态度。

理论链接

增权理论（empowerment theory）是近年来中国社会工作研究的热点话题，其核心在于通过外部干预措施，改变个体对弱势地位的认识，弱化或消除个体的失权感，最终使个体能够有效解决现实问题并提高社会适应能力。[①]该理论强调，个人的无力感源于环境的压迫，而非个人能力不足。社会工作者的任务是帮助服务对象挖掘和激发自身潜能，以对抗外在环境的压力。在实践中，增权理论广泛应用于农村社会工作、移民社区支持和弱势群体帮扶等领域。通过教育、培训和社区组织等方式，帮助服务对象提升能力，改善生活条件。其价值取向是推动社会资源的公平分配，实现个人解放和社会公义。

技术策略

社区可以通过多种具体可行的方式为特殊家庭儿童提供教育支持和帮助。社区应开展摸底调查，建立特殊家庭儿童的详细信息档案，记录他们的家庭背景、学习情况和心理状态，以便提供精准帮扶。在此基础上，社区可以设立“留守儿童之家”或“特殊儿童关爱中心”，为这些儿童提供专门的学习和活动场所，丰富他们的课余生活，促进他们的身心发展。

社区还可以采取以下措施：一是设立专项基金，为经济困难的特殊家庭儿童提供助学金和学习用品；二是加强家庭与社区的互动，组织家长培训活动，提升特殊家庭家长的教育能力；三是整合社会资源，动员志愿者与特殊家庭儿童结对帮扶，提供一对一的课后辅导和心理陪伴。

案例 2：“双减”背景下家校社协同育人模式的创新实践

案例描述

近年来，滨海小学构建的家校社协同育人模式成为教育改革的典范。在“双减”政策背景下，学校通过一系列创新举措，将学校、家庭和社区紧密联系在一起，不仅减轻了学生的学业负担，还提升了教育质量，促进了学生综合素质的发展。

党的二十大报告明确要求“健全学校家庭社会育人机制”。滨海小学敏锐地意识到，教育不仅是学校的责任，家庭和社区同样重要。然而，现实中家校社之间往往缺乏有效沟通与合作，导致教育资源分散，教育效果大打折扣。为解决这一问题，学校启动了“家校社共育委员会”项目，其核心理念是打破学校、家庭和社区之间的壁垒，形成教育合力，为学生的成长提供全方位支持。

首先，学校成立了“家校社共育委员会”，成员包括学校领导、教师代表、家长代表和社区负责人。委员会定期召开会议，讨论学生的成长需求，并制定协同育人计划。例如，在一次会议上，家长们提出希望增加学生的实践机会，社区负责人则建议利用社区资源开展职业体验活动。经过讨论，学校决定每月组织一次“职业体验日”，邀请社区内的医生、工程师、艺术家等专业人士为学生讲解职业知识，并让学生亲身体验。

① 张静. 增权理论视角下留守儿童多维关爱服务体系的构建[J]. 教育理论与实践，2023，43（10）：30-34.

这种活动不仅让学生接触到了不同的职业，了解了社会的多样性，还激发了他们的学习兴趣和职业理想。一位六年级的学生在参加完“小小医生”体验活动后，立志将来成为一名医生，帮助更多的人。

价值引领

学校通过成立“家校社共育委员会”，整合多方资源开展活动，在减轻学生学业负担、提升综合素质方面成效显著，充分体现了“双减”政策下协同育人的创新路径与实践价值。

学校还邀请家长参与课程设计，充分发挥家长的专业特长。例如，一位从事科技工作的家长为学生设计了一门“人工智能启蒙课”，通过简单的编程任务和机器人操作，激发学生对科技的兴趣。另一位擅长传统文化的家长开设了“国学经典诵读课”，带领学生诵读《论语》《孟子》等经典著作，培养学生的文化素养。

与此同时，学校与周边社区建立了紧密的合作关系。社区为学校提供了丰富的实践资源，比如图书馆、科技馆、环保基地等。学校定期组织学生参与社区服务活动，比如清洁街道、慰问老人、绿化植树等。在一次社区清洁活动中，学生们分成小组，分工合作清理街道垃圾。活动结束后，一位学生感慨道：“原来保持环境整洁需要这么多人的努力，我以后一定会更加爱护环境。”

为了进一步加强家校之间的沟通，学校开发了一款家校互动 APP。家长可以通过 APP 了解孩子的学习情况，参与学校的活动，甚至在线提出建议。例如，家长可以在 APP 上查看孩子的作业完成情况、考试成绩以及老师的评语。学校还定期举办“家长成长训练营”和“家庭教育大讲堂”，帮助家长掌握科学的教育方法。例如，学校邀请教育专家为家长讲解如何培养孩子的阅读习惯、如何与孩子进行有效沟通。通过这些举措，家校之间的沟通更加顺畅，家长的教育理念也得到了提升。

经过几年的实践，滨海小学的家校社协同育人模式取得了显著成效。学生的学业成绩稳步提升，更重要的是，他们的综合素质得到了全面发展。在家校社三方的共同努力下，学生的学习兴趣和主动性显著增强。学校的教学质量评估结果表明，学生的语文、数学、英语等学科成绩均高于全区平均水平。家长通过参与学校活动，更加理解和支持学校的教育工作。一位家长感慨道：“以前我觉得教育是学校的事，现在我知道，家庭和社区也可以发挥重要作用。”

尽管取得了显著成效，滨海小学的家校社协同育人模式仍面临一些挑战。例如，部分家长由于工作繁忙，难以全程参与学校活动；社区资源的整合也需要进一步加强协调和沟通。对此，学校计划进一步优化家校社协同机制，比如通过线上活动吸引更多家长参与，与社区建立长期合作框架。

案例解读

家校社协同育人模式的核心在于整合家庭、学校和社会三方的力量，形成教育合力，多方位支持学生的全面发展。家庭是孩子成长的第一课堂，学校是教育的主阵地，社会则是孩子成长的大课堂。三方各司其职，又相互配合，共同为孩子的成长创造良好的环境。

一、家庭：教育的起点与支撑

家庭是孩子成长的第一课堂，父母是孩子的第一任老师。家庭在孩子的成长过程中扮演着不可替代的角色，其主要任务是为孩子提供情感支持、营造良好的家庭氛围，并配合学校的教育工作。家庭的作用不仅体现在孩子的早期教育中，更贯穿于孩子成长的全过程。在滨海小学的实践中，家庭的作用得到了充分体现。学校通过“家长成长训练营”和“家庭教育大讲堂”，为家长提供了系统的教育指导，帮助他们提升教育理念和方法。家长还积极参与学校的课程设计，不仅丰富了学校的教学内容，还让孩子感受到家庭在教育中的重要性。同时，借助家校互动 APP，家长可以及时了解孩子的学习情况，参与学校组织的各类活动。

二、学校：教育的核心与引领

学校是教育的主阵地，在家校社协同育人模式中，学校发挥着核心和引领的作用。学校的主要任务是通过顶层设计和制度建设，整合家庭和社会的资源，为学生提供优质的教育服务。学校还可以通过专业指导和培训，提升家长和社区的教育能力。例如，学校积极整合家庭和社区的资源，组织“职业体验日”活动、联系社区为学校提供实践活动资源，邀请家长参与课程设计等。这些活动不仅丰富了学校的教学内容，还为学生提供了多样化的学习体验。

三、社会：教育的拓展与补充

社会是孩子成长的大课堂，在家校社协同育人模式中，社会的作用主要体现在提供实践资源、职业体验和社会认知等方面。案例中，社区为学校提供了丰富的实践资源，比如图书馆、科技馆、环保基地等。学校定期组织学生参与社区服务活动，这些活动有效地帮助学生了解社会的多样性，增强他们的社会责任感和团队合作精神。

理论链接

美国霍普金斯大学全美家校合作联盟研究中心主任爱普斯坦从指导和改善实践的立场出发，提出了交叠影响域理论，提倡在学校、家庭和社区之间建立一种以儿童为中心的新型伙伴关系，通过发展学校、家庭和社区的合作伙伴关系来完善学校管理，增强家庭参与意识，帮助学生获得学业成功。

爱普斯坦利用外部叠加效应（外部模型）和内部互动效应（内部模型）对该理论进行了阐释。交叠影响域理论外部模型（见图 1）展示了影响儿童学习和发展的三种主要环境——家庭、学校和社区。该模型的外部结构由家庭、学校和社区的交叠或非交叠的区域组成，交叠区域表明家庭、学校和社区对儿童成长共同承担责任，共同影响儿童的学习和发展。非交叠区域说明学校、家庭和社区也有自己独立的行为和实践，对儿童学习和发展具有独特的作用。[①]

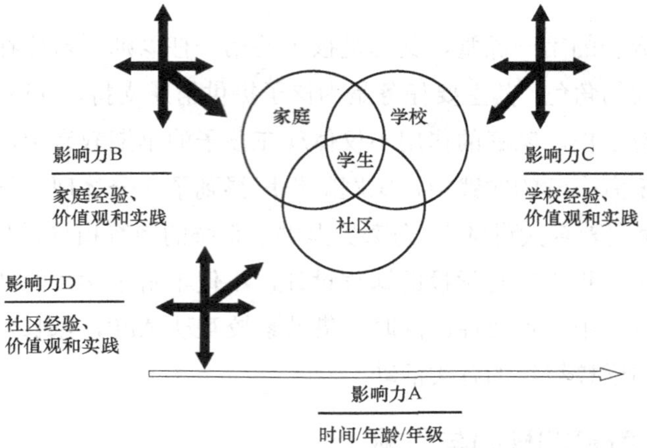

图1　交叠影响域理论外部模型

技术策略

要健全学校家庭社会育人机制，学校、家庭和社会三方应明确各方职责：学校应充分发挥教育主阵地作用，建立健全与家庭、社会的沟通机制，及时传递教育信息，共同探讨教育问题；家长要树立正确的教育观念，关注孩子的全面发展，尊重和支持学校教育，积极参与孩子的教育过程；社会各界要关注教育，社区、企事业单位、社会团体等可以开展各类教育活动，支持学校、家庭、社会协同育人的实施，为学生提供实践、锻炼的机会。

反思演练

1. 假设你是一名社区工作者，你是否了解你所在社区有哪些特殊家庭的儿童需要帮助？主要是哪些方面的帮助？

2. 你所在的社区，在家社协作育人方面做了哪些具体的工作？取得的效果如何？

3. 你认为社区应该如何进一步做好家社协作育人工作？请写出你的建议。

4. 你所在的社区可以整合哪些资源支持学校教育和家庭教育？怎样实现家校社

① 爱普斯坦. 学校、家庭和社区合作伙伴：行动手册：第3版[M]. 吴重涵，薛惠娟，译. 南昌：江西教育出版社，2012.

协同育人？

学习回顾

本模块深入探讨了家校共育和家社协作在儿童成长中的重要作用。家庭和学校作为儿童成长的两大支柱，应通过有效沟通、目标一致的教育策略，共同促进儿童的全面发展。家长的积极参与不仅能增强孩子的学习动力，还能帮助学校更好地了解孩子的个性需求，实现教育的个性化与精准化。家社协作则着重讨论家庭与社会的互动关系，突出社会资源整合与社区支持对儿童成长的重要性。社区提供的丰富活动、教育资源以及心理支持，能够为家庭创造更优质的育儿环境，弥补家庭和学校教育的不足。本模块通过实践案例分析，呼吁家庭、学校和社会三方持续创新合作模式、拓宽合作领域、提升合作效能，努力构建更加完善、高效的家校社协同育人机制。